화목제물

세계복음화문제연구소
(The World Evangelization Research Center)는
한국 교회가 세계 복음화를 위하여
한 모퉁이를 담당해야 한다는 사명으로 사역하고 있습니다.

이 도서에 실린 모든 내용은
세계복음화문제연구소의 **도서출판 세 복**이 출판권자이므로,
학문적 논문의 인용을 제외하고는
본 연구소의 동의 없이 복제할 수 없습니다.

화목제물

지 은 이   홍 성 철
발 행 인   홍 성 철
초판 1쇄   2020년 04월 25일

발 행 처   **도서출판 세 복**
주   소   경기도 파주시 문발로 123
전   화   070-4069-5562
홈페이지   http://www.saebok.net
E-mail   werchelper@hanmail.net
등록번호   제1-1800호 (1994년 10월 29일)

총 판 처   솔라피데출판유통
전   화   031-992-8691
팩   스   031-955-4433

ISBN 978-89-6334-033-3 03230
값 15,000원

ⓒ **도서출판 세 복** 2020

이 도서의 국립중앙도서관 출판예정도서목록(CIP)은
서지정보유통지원시스템 홈페이지(http://seoji.nl.go.kr)와
국가자료종합목록 구축시스템(http://kolis-net.nl.go.kr)에서
이용하실 수 있습니다.

(CIP제어번호 : CIP2020007680)

화목제물

어떻게 화목제물은 죄인을 의인으로 바꾸는가?

홍 성 철
John Sungchul Hong

Propitiation

John Sungchul Hong

홍성철(John Sungchul Hong) 목사의 저서

국어
- 『고난 중에도 기뻐하라』 (빌립보서 강해)
- 『눈물로 빚어 낸 기쁨』 (룻기 강해)
- 『복음을 전하세 복음전도의 성경적 근거』
- 『불타는 전도자 존 웨슬리』
- 『성령으로 난 사람』 (요한복음 3장 1-16절 강해)
- 『십자가의 도』
- 『우리에게 일용할 양식을 주소서』 (주기도문 강해)
- 『유대인의 절기와 예수 그리스도』
- 『이렇게 예수 그리스도의 제자가 되자』
- 『절하며 경배하세』
- 『주님의 지상명령 성경적 의미와 적용』
- 『하나님의 사람들』 (마태복음 1장 1절 강해)
- 『현대인을 위한 복음전도의 성경적 모델』
- 『성령의 시대로! 오순절★복음★교제』 (사도행전 2장 강해)
- 『전도학 개론』
- 『기독교의 8가지 핵심진리』
- 『진흙 속에서 피어난 백합화』 (룻기 강해)
- 『회개하라! 천국이 가까이 왔느니라』 (마태복음 3-4장 강해)
- 『다니엘의 역설적인 인생』
- 『더 북』
- 『기독교 신앙에 대한 질의응답 50』
- 『거룩한 삶, 사랑의 삶』 (요한일서 강해)
- 『로마서에서 제시된 구원과 성화』
- 『화목제물』

영어
- *Born of the Spirit* (Emeth Press)
- *John Wesley the Evangelist* (Emeth Press)
- *The Great Commission: Its Biblical Meaning and Application* (Evening Star Enterprise, Inc.)
- *The Genealogy of Jesus Christ: Evangelistic Sermon on the Covenant from Matthew 1:1* (Emeth Press)
- *The Jewish Festivals and Jesus Christ* (Emeth Press)

편저
- 『나는 어떻게 예수님을 만났는가?』
- 『회심 거듭남의 의미와 적용』
- 『복음주의 실천신학개론』
- 『전도학』
- 『선교세계』
- 『불교권의 선교신학과 방법』
- *How I Met Jesus*

번역서
- 『주님의 전도계획』 외 30권의 기독교 서적

Contents

서 문

■　■　■

『화목제물』의 탄생 과정은 다른 저술과는 달랐다. 여러 목사님들이 하나님의 말씀을 배우겠다고 해서 한 달에 한 번씩 모이게 되었다. 지금까지 필자는 예외 없이 성경 중 한 권을 택해서 차례로 풀어나가는 식으로 가르쳤다. 그리고 많은 경우 그렇게 가르친 말씀은 강해설교의 형식으로 출판되었다. 또 어떤 때는 이미 출판된 저서를 가지고 발표하고 토론하면서 함께 연구하는 방식을 택한 적도 있었다.

　그런데 이번에는 제목을 선정한 후, 그것을 필자가 연구해서 가르치는 형식을 택했다. 제일 먼저 선정한 제목은 '예수'와 '임마누엘'이었는데, 의외로 목사님들의 반응이 상당히 적극적이었다. 그렇게 성경공부를 마친 후, 교제 시간에 한 목사님이 이런 말을 했다.

　"목사님, 또 책 한 권이 나오게 생겼습니다!"

　필자는 물었다, "어떻게 또 책이 나온단 말입니까?"

　그 목사님의 대답은 간단하면서도 분명했다. 이런 식으로 20번 공부하면 20개의 제목과 내용이 생성될 것이며, 그것들이 합쳐지면 훌륭한 저술이 된다는 말이었다. 그 말이 필자의 마음에 깊이 새겨졌다. 한 달을 기다릴 수가 없어서 그 어간에 몇 가지 제목을 선정하여 글을 쓰게 되었다. 목사님들과 4번째 모일 때는 벌써 20개의 원고가 끝나가고 있었다. 그러니까 이 저술을 시작해서 마치기까지 4달이 걸린 셈이다.

그런데 더욱 놀라운 것은 많은 경우 필자가 지금까지 알지 못했던 하나님의 비밀을 깨닫게 된 사실이다. 두말할 필요도 없이 성령의 조명 때문에 깨달았지만, 역시 중책을 맡고 있는 목사님들을 잘 가르쳐야 된다는 주님의 배려가 있었던 것 같다. 그렇다! 하나님의 말씀은 아무런 목적도 없이 깨달아지지는 않는다. 많은 경우 그 말씀을 받아들이는 독자를 위해서 하나님은 역사하시는 것 같다.

필자는 새로운 사실을 깨달을 적마다 두 가지 생각에 사로잡혔는데, 하나는 지금까지 하나님의 말씀을 너무나 얄팍하게 알았다는 자책감이었다. 또 하나는 하나님의 말씀이 끝이 없을 정도로 깊고도 높다는 사실이었다. 필자는 어린아이처럼 흥분해서 그 말씀을 묵상하면서 몇 날밤을 지새우기도 했다. 참으로 하나님의 말씀인 성경은 너무나 오묘하여 어떤 인간도 그 깊이를 다 캐낼 수 없는 책임에 틀림없다.

이 저서에 실린 20편의 원고는 대부분 신구약을 넘나드는 내용이다. 진정으로 구약은 질문이며, 신약은 해답인가보다. 어떻게 구약과 신약의 내용이 그렇게 물 흐르듯 자연스럽게 연결되는지 감탄의 탄성을 올릴 수밖에 없었다. 20개의 각기 다른 제목을 다루면서 필자는 지난 4개월 동안 흥분의 도가니 속에서 지냈다. 밤낮으로 그처럼 달고 오묘한 하나님의 말씀을 생각하고, 묵상하고, 연구하고, 기록하게 하신 주님께 감사를 드리지 않을 수 없다.

또 다른 놀라운 사실은 어떤 제목을 선정해도 결국엔 복음과 연결된다는 사실이다. 확실히 하나님의 말씀인 '성경'은 하나님이 인간에게 보내신 연애편지임에 틀림없다. 구구절절이 그분이 부족하고 나약한 인간을 얼마나 많이 사랑하시는지 보여주시는 책이 바로 성경이다. 그 사랑의 절정이 당신의 아들 예수 그리스도를 희생시키신 '십자가의 죽음'이었다! 그 사랑은 구약과 신약에 공통적으로 들어있는 주제였다.

필자는 먼저 지난 4개월 동안 성경 말씀 때문에 흥분하게 하신 하나님께 감사를 올리지 않을 수 없다. 뿐만 아니라 함께 하나님의 말씀을 연구하기로 결정해준 목사님들에게도 깊은 감사를 드린다. 그리고 이 원고들을 성심성의껏 읽고 고쳐주고, 피드백을 보내준 분들에게도 깊은 감사를 드리고 싶다. 그뿐 아니라, 함께 기뻐하고 함께 흥분하면서 원고를 촘촘히 읽어준 아내에게도 감사한다. 이런 모든 분들 때문에 이 저서가 탄생되었기 때문이다.

주후 2020년

홍 성 철

1장

'예수'와
'임마누엘'

1. 서론

마태복음 1장은 예수의 성탄 메시지로 종종 인용된다. 왜냐하면 하나님의 천사가 요셉에게 나타나서 그리스도 예수의 탄생을 알려주었기 때문이다. 그런데 그 천사는 예수님의 탄생뿐 아니라, 그분의 이름도 알려주었다. 그 천사가 알려준 바에 의하면, 그분의 이름은 두 가지였는데, 하나는 '예수'였고 또 하나는 '임마누엘'이었다. 이 두 가지 이름에 대하여 알면, 성탄의 메시지를 그 만큼 더 즐길 수 있을 것이다.

'예수'는 헬라어로 *이애수스*(Ιησοῦς)인데, 그 소유격과 호격은 *이애수*(Ιησοῦ)이다. 한글성경은 호격과 소유격을 그대로 받아들여서 '예수'라고 기록하였다. 영어로 '예수'가 *지저스*^{Jesus}인 것을 감안하면, 한글로 기록된 '예수'가 원어인 헬라어에 더 가깝다고 할 수 있다. 이처럼 헬라어식으로 기록된 '예수'라는 이름의 뜻과 그 유래를 알게 되면, 성탄의 의미가 더해질 것이다.

2. 요셉

신약성경에서 '예수'라는 이름을 처음으로 알게 된 사람은 다윗의 자손 요셉이었다. 그의 약혼자인 마리아가 육체적으로 결합하기 전에 잉태했다는 소식을 들은 요셉은 조용히 파혼하기로 결정했다. 마태복음에서 그것을 확인하자, "그의 남편 요셉은 의로운 사람이라; 그를 드러내지 아니하고 가만히 끊고자 하여…" (마 1:19-20a).

이 말씀에서 요셉은 자비와 공의를 동시에 나타냈는데, '드러내지 않는다'는 것은 자비이다. 모세의 율법에 의하면 마리아는 죽어야 마땅했다.

모세의 율법을 보자, "처녀인 여자가 남자와 약혼한 후에 어떤 남자가 그를 성읍 중에서 만나 동침하면, 너희는 그들을 둘 다 성읍 문으로 끌어내고 그들을 돌로 쳐죽일 것이니…" (신 22:23-24a). 반면, '끊고자 하여'는 공의를 나타내는데, 그 이유는 요셉처럼 의로운 사람이 모세의 율법을 어기면서까지 그런 간음한 여자와 살 수 없었기 때문이다. 자비를 베풀었지만, 함께 사는 데까지는 가지 못했다.

그럼 왜 요셉은 이렇게 자비와 공의를 동시에 드러낼 수가 있었는가? 그것은 하나님의 거룩한 영이 그와 함께 하면서 그가 하나님의 두 가지 성품, 곧 거룩과 사랑을 드러낼 수 있었기 때문이었다. 하나님의 영이 함께 하지 않았다면, 어떻게 주의 사자가 그에게 현몽하여 인류 역사상 가장 놀라운 인물에 대하여 알려줄 수 있었겠는가? 그에게 '예수'의 이름과 그 뜻을 알려준 것은 인간의 역사에서 가장 큰 계시라고 할 수 있다.

주의 사자가 꿈에 나타나서 이렇게 말했다, "다윗의 자손 요셉아! 네 아내 마리아 데려오기를 무서워하지 말라; 그에게 잉태된 자는 성령으로 된 것이라" (마 1:20). 이 시점에서 요셉을 '다윗의 자손'이라고 부른 것은 어두움과 압박 속에 살던 이스라엘 백성에게 '다윗의 자손'이신 예수 그리스도를 소개하기 위함이었다. 어디를 둘러보아도 아무 소망도 없는 사람들에게 한 가닥 소망이 있다는 것을 함축한 표현이었다.

3. '예수'의 뜻

주의 사자가 그렇게 말한 후, 그 아들의 이름을 '예수'로 하라고 다음과 같이 지시했다, "아들을 낳으리니 이름을 예수라 하라; 이는 그가 자기 백성을 그들의 죄에서 구원할 자이심이라" (마 1:21). 이 말씀에 의하면, 성령으로 잉태한 마리아가 아들을 낳을 터이니, 바로 그 아들을 '예수'라고 이름을 지어 주라는 것이었다. 그러니까 하나님의 예정과 언약대로 아들이 태어날 터인데, 그 이름도 이미 하나님이 정해 놓으신 것이다.

요셉은 그 명령을 받들어 순종했다. 그는 마리아가 아들을 낳자 조금도 주저하지 않고 '예수'라고 이름을 지었다. 그런데 주의 사자는 요셉에게 그 이름의 뜻도 알려주었다, "그가 자기 백성을 그들의 죄에서 구원할 자이심이라!" 한 마디로 말해서, '예수'의 뜻은 '구원자' 또는 '구주'이다. 바울 사도도 이 구주가 다윗의 자손이라고 말했다, "하나님이 약속하신 대로 이 사람의 후손에서 이스라엘을 위하여 구주를 세우셨으니 곧 예수라" (행 13:23).

이스라엘 백성은 다윗의 언약을 믿고 또 그 언약대로 다윗의 후손이 나타나기를 학수고대했다. 그 이유는 그 후손이 영원한 나라를 세워서 다스리시면, 그 당시 그들은 물론 세계를 지배하는 로마제국도 무너뜨리게 될 것이라고 믿었기 때문이다. 그렇게 되면 그들은 더 이상 로마제국의 종이 아니라, 로마제국이 그들의 종이 될 것이라는 기대에 부풀어 있었다. 그런데 그들의 기대와는 달리 다윗의 자손은 이스라엘의 '죄' 문제를 해결하실 분이라는 것이다.

이스라엘 백성이 생각하는 구주와 하나님이 계획하신 구주의 뜻은 전혀 달랐다. 다른 사람들이 아닌, 그들의 '죄'에서 구원하신다는 것이다. 이스라엘 백성은 왜 나라를 잃었는가? 간단히 말해서, 하나님을 떠난 죄 때문이었다. 하나님은 그들을 애굽에서 건져내시고 시내산에서 놀라운 언약을 맺으셨는데, 그들이 그 언약을 지키면 엄청난 복이 따를 것이지만, 어기면 가차 없이 심판하시겠다고 말씀하신 바 있었다.

그 언약은 은혜의 언약이었지만, 동시에 심판의 언약이었다. 이스라엘 백성이 그 언약을 지키는 동안, 그 나라는 세계에 영향을 끼치는 강대국으로 발돋움했다. 그러나 언약을 깨뜨리자 하나님은 그들을 바벨론의 손에 붙이셨다. 그들의 나라와 성전은 처참하게 무너졌고, 그들은 이방 나라의 종이 되었다. 그런데 하나님이 요셉에게 그들의 죄에서 구원하실 '구주'를 보내주시겠다는 것인데, 그분이 바로 '예수'였다.

4. '예수'의 유래

'예수'는 히브리어로 *예수아*(יֵשׁוּעַ)이다. 예수님은 구약성경의 예언대로 이 세상에 오신 분이다. 그런 까닭에 '예수'의 뜻을 파악하기 위하여 히브리어 이름을 알아볼 필요가 있다. *예수아*의 어원은 *야사*(יָשַׁע)라는 동사인데, 그 뜻은 '건져내다', '구출하다', '구원하다' 등이다. 그 동사가 들어간 말씀을 인용해 보자: "그 날에 여호와께서 이같이 이스라엘을 애굽 사람의 손에서 구원하시매, 이스라엘이 바닷가에서 애굽 사람들이 죽어 있는 것을 보았더라" (출 14:30).

이 말씀에서 *구원하시매*라는 동사의 히브리 어원은 *야사*이다. 이 동사는 구원론에 있어서 참으로 중요하다. 그렇지 않다면 구약성경에서 이 동사가 206번이나 사용되지 않았을 것이다. 그런 이유 때문에 우리는 *야사*라는 동사를 눈여겨보아야 한다. 특히 이 동사가 '예수'와 깊이 연관되어 있기 때문에 우리는 이 동사에 익숙해야 한다. 실제로 *야사*라는 동사가 '예수'의 어원이라는 사실을 알면 그 중요성은 그만큼 커진다.

그런데 시시때때로 이 동사를 *구원*이라는 명사로 바꿀 필요가 생겼다. 어떻게 하면 *야사*라는 동사를 명사로 바꿀 수 있는가? 히브리어에서 호(ה)를 그 동사에 덧붙이면 된다. *야사*에 호를 덧붙이면 당연히 *호야사*가 된다. 그렇지만 히브리어에서 문자를 덧붙일 때 발음이 약간씩 바뀜으로 *호세아*(הושע)로 읽힌다. 이 명사가 들어간 구약성경을 보자: "에브라임 지파에서는 눈의 아들 호세아요" (민 13:8).

호세아는 누구인가? 모세가 가나안 땅으로 12명의 정탐꾼을 보냈는데, 그 중 한 사람이 에브라임 지파에 속한 눈의 아들 호세아였다. 그런데 그들을 가나안 땅으로 보내면서 모세는 호세아의 이름을 여호수아로 바꾸었다. 그 사실을 하나님의 말씀에서 찾아보자: "이는 모세가 땅을 정탐하러 보낸 자들의 이름이라. 모세가 눈의 아들 호세아를 여호수아라 불렀더라" (민 13:16).

그러니까 구원의 뜻인 호세아에 여를 덧붙인 것인데, 이것은 매우 의미심장하다. 왜냐하면 여는 여호와를 가리키는 접두어이기 때문이다. 이렇게 바뀐 *여호수아*라는 이름은 '여호와의 구원'이라는 뜻이다. 모세가 호세아를 여호수아로 바꾼 이유는 분명하지 않지만, 틀림없이 그의 후계자로서 이스라엘 백성을 가나안 땅으로 인도할 지도자가 되어, 하나님이 이루시는 구원을 경험할 것을 예견했기 때문인지도 모른다.

실제로 모세는 그를 이미 '여호수아'로 부른 적이 있었다. 그것은 여호수아가 아말렉과 싸울 때였다. 그 말씀을 인용해 보자, "모세가 여호수아에게 이르되, '우리를 위하여 사람들을 택하여 나가서 아말렉과 싸우라. 내일 내가 하나님의 지팡이를 손에 잡고 산꼭대기에 서리라'" (출 17:9). 그때에 모세가 호세아를 이미 여호수아로 부른 것은 구원과 승리가 하나님에게서 나온다는 사실을 강조하기 위해서였다.

비록 여호수아가 군대를 이끌고 아말렉과 싸웠지만, 승리는 결코 여호수아 때문에 이루어지지 않았다. 모세가 두 팔을 들면 여호수아가 이기고, 팔을 내리면 졌다. 마침내 여호수아가 그 싸움에서 이길 수 있었다면 그것은 여호와 때문이었다. 결국, 여호와의 구원이기에 그때에도 그를 여호수아로 불렀던 것이다. 이 싸움을 기억한 모세는 호세아의 이름을 여호수아로 바꾸면서 가나안 땅의 점령도 하나님께 달린 사실을 알려주었다.

그런데 세월이 흘러서 이스라엘이 바벨론에게 멸망당했다가 해방된 후에는 여호수아를 줄여서 부르기 시작했는데, 곧 예수아이다. 여호수아에서 호를 뺀 것인데, 호는 위에서 말한 대로 구원하다는 동사를 명사형으로 바꾸기 위해 덧붙였던 것이다. 그런데 그 호를 삭제하고 예수아로 불렀던 것이다. 예수아가 들어간 하나님의 말씀을 찾아보자: "스룹바벨과 예수아와 느헤미야와 아사랴와…함께 나온 이스라엘 백성의 명수가 이러하니라" (느 7:7).

이미 위에서 언급한 것처럼, *예수아*는 히브리어식 이름이고 '예수'는 헬라어식 이름이다. 그리고 그 뜻은 공통적으로 '여호와의 구원'이다. 이런 이름의 뜻 때문에 예수님의 탄생을 요셉에게 알려준 주의 사자가 그 이름의 뜻도 알려주었다. 그 말씀을 다시 인용해 보자, "아들을 낳으리니 이름을 예수라 하라; 이는 그가 자기 백성을 그들의 죄에서 구원할 자이심이라" (마 1:21).

유대인들에게 이름은 말할 수 없이 중요한데, 이름마다 뜻이 있기 때문이다. '예수'라는 이름은 그분이 죄인들을 그들의 죄로부터 구원하신다는 뜻이다. 이 말씀에서 '죄'는 이스라엘 백성이 모세의 율법을 어긴 죄와 우상을 섬긴 죄를 가리킨다. 그런 죄의 결과 이스라엘 백성은 이방의 종으로써 여기저기에 흩어져 살았다. 그런데 그들의 죄에서 구원하시겠다는 것이다. 이 말씀에는 그들을 다시 하나님께 돌아오게 하시겠다는 뜻도 포함된다.

이 시점에서 한 가지 짚고 넘어가야 할 것이 있는데, 그것은 *여호와*라는 이름이다. 이 이름은 유대인에게 너무나 중요하다. 그런데 이 여호와가 성육신하여 인간의 모습으로 이 세상에 오셨는데, 바로 '예수'이시다. '예수'에서 *예*는 여호와를 함축하고, *수*는 구원을 함축한다. 이처럼 여호와가 예수로 이 세상에 오셨기 때문에 신약성경에서는 '여호와'라는 이름이 전혀 나오지 않는다. 그분이 바로 성육신하신 '예수'이기 때문이다.

구태여 '여호와'가 들어간 구약의 말씀을 신약에서 인용할 때는 '여호와'를 '주†'로 바꾸었다. 한 예를 들어보자, "주 여호와의 영이 내게 내리셨으니…여호와의 은혜를…선포하여" (사 61:1-2). 이 말씀은 신약성경에는 이렇게 인용된다, "주의 성령이 내게 임하셨으니…주의 은혜의 해를 전파하게 하려 하심이라" (눅 4:18–19). 이사야에서 사용된 *여호와*가 누가복음에서는 주로 바뀐 것이다.

5. '임마누엘'

하나님은 그의 천사를 요셉에게 보내셔서 구주이신 '예수'의 탄생을 알려주셨다. 이것은 지금까지 죄악과 심판에 시달리던 인간을 구원하시겠다는 하나님의 계시였다. 이 계시를 통하여 성부 하나님의 시대에서 성자 하나님의 시대로 옮겨가시겠다는 것이다. 이 계시는 인류의 역사를 바꾼 엄청난 것이었다. '예수'의 탄생으로 죄인이 의인으로 바뀔 수 있는 길이 활짝 열렸기 때문이다.

그런데 하나님이 요셉에게 주신 계시는 그것으로 끝나지 않았다. '예수' 못지않게 중요한 것을 알려주셨는데, 그것은 '임마누엘'이었다. 그 계시를 직접 인용해 보자: "보라, 처녀가 잉태하여 아들을 낳을 것이요 그의 이름은 임마누엘이라 하리라 하셨으니, 이를 번역한즉 하나님이 우리와 함께 계시다 함이라" (마 1:23). 이 계시가 중요한 이유는 그 말씀 안에 '임마누엘'이 들어있기 때문이다.

주의 사자가 알려 준대로 '임마누엘'은 '하나님이 우리와 함께 계시다'의 뜻이다. 그런데 '임마누엘'에서 엘은 하나님을 뜻하는 히브리어이다. 위에서 본대로, '예수'의 '예'는 여호와를 가리키고, '임마누엘'의 엘은 하나님을 가리킨다. 결국 하나님이 요셉에게 계시하신 예수 그리스도는 *하나님*이요 동시에 여호와라는 사실이다. 그렇다면 이분의 이름이 함축하는 하나님과 *여호와*에 대하여 알아보자.

6. 하나님과 여호와

　구약성경에서 하나님을 가리키는 이름이 둘인데, 하나는 '하나님'이고 또 하나는 '여호와'이다. 간단히 구분해 보면 하나님은 능력을 강조하고, 여호와는 관계를 강조한다. 여호와는 '스스로 있는 자,' 곧 영원하신 분이다 (출 3:14). 과거와 현재와 미래의 굴레를 벗어나지 못하는 인간과는 달리 영원하신 분이시다. 인간의 시간과 대조된 영원하신 분이시기에 '스스로 있는 자'는 인간과의 관계를 강조하는 이름이다.

　하나님은 능력으로 만물과 인간을 창조하셨다. 그러므로 하나님은 창조주이시며, 만물과 인간은 하나님에 의하여 창조된 피조물이다. 그 하나님은 피조물과 다르시기에, 초월의 하나님이시다. 다시 말해서, 하나님은 피조물 속에 직접 개입하지 않으시는 분이다. 그 하나님은 너무나 광대하셔서 자연이나 인간과 함께 하실 수 없다. 그뿐 아니라, 그분은 영원하신 분이시기에, 인간의 시간 안으로 들어오지 않으신다.

　그렇지만 하나님은 그분의 피조물인 인간을 내버려두지 않으신다. 그런 이유 때문에 하나님은 여호와라는 이름으로 모세에게 나타나셨다. 그 이유는 모세를 통하여 오랫동안 애굽에서 고통 가운데 지낸 이스라엘 백성을 구원하시기 위해서였다. 그러니까 여호와는 인간 속으로 들어오셔서 고통과 눈물 가운데 있는 그들과 함께 하실 뿐 아니라, 그들을 그 고통에서 건져내시겠다는 것이다. 그렇다! 여호와는 이스라엘의 구속자이시다.

　여호와는 이스라엘을 구속하신 후, 그대로 내버려두셨는가? 물론 아니다! 그분은 그들과 동행하면서 그들의 필요를 채워주셨고, 또 그들의 아픔도 만져주셨다. 마치 아빠가 어린 자녀의 손을 붙잡고 걸음마를 하듯, 여호와는 이스라엘 백성을 한 걸음씩 인도하셨다. 한마디로 말해서, 여호와는 이스라엘 백성의 희로애락을 함께 나누셨다. 물론 이스라엘 백성이 범죄했을 때, 회초리를 드셨지만, 그것도 사랑의 매였다.

7. 두 가지 성품의 구주

주의 사자가 요셉에게 계시해준 구주는 '예수'이자 동시에 '우리와 함께 하시는 하나님'이었다. 위에서 언급한 것처럼, '예수'는 '여호와의 구원'이다. 그분은 이스라엘 백성뿐 아니라, 온 인류를 구원하기 위하여 이 세상에 태어나신 분이시다. 그분은 인간 속에 들어오셔서 죄인들과 함께 지내셨다. 그들의 슬픔과 즐거움을 함께 나누셨고, 그들과 따사한 관계를 맺으셨다. 그리고 마침내 그들을 구원하셨다.

'예수'는 많은 병자들의 아픔을 간과하지 않으시고 일일이 고쳐주셨다. 어떤 때는 말씀으로, 어떤 때는 침으로, 어떤 때는 흙으로 고쳐주셨다. 그분은 그들의 아픔을 당신의 아픔으로 여기시면서 함께 눈물을 흘리셨다. 많은 사람들이 배고픔을 이기지 못할 때, 그들을 배불리 먹이셨다. 제자들이 풍랑에 빠져죽게 되자, 그대로 내버려두지 않으시고 그들에게 다가가셨다. 그리고 그들을 그 풍랑에서 건져주셨다.

예수 그리스도의 생애는 문자 그대로 하나님과 여호와의 화신이었다. 그분은 여호와로 인간 속에 들어오신, 그래서 인간이 되신 분이었다. 그분의 생애와 사역을 보면, 어떤 때는 여호와처럼 구원하시면서 관계를 구축하셨다. 그렇게 하기 위하여 그분은 인간의 한계를 감수하셨다. 그리고 마침내 십자가에서 그들을 위하여 죽으셨다. 그러나 그분은 동시에 전능하신 하나님이시었다.

그분은 하나님처럼 크나큰 능력을 발휘하셔서, 죽은 지 삼일 만에 다시 살아나셨다. 그뿐 아니었다! 십자가에서 죽음을 맛보시기 이전에도 많은 능력들을 보여주신 바 있었다. 그분은 나면서부터 맹인인 불쌍한 사람의 눈을 뜨게 하셨으며, 38년 된 중증환자를 일으키셨다. 어느 누구도 손을 댈 수 없는 나병환자를 만지시면서 고쳐주셨다. 그분은 그런 많은 역사를 통하여 하나님의 능력을 유감없이 나타내셨다.

예수 그리스도의 생애와 사역을 자세히 살펴보면, 그분은 누구도 부인할 수 없는 하나님이시며, 여호와이셨다. 그분이 그처럼 많은 경우 보여주신 사랑의 모습은 인간 속에 들어오신 여호와의 모습이었다. 그 사랑을 구체적으로 표현하시면서 많은 능력들을 나타내셨는데, 그것은 두말할 필요도 없이 하나님의 모습이었다. 그분은 인성과 신성을 동시에 지닌 여호와이시며, 하나님이셨다.

8. 결론

주의 사자가 다윗의 자손인 요셉에게 인류 역사상 가장 심오한 계시를 보여주었는데, 그것은 그의 아내 마리아에게서 태어나실 분이 바로 '예수'요 동시에 '임마누엘'이라는 것이었다. 이 두 이름은 구약 성경에서 반복적으로 나오는 두 이름, 곧 '하나님'과 '여호와'이다. 얼마나 놀라운 계시인가! 그분의 탄생은 한 마디로 말해서 하나님이 인간이 되신 것이다. 그것도 '하나님'과 '여호와'를 함축하는 모든 것을 지닌 분으로 말이다.

그런데 예수 그리스도를 '하나님'이자 동시에 '여호와'로 고백한 사람이 있었다. 그는 열두 제자 중 하나인 도마였다. 그는 그의 손가락을 그분의 손과 옆구리에 넣어보지 않고는 믿지 못하겠다고 했다. 그런데 그분이 나타나시자 도마는 이렇게 고백했다, "나의 주님이시요, 나의 하나님이시니이다!" (요 20:28). 위에서 언급한 것처럼, '주님'은 여호와이다. 그분이 탄생하실 때, 요셉에게 주어졌던 계시를 그분의 부활 후에 놀랍게도 도마가 고백했던 것이다.

예수 그리스도의 탄생과 부활로 인하여 인류의 역사가 바뀌었다. 많은 죄인들이 그분으로 인하여 변화되어 의인이 되었다. 그 결과 그처럼 많은 사람들이 더 이상 자신만을 위하여 살지 않고 다른 사람들을 위해 생애를 헌신했다. 많은 사람들의 생애가 그만큼 풍요로워진 것이다. 그분 때문에 얼마나 많은 사람들이 사랑과 능력을 맛보았는가! 그분이 바로 창조주이자 구속자로서 성육신成肉身하셨기에 가능했던 것이다.

2장

뱀

1. 서론

뱀에 대한 생각은 사람마다 다르다. 어떤 사람은 뱀을 아주 싫어하는데 반하여, 어떤 사람은 무척 좋아한다. 그런데 하나님의 말씀인 성경에도 뱀의 이야기가 나오는데, 그것도 지나가는 이야기로 조연처럼 나오는 것이 아니다. 그러므로 그리스도인들은 하나님의 말씀에서 뱀이 어떤 존재인지, 그리고 그 뱀의 역할이 무엇인지 알아야 할 필요가 있다. 그리할 때 그들은 성경과 구원에 대한 것을 더 깊이 이해할 수 있다.

2. 뱀의 유혹

1) 하나님

어느 날, 뱀이 하와에게 이렇게 물었다, "하나님이 참으로 너희에게 동산 모든 나무의 열매를 먹지 말라 하시더냐?" (창 3:1). 이것은 뱀이 하와를 유혹하기 위하여 던진 질문이었다. 그런데 이 질문을 자세히 보면, 뱀이 지나가는 말처럼 가볍게 하지 않은 말인 것을 알 수 있다. 그뿐 아니라, 뱀이 우연히 하와를 만난 것도 아닌 것을 알 수 있다. 뱀은 아담과 하와를 유혹하여 넘어뜨리기로 작정하고 의도적으로 접근하여 이처럼 간교한 질문을 던졌다.

우선, 뱀이 언급한 '하나님'에 대하여 알아보자. 이 '하나님'은 창세기 1장에 나오는 '하나님'이다. 그 하나님은 무에서 유를 창조하신 전능의 하나님이시다. 그분은 말씀으로 우주 만물과 인간을 창조하셨다. 그리고 하나님은 그 우주 만물을 인간으로 하여금 다스리라고 명령하셨다 (창 1:28). 그 명령은 하나님이 직접 다스리지 않으시겠다는 뜻도 내포되어 있었다. 다시 말하면, 하나님은 우주 만물과 인간으로부터 떠나 계시겠다는 뜻이다.

그렇다! 전능하신 하나님은 인간을 포함한 모든 피조물과 함께 계시지 않고 초월하시는 분이시다. 그런 하나님을 초월의 하나님 또는 객관적 하나님이라고 한다. 그러나 동시에 그 하나님은 인간과 함께 하기를 원하신다. 하나님은 그렇게 교제하시기 위하여 인간을 창조하셨다. 그렇다면 초월의 하나님이 어떻게 인간과 교제를 나누실 수 있는가? 그 해답이 바로 '여호와 하나님'이다.

창세기 2장에서 그 하나님이 인간과 교제하시는 임재의 하나님으로 소개되는데, 그 하나님이 바로 '여호와 하나님'이시다. 여호와 하나님이 인간에게 생기를 불어넣어 주심으로 인간과 가장 긴밀한 교제를 시작하셨다 (창 2:7). 여호와 하나님이 에덴동산을 만드시고, 거기에 인간을 두셨다 (창 2:8). 그리고 그 여호와 하나님이 그 인간으로 하여금 에덴동산을 경작하고 지키게 하셨다 (창 2:15). 그 여호와 하나님이 아담을 위하여 하와를 주셨다 (창 2:22).

이렇게 인간과 교제를 나누시는 여호와 하나님은 '각종 나무의 열매' (창 2:16)를 먹으라고 주시면서, '선악을 알게 하는 나무의 열매는 먹지 말라'고 경고하셨다 (창 2:17). 두말할 필요도 없이 이 경고도 인간을 그처럼 사랑하시는 여호와 하나님의 배려에서 나온 것이었다. 이처럼 창세기 2장에서 '여호와 하나님'의 이름이 10번이나 나오는 이유는 인간과 함께 하시면서 인간과 다정다감한 교제를 나누시는 편재偏在의 하나님이심을 드러내기 위해서였다.

그런데 뱀이 하와에게 느닷없이 물었다, "하나님이 참으로 너희에게 동산 모든 나무의 열매를 먹지 말라 하시더냐?" 왜 뱀은 '여호와 하나님' 대신에 '하나님'이라고 부르면서 질문했는가? 그 이유는 분명하다! 하와에게 다정다감하게 사랑으로 교제를 나누시는 '여호와 하나님' 대신, 전능하시지만 인간을 떠나신 초월의 하나님을 소개하여 하와로 하여금 긴장하게 하기 위해서였다.

한발 더 나아가서 뱀은 '모든 나무의 열매를 먹지 말라 하시더냐?' 라고 물음으로 '각종 나무의 열매를 먹으라'고 하신 사랑의 여호와 하나님 대신, '모든 나무의 열매'를 먹지 못하게 하신 엄격한 하나님으로 바꾸었던 것이다. 하와는 그처럼 뱀의 유도 질문에 걸려들었다. 그녀는 열매를 먹지 말라고 하신 하나님을 원망이라도 하듯, '먹지도 말고 만지지도 말라'고 하면서 '만지지도 말라'는 말을 덧붙여서 대답했다.

2) 거짓말

하와를 여기까지 유도하는데 성공한 뱀은 이번에는 단도직입적으로 하나님의 말씀에 배치되는 말을 했다; "너희가 결코 죽지 아니하리라" (창 3:4). 이 말은 성경에 기록된 최초의 거짓말이다. 왜냐하면 아담이 조금도 오해나 곡해할 수 없도록 이미 여호와 하나님이 분명히 경고하셨기 때문이다: "네가 먹는 날에는 반드시 죽으리라" (창 2:17). 하나님은 인간이 아니시기에 한 번 말씀하시면, 그대로 시행하신다.

세월이 흘러서 예수 그리스도도 뱀의 거짓말을 가리키면서 이렇게 말씀하셨다. "그는 처음부터 살인한 자요 진리가 그 속에 없으므로 진리에 서지 못하고 거짓을 말할 때마다 제 것으로 말하나니, 이는 그가 거짓말쟁이요 거짓의 아비가 되었음이라" (요 8:44). 그렇다! 뱀은 거짓말쟁이요, 거짓의 아비였다. 그런 이유 때문에 하나님은 거짓말을 미워하시고 그리고 반드시 심판하신다.

실제로 하나님으로부터 심판을 받을 죄악들이 많이 있으나, 마지막 죄악은 거짓말이다. 사도 요한은 천국의 영광을 묘사한 후, 다음과 같은 죄인들은 그곳에 들어갈 수 없다고 기록하였다: "그러나 두려워하는 자들과 믿지 아니하는 자들과 흉악한 자들과 살인자들과 음행하는 자들과 점술가들과 우상 숭배자들과 거짓말하는 모든 자들은 불과 유황으로 타는 못에 던져지리니 이것이 둘째 사망이라" (계 21:8).

그렇다! 마지막 죄악은 거짓말이다. 그런데 이곳에서만 그렇게 거짓말을 마지막으로 정죄한 것이 아니다. 사도 요한의 말을 두 곳 더 인용해 보자, "무엇이든지 속된 것이나 가증한 일 또는 거짓말하는 자는 결코 그리로 들어가지 못하되, 오직 어린 양의 생명책에 기록된 자들만 들어가리라" (계 21:27). "개들과 점술가들과 음행하는 자들과 살인자들과 우상 숭배자들과 및 거짓말을 좋아하며 지어내는 자는 다 성 밖에 있으리라" (계 22:15).

그러니까 하나님의 말씀인 성경에 기록된 최초의 죄가 거짓말이고, 그리고 마지막 죄도 역시 거짓말이다. 뱀이 하와를 거짓말로 유혹하여 넘어지게 한 이후 인간의 역사는 거짓말의 역사이다. 거짓말을 하지 않는 인간은 없다! 태어나면서부터 죽을 때까지 거짓말로 찌든 인간은 그의 거짓말에 대하여 심판을 피할 수 없다. 하나님은 뱀에게서 시작된 거짓말을 미워하시며 마침내 가차 없이 심판하실 것이다.

여호와 하나님과 뱀이 똑같이 사용한 '죽는다'는 동사는 강한 동사로서, 그 단어 자체가 결코 피할 수 없는 죽음을 뜻했다. 거기다가 '반드시'란 부사를 첨가함으로써 죽음의 실제를 강조했다. 뱀도 지지 않으려는 듯, '결코'를 첨가했다. 이제 하와는 '죽는다'는 하나님의 경고와 '죽지 않는다'는 뱀의 거짓말 중 하나를 선택하지 않으면 안 되었다. 하와는 듣기 좋은 '죽지 않는다'를 선택하므로 결국 죽음에 이르게 되었다.

그런데 그녀로 하여금 그처럼 잘못된 선택으로 유도한 뱀의 말이 또 있었다: "너희가 그것을 먹는 날에는 너희 눈이 밝아져 하나님과 같이 되어 선악을 알 줄 하나님이 아심이니라" (창 3:5). 이것도 역시 거짓말이다! 왜냐하면 어떤 인간도 하나님처럼 눈이 밝아질 수 없다. 어떤 피조물인 인간도 창조주이신 하나님처럼 선악을 분별할 수 없다. 이 거짓말은 인간이 하나님의 영역에 들어갈 수 있다는 무서운 유혹이었다.

하와가 이런 거짓말을 받아들인 이후 인간은 하나님을 등지고 살아간다. 등질 뿐 아니라 하나님 없이 살 수 있다고 믿는다. 스스로 죄의 문제도 해결할 수 있으며, 스스로 죽음의 문제도 뛰어넘을 수 있다고 믿는다. 그러나 그것은 뱀의 거짓말이며 유혹이었다. 하와가 하나님의 지배를 벗어나서 자치권을 갖게 된다는 거짓말을 받아들여 유혹에 넘어간 후, 인간은 자치권을 갖는 것 같았다. 그러나 인간은 거짓말과 죄의 종이 되고 말았다.

3) 유혹

'죽지 않는다'는 말과 '선악을 아는 일에 하나님과 같이 된다'는 거짓말에 넘어간 하와는 달라진 안목으로 그 금단의 열매를 바라보게 되었다. 지금까지는 감히 생각지도 못했는데, 모든 가능성을 열어놓고 그 열매를 보았다. 그 열매를 먹어도 죽지 않을 뿐 아니라 그녀의 눈이 밝아져서 하나님처럼 선악을 분별할 수 있을 수 있다니, 너무나 큰 기대와 흥분을 감추지 못하고 그 열매를 보았을 것이다.

아니나 다를까, 그 열매는 완전히 다르게 보였다. 그렇게 다르게 보인 금단의 열매에 대해서 하나님의 말씀은 이렇게 묘사하고 있다, "여자가 그 나무를 본즉, 먹음직도 하고 보암직도 하고 지혜롭게 할 만큼 탐스럽기도 한 나무인지라" (창 3:6). 하나님이 먹으면 죽는다고 경고하신 열매가 먹음직해 보였다. 얼마나 달라진 안목인가? 평소에는 보기조차 꺼렸을 그 열매가 보면 볼수록 그녀를 끌어당겼다.

에덴동산에 있는 다른 나무들의 열매도 역시 먹음직했을 뿐 아니라, 보암직했을 것이다. 왜냐하면 하나님이 하와와 그 남편에게 허락하셨기 때문이다. 그런데 이 금단의 열매가 다른 열매와 다른 점이 하나 있었는데, 그것은 그 열매가 '지혜롭게 할 만큼 탐스러웠다'는 것이다. 그녀를 지혜롭게 만들어줄 수 있는 열매가 있었던가? 물론 없다! 모든 열매는 눈과 입을 즐겁게 해주지만, 그 이상도 그 이하도 아니다.

그런데 하나님이 엄하게 금하신 이 열매는 다른 모든 나무의 열매와는 달리 하와를 지혜롭게 할 것 같아 보였다. 다시 말해서, 다른 나무의 열매는 눈을 즐겁게 하고 맛을 주지만, 이 금단의 열매는 다르게 보였다. 그녀의 시각과 미각味覺만을 만족시키는 것이 아니라, 이성理性을 만족시킬 수 있는 열매로 보였다. 그녀의 눈이 밝아 선악을 아는 일에 하나님과 같이 되기 위해서는 특별한 '지혜'가 필요하다는 생각을 가졌는지도 모른다.

하와가 그 금단의 열매를 이렇게 보게 되자, 그녀는 다른 것을 생각할 여지가 없었다. "네가 먹는 날에는 반드시 죽으리라"는 하나님의 경고는 더 이상 그녀를 두렵게 하지 못했다. 그녀는 죽음이 얼마나 무섭고 처절한지 생각할 겨를도 없이, 그 금단의 열매를 따서 먹었다. 자신만 먹은 것이 아니라, 남편인 아담에게도 주었다. 남편은 하나님의 경고를 기억하면서 아내를 말렸거나 거부했어야 하는데, 그렇게 하지 않고 아내처럼 그 열매를 먹었다.

3. 뱀의 정체

계획대로 아담과 하와를 유혹하여 넘어뜨린 뱀은 누구인가? 도대체 그의 정체가 무엇이기에 하와에게 접근했는가? 왜 하와를 그렇게 속임수로 유혹했는가? 그리고 그 뱀이 어떻게 하와와 말을 주고받을 수 있었는가? 이런 것들을 하나씩 풀어보자. 첫째 뱀의 정체성에 대하여 알아보자. 이 뱀이 평범하지 않다는 것은 누구나 알 수 있다. 예수님이 말씀하신대로, 이 뱀은 '거짓의 아비'이며 동시에 '마귀'이다 (요 8:44).

사도 요한도 이 뱀을 마귀라고 불렀다. 그가 한 말을 직접 들어보자, "큰 용이 내쫓기니 옛 뱀 곧 마귀라고도 하고 사탄이라고도 하며 온 천하를 꾀는 자라"(계 12:9). 그렇다! 하와와 아담을 유혹해서 넘어뜨린 자는 '옛 뱀'인데, 그 이유는 옛적 창세기 3장에 나오는 뱀이기 때문이다. 그 옛 뱀은 마귀요 사탄이다. 사탄은 히브리어이며, 마귀는 헬라어이다. 그러니까 얼른 보기에 사탄과 마귀는 다른 존재 같지만 같은 존재이다.

사탄은 종종 매개를 이용해 사람에게 나타난다. 예를 들면, 가룟 유다라는 매개에 사탄이 들어갔고 (요 13:26-27), 그리고 예수님을 은 삼십에 팔았다. 만일 사탄이 그에게 들어가지 않았다면 3년이나 그를 사랑과 인내로 가르치고 훈련시키신 예수님을 그렇게 쉽게 팔아넘기지는 못했을 것이다. 가룟 유다를 매개로 사용한 사탄은 옛적에 뱀이라는 매개에 들어가서 하와에게 접근했던 것이다.

왜 사탄은 아담과 하와를 유혹해서 넘어뜨렸는가? 그 이유는 그들이 하나님과 사랑의 교제를 나누지 못하게 하기 위해서였다. 사탄도 한 때는 하나님을 가까이 대하면서 교제를 나눴었다. 그런데 어느 날 그의 교만이 하늘을 찌를 듯이 높아져서 하나님의 자리를 넘보았다. 하나님은 어떤 누구도 당신의 자리를 넘보는 것을 허용하지 않으신다. 왜냐하면 그분만이 창조주시요 절대자이시기 때문이다.

사탄이 교만으로 높아졌다가 떨어진 것을 알아보자: "너 아침의 아들 계명성이여! 어찌 그리 하늘에서 떨어졌으며 너 열국을 엎은 자여 어찌 그리 땅에 찍혔는고! 네가 네 마음에 이르기를 내가 하늘에 올라 하나님의 뭇 별 위에 내 자리를 높이리라. 내가 북극 집회의 산 위에 앉으리라. 가장 높은 구름에 올라가 지극히 높은 이와 같아지리라 하는도다. 그러나 이제 네가 스올 곧 구덩이 맨 밑에 떨어짐을 당하리로다" (사 14:12-15).

이 묘사는 원래 바벨론에 대한 하나님의 심판이었다. 그러나 하나님은 바벨론을 빗대어 사탄의 높아짐과 낮아짐에 대하여 언급하셨던 것이다. 사탄은 한 마디로 말해서 하나님이 좌정하신 높은 곳에 올라가 '지극히 높은 이와 같아지리라'고 결심했다. 결과는 그가 낮아질 대로 낮아졌는데, 그렇게 낮아짐을 '하늘에서 떨어졌으며…땅에 찍혔고…구덩이 맨 밑에 떨어짐을 당했다'고 묘사했다.

그럼 왜 사탄은 하나님의 자리를 넘보았는가? 그 이유는 두로를 빗대어 하신 하나님의 말씀에서 찾을 수 있다. 그는 충만했고 (겔 26:2), 아름다웠다 (겔 27:3). 한발 더 나아가서 그는 누구보다도 지혜로웠다. 얼마나 지혜로웠든지 그를 묘사하는 말씀에서 '지혜'가 다섯 번이나 나온다 (겔 28:2-12). 그뿐 아니라, 그는 그렇게 주어진 특권 때문에 교만해졌다. 그 교만 때문에 그는 감히 하나님의 자리를 넘보았던 것이다.

하나님과 가까이서 교제하다가 그렇게 처참하게 떨어진 사탄은 아담과 하와가 하나님과의 간격 없는 사랑의 교제를 보고만 있을 수 없었다. 그뿐 아니라, 그가 떨어진 스올, 곧 지옥에 혼자만 있고 싶지 않았다. 그는 아담과 하와를 끌어내려서 하나님과 교제도 못하게 할 뿐 아니라, 그들을 데리고 지옥으로 함께 가기를 원했다. 만일 그들을 넘어뜨리기만 하면, 그들의 많은 후손도 데려갈 수 있기 때문이었다.

그렇다! 원래 지옥은 마귀와 그 졸개들을 위한 곳이었는데, 마귀는 많은 사람들도 같이 데려가기를 원했다. 예수님의 말씀으로 확인하자; "또 왼편에 있는 자들에게 이르시되, '저주를 받은 자들아

나를 떠나 마귀와 그 사자들을 위하여 예비된 영원한 불에 들어가라'" (마 25:41). 그런데 사탄이 하와를 유혹할 때, 그 자신을 교만하게 만든 세 가지를 그대로 사용했다. 이미 위에서 언급한 것처럼, 그는 충만했다. 이것은 '먹음직하고'에 해당된다.

사탄은 아름다웠다가 타락했는데, 하와로 하여금 금단의 열매가 '보암직하게' 보이도록 유도했다. '아름다움'과 '보암직하다'는 똑같이 눈으로 보는 것이다. 그뿐 아니라, 사탄이 '지혜로웠다'고 했는데, 하와로 하여금 금단의 열매를 '지혜롭게 할 만큼 탐스럽게' 여기도록 유도했다. 그러니까 하와는 뱀의 거짓말에 넘어갔으며, 따라서 사탄의 안목으로 그 금단의 열매를 보았다. 사탄이 원하는 대로, 하와는 그 금단의 열매를 따먹었다.

비록 사탄과 그 졸개들이 지옥에서 잠시 빠져나와서 사람들로 하여금 죄를 짓게 하지만, 그의 운명은 이미 결정되어 있었다. 사도 요한의 예언을 들어보자, "용을 잡으니 곧 옛 뱀이요 마귀요 사탄이라 잡아서…또 그들을 미혹하는 마귀가 불과 유황 못에 던져지니, 거기는 그 짐승과 거짓 선지자도 있어 세세토록 밤낮 괴로움을 받으리라" (계 20:2, 10). 물론 이 예언은 인간의 역사 끝자락에서 이루어질 것이다.

4. 뱀의 심판

그렇다면 사탄이 심판을 받아 '불과 유황 못에 던져질' 때까지는 계속해서 그의 횡포를 행사할 것인가? 물론 그렇지 않다! 왜냐하면 뱀이 아담과 하와를 유혹해서 넘어뜨리자마자 하나님은 뱀에 대한 심판을 선언하셨기 때문이다. 그 사실을 하나님의 말씀에서 확인하자, "내가 너로 여자와 원수가 되게 하고 네 후손도 여자의 후손과 원수가 되게 하리니, 여자의 후손은 네 머리를 상하게 할 것이요; 너는 그의 발꿈치를 상하게 할 것이니라" (창 3:15).

이처럼 엄중한 심판의 말씀은 하나님이 뱀에게 직접 하신 것이다. 이 말씀에서 '너'는 뱀을 가리키고, '여자의 후손'은 예수 그리스도를 가리킨다. 그러니까 '너는 그의 발꿈치를 상하게 할 것'이라는 말은 뱀이 예수 그리스도의 발꿈치를 상하게 한다는 뜻이다. 뱀이 예수 그리스도의 발꿈치를 상하게 한다는 것은 구체적으로 무엇을 뜻하는가? 사탄인 뱀이 가룟 유다를 통해 예수 그리스도를 십자가에 못 박혀 죽게 한 것을 뜻한다.

예수 그리스도를 십자가에 처형을 받게 해서 죽음으로 내몰았던 사탄은 얼마나 기뻤겠는가? 그러나 그 기쁨은 잠시 동안뿐이었다. 왜냐하면 그분이 뱀의 '머리를 상하게 할 것이기' 때문이다. 뱀의 머리를 상하게 한다는 것은 구체적으로 무엇을 뜻하는가? 그것은 예수 그리스도의 부활을 뜻한다. 왜냐하면 그분이 부활하심으로 죽음의 장벽을 깨셨기 때문이다. 다시 말해서, 그분의 부활로 인하여 죽음의 권능을 움켜쥐고 있던 사탄이 패배되었던 것이다.

결국, 사탄의 심판은 삼중적이다. 첫 번째는 그가 하나님의 자리를 넘볼 때 내려진 심판이었다. 다시 그 말씀을 인용해 보자, "너 아침의 아들 계명성이여! 어찌 그리 하늘에서 떨어졌으며 너 열국을 엎은 자여 어찌 그리 땅에 찍혔는고!···그러나 이제 네가 스올 곧 구덩이 맨 밑에 떨어짐을 당하리로다" (사 14:12, 15). 사탄은 자신을 하나님의 자리에 놓으려고 했을 때, 이미 지옥으로 던져지는 심판을 받았다.

두 번째 심판은 예수 그리스도가 부활하셨을 때였다. 그 심판에 대한 예언이 바로 창세기 3장 15절의 말씀인데, 부활에 대한 예언만 다시 인용해 보자, '여자의 후손은 네 머리를 상하게 할 것이요.' 그러니까 예수 그리스도의 부활은 사탄의 패배였다. 바울 사도는 그 승리를 이렇게 외쳤다, "사망아 너의 승리가 어디 있느냐? 사망아 네가 쏘는 것이 어디 있느냐? 사망이 쏘는 것은 죄요 죄의 권능은 율법이라" (고전 15:55-56).

그렇다! 죄와 사망은 결코 분리해서 생각할 수 없다. 그런데 죄와 사망은 사탄이 아담과 하와를 유혹함으로 성취한 전리품이었다. 그러나 그 전리품인 죄와 사망이 예수 그리스도의 부활로 빼앗긴 것이다. 바울 사도는 계속해서 외쳤다, "우리 주 예수 그리스도로 말미암아 우리에게 승리를 주시는 하나님께 감사하노라!" (고전 15:57). 그분의 부활을 통하여 사탄이 패배했고, 따라서 그리스도인들은 승리를 구가한다는 말이다.

세 번째 심판은 우리 주 예수 그리스도가 재림하실 때이다. 그에 대한 예언도 바울 사도가 이렇게 했다, "평강의 하나님께서 속히 사탄을 너희 발 아래에서 상하게 하시리라" (롬 16:20). 그렇다! 그분이 부활하셨을 때, 사탄의 머리가 상한 것처럼 그분이 재림하실 때, 사탄은 그리스도인들의 발 아래에서 심판을 받을 것이다. 그때까지는 사탄이 그들을 넘어뜨리려고 발버둥 쳤으나, 그때에는 그들이 사탄과 그 세력들을 쓰러뜨릴 것이다.

위에선 인용한 말씀을 다시 보면서 사탄의 최종적인 심판을 확인하자, "또 그들을 미혹하는 마귀가 불과 유황 못에 던져지니, 거기는 그 짐승과 거짓 선지자도 있어 세세토록 밤낮 괴로움을 받으리라"(계 20:10). 이 말씀에서 '그들'은 성도들을 가리킨다. 마지막 때에 사탄이 성도들을 핍박하고 넘어뜨리려고 안간힘을 쓸 때, 하나님이 사탄과 그 졸개들을 지옥으로 던지실 것이다. 그리고 성도들은 새 하늘과 새 땅을 보게 될 것이다.

5. 뱀의 '들림'

사탄에 대한 삼중적 심판 가운데 그리스도인들에게는 두 번째 심판, 곧 예수 그리스도의 부활을 통한 심판이 가장 중요하다. 그 이유도 분명한데, 그 심판을 통해 그리스도인들이 승리의 신앙생활을 할 수 있기 때문이다. 그뿐 아니라, 불신자들도 그처럼 놀라운 죽음과 부활의 사건을 통해 사탄의 손아귀에서 벗어나 하나님의 품으로 돌아올 수 있기 때문이다. 그런 까닭에 예수 그리스도의 죽음과 부활에 대하여 좀 더 알아볼 필요가 있다.

어느 날 밤에 예수님은 니고데모와 대화를 하신 적이 있었다. 그런데 그 대화의 내용은 거듭남에 대한 아주 중요한 것이었다. 그렇게 중요한 대화 중에 예수님은 느닷없이 뱀의 이야기를 하셨는데, 그 이유는 니고데모가 사탄의 손아귀에서 벗어날 수 있는 방법이 들어있기 때문이었다. 그 말씀을 인용해 보자, "모세가 광야에서 뱀을 든 것 같이 인자도 들려야 하리니, 이는 그를 믿는 자마다 영생을 얻게 하려 하심이니라"(요 3:14-15).

그런데 니고데모는 모세오경에 능통한 이스라엘의 선생이었기에 뱀에 대한 예수님의 말씀을 쉽게 이해했을 것이다. 그 내용은 민수기 21장 4-9절에 나오는 사건인데, 간단히 설명해 보면 다음과 같다: 출애굽한 이스라엘 백성은 광야의 길이 너무 힘들어서 원망을 10번씩이나 했다 (민 14:22). 하나님은 그렇게 원망하는 이스라엘 백성을 어떤 때는 달래시고, 또 어떤 때는 채찍으로 징계하면서 이끌어가셨다.

그러던 중 다시 어려운 길을 만나자 그들은 또 하나님과 모세를 향해 원망하였는데, 이 원망은 11번째인 셈이다. 하나님은 다시 채찍으로 그들을 치셨는데, 이번의 채찍은 심판의 뱀들이었다. 불뱀들이 그들에게 사정없이 달려들었고, 그 결과 많은 사람들이 죽었고 또 죽어가고 있었다. 그런데 이스라엘 백성이 다른 때와 달리 이번에는 즉각적으로 그들의 잘못을 시인하고 그 채찍의 징계를 거두어달라고 모세에게 호소했다.

그때 하나님은 이상한 해결 방법을 제시하셨는데, 곧 놋뱀을 만들어 장대에 달라는 것이었다. 누구든지 뱀에게 물린 자는 장대에 달린 놋뱀을 쳐다보면 죽지 않는다는 것이다. 그 방법을 통해 이스라엘 백성은 치유되었고, 무사히 여정을 끝낼 수 있었다. 그런데 왜 하나님은 해결책으로 놋뱀을 달라고 하셨는가? 놋뱀은 심판 받은 뱀을 뜻한다. 그러니까 그들의 죄를 대신하여 뱀이 심판을 받으므로 그들이 살게 되었다는 것이다.

이스라엘 백성이 거듭 원망한 근본적인 이유는 무엇인가? 물론 그들이 처한 어려운 상황 때문에 원망했다. 그러나 그것보다 더 근본적인 이유는 아담과 하와가 불순종하여 죄를 지었기 때문이다. 그 이후 인간은 죄의 성품을 가지고 태어나서 시시때때로 그 성품이 표출되는 것이다. 그런데 아담과 하와를 타락하게 한 매개는 이미 살펴본 것처럼 뱀이었다. 그 뱀의 유혹을 뿌리치지 못하고 받아들였기 때문이었다.

이스라엘 백성이 원망했을 때 불뱀, 곧 심판의 뱀이 그들을 죽이자 그들은 틀림없이 아담과 하와를 유혹한 뱀을 생각했을 것이다. 그 옛 뱀이 심판을 받아야 그들도 뱀, 곧 사탄의 손아귀에서 벗어날 수 있다는 사실을 이해했을 것이다. 그렇지 않았다면 그렇게 빨리 회개하지 못했을 것이다. 실제로 이스라엘 백성은 지금까지 10번이나 원망하면서 한 번도 회개한 적이 없었는데, 이번에는 처음으로 그들의 잘못을 인정하고 회개했던 것이다.

하나님은 그 뱀을 심판하셨는데, 바로 장대에 높이 달린 놋뱀이 심판받은 뱀이었다. 그런데 예수님은 광야의 여정 가운데 큰 전환점이 된 뱀의 사건을 꺼내셨다. 그 이유도 분명하다! 아담과 하와를 타락하게 한 그 옛 뱀이 심판을 받아야만 그들의 후손도 사탄의 손아귀에서 벗어날 수 있기 때문이다. 그분의 말씀을 다시 인용해 보자, "모세가 광야에서 뱀을 든 것 같이 인자도 들려야 하리니…"(요 3:14).

이 말씀은 인간으로서는 이해하기 어려울 정도로 충격적인 것이었다. 왜냐하면 하나님의 아들이신 예수 그리스도가 바로 뱀에 비유되었기 때문이다. 아니 비유를 넘어서 예수님과 뱀을 같은 선상에 놓았다. 다시 말해서 뱀이 심판을 받고 장대에 높이 들린 것처럼, 예수님도 뱀처럼 심판을 받으시고 십자가에 높이 들려야 된다는 것이다. 이 말씀은 예수님이 그처럼 혹독한 십자가의 처형을 받으신 이유를 설명한다.

인간으로 하여금 죄를 지어서 사망에 이르게 한 뱀은 마땅히 심판을 받아야 했다. 그런데 한 번도 죄를 지으신 적이 없는 예수님이 그렇게 심판을 받으신 것은 그분이 뱀이 되셨다는 뜻이다. 그 뱀이 되신 그분은 인간의 모든 죄와 문제에 대해 책임을 지고 십자가에서 온 몸에 피투성이가 되어 죽으셔야 했다. 그렇게 철저하게 심판을 받지 않으셨다면, 어떤 인간도 사탄의 손아귀에서 벗어날 수 없기 때문이었다.

그렇다! 십자가에 달리신 예수님은 죄의 근원인 뱀처럼 처절하게 심판을 받으셨다. 그 결과 인간은 심판을 면할 수 있게 되었다. 만일 인간들이 그들을 위하여 예수님이 뱀처럼 심판을 받으시고 십자가에 들리신 사실을 믿고 받아들이기만 하면, 그들은 구원을 받고 영원한 생명을 소유하게 된다. 마치 이스라엘 백성이 장대에 달린 놋뱀을 바라보고 죽음을 피하고 살아난 것처럼 말이다.

6. 결론

하나님의 말씀은 어떤 의미에서는 뱀으로 시작해서 뱀으로 끝난다고 할 수가 있다. 창세기 3장에 묘사된 뱀은 아담과 하와를 유혹해서 넘어뜨리는데 성공했다. 그 뱀은 마땅히 엄중한 심판을 받아야만 했다. 물론 하나님은 창세기 3장 15절에서 뱀의 심판에 대하여 이미 말씀하셨다. 그렇지만 그렇게 예언된 심판을 처음으로 보여준 것은 민수기 21장에서였다. 그곳에서 심판을 받은 놋뱀은 다시 예수님으로 연결되었다.

예수 그리스도가 뱀처럼 십자가에서 죽으셨으나, 삼일 만에 다시 사심으로 창세기 3장의 심판이 실제로 일어났던 것이다. 그분은 뱀처럼 죽으셨으나, 다시 사심으로 뱀이 장악하던 죽음의 문제를 깨끗이 해결하셨다. 그분의 말씀을 더 들어보자, "이제 이 세상에 대한 심판이 이르렀으니 이 세상의 임금이 쫓겨나리라. 내가 땅에서 들리면 모든 사람을 내게로 이끌겠노라" (요 12:31-32). '이 세상의 임금'은 뱀, 곧 사탄을 말한다.

위의 말씀에 의하면, 예수 그리스도가 십자가에 뱀처럼 달리심으로 두 가지 역사가 일어났다. 첫 번째는 '이 세상의 임금이 쫓겨나리라'는 것으로서, 뱀이 심판을 받고 쫓겨났기에 무기력한 존재가 되었다. 비록 뱀이 지금도 그리스도인들을 유혹하지만, 그리고 불신자들로 하여금 믿지 못하게 하려고 발버둥치지만, 그것은 강한 펀치를 맞고 쓰러진 권투선수가 링 바닥에서 두 손을 휘두르며 대항하는 것과 같다.

'이 세상 임금이 쫓겨나리라'는 예언이 구체적으로 일어날 때가 오는데, 곧 마지막 때이다. 이미 위에서 살펴본 것처럼, 뱀은 하나님으로부터 심판을 받고 불과 유황불이 활활 타는 지옥으로 던져질 것이다. 다시 그 말씀을 인용해 보자, "또 그들을 미혹하는 마귀가 불과 유황 못에 던져지니, 거기는 그 짐승과 거짓 선지자도 있어 세세토록 밤낮 괴로움을 받으리라" (계 20:10).

예수님이 십자가에 뱀처럼 달리심으로 일어난 두 번째 역사는 '잃어버린 영혼들의 구원'이다. 다시 그 말씀을 인용하면서 설명해 보자, '내가 땅에서 들리면 모든 사람을 내게로 이끌겠노라.' 그렇다!

죄의 근원인 뱀이 되어 십자가에 달리신 예수님은 많은 사람들을 구원하실 것이다. 왜냐하면 그분이 죄의 원인을 해결하셨기 때문이다. 그런 까닭에 그리스도인들이 복음을 전하여 불신자들을 그리스도에게 인도할 때, 주님의 뜻을 이루어드리는 것이다.

3장

모리아산

1. 서론

모리아는 성경 전체에서 두 번밖에 나오지 않는 지명이나, 이스라엘 백성에게는 말할 수 없이 중요한 곳이다. 만일 그 곳이 이스라엘 백성에게 그렇게 중요하다면, 자연히 그리스도인에게도 중요하다. 모리아산이 왜 그렇게 중요한지 알아볼 터인데, 우선 그 이름의 뜻부터 살펴보자. 히브리어에서 모리아(מֹרִיָּה)는 두 단어가 합쳐진 합성어인데, 하나는 '보다'의 수동형인 라(רָאָה)와 다른 하나는 야웨의 뜻인 야(יה)이다.

위의 두 단어를 합치면 '보이는 여호와'가 된다. 이 표현은 결국 '여호와가 보이다'라는 뜻이다. 이것은 엄청난 의미를 함축하고 있는데, 피조물인 인간이 창조주이신 하나님을 볼 수 있다는 뜻이기 때문이다. 그렇다면 누가 하나님을 보았는가? 이스라엘 백성 중에서 하나님을 본 사람은 극소수에 지나지 않는다. 하나님이 허락하지 않으시면 가능하지 않았기 때문이다. 하나님이 허락한 사람은 하나님이 택한 사람이었다. 그러므로 모리아는 '하나님의 선택'이란 뜻도 가지고 있다.

모리아산은 어디에 있는가? 이 산은 서쪽으로는 시온산과 접해 있으며, 동쪽으로는 감람산과 접해 있는데, 시온산은 높이가 765m이고 감람산은 808m이다. 이 두 산은 예루살렘 성을 ㄴ자로 둘러싸고 있는데, 그 가운데 모리아산이 자리하고 있다. 모리아산이 이스라엘 백성에게 말할 수 없이 중요한 곳이라고 했는데, 그 이유를 알아보자.

2. 아브라함

아브라함은 이스라엘 백성에게 중요한 인물인데, 그가 이스라엘의 시조요 국부였기 때문이다. 바울 사도도 아브라함을 '육신의 조상'이라고 불렀다 (롬 4:1). 하나님은 아브라함을 부르시고 그를 통하여 '큰 민족'을 이루겠다고 약속하셨다 (창 12:2). 그리고 아브라함에게는 '큰 민족'의 통로가 될 아들, 이삭이 있었다. 그런데 그 아들이 장가도 가기 전에, 다시 말해서, '큰 민족'을 이룰 수 있는 후손이 있기도 전에 그를 번제로 바치라는 것이다.

그 명령을 직접 인용해 보자, "여호와께서 이르시되, '네 아들 네 사랑하는 독자 이삭을 데리고 모리아 땅으로 가서, 내가 네게 일러준 한 산 거기서 그를 번제로 드리라'" (창 22:2). 이 하나님의 명령에서 번제물은 다름 아닌 이삭이었다. 아브라함이 100세나 되어 얻은 '웃음'의 상징이요, 약속의 성취인 이삭을 죽이라는 것이었다 (창 21:5-6). 하나님은 이삭을 '네 아들'이라고 하셨는데, 그 이유는 '너와 네 아내를 통해 얻은 아들'이라는 뜻이다.

그 다음, '네 사랑하는' 아들을 드리라는 것이다. 아브라함이 그 아들을 얼마나 사랑했던지 '네 사랑하는 독자'라고 말씀하셨다. 여기에서 '사랑'은 성경에 최초로 나오는 단어이다. 하나님의 말씀인 성경은 인간이 죄인임에도 불구하고 그 인간을 하나님이 사랑하신다는 연애편지라고 할 수 있다. 그런데 그 '사랑'이 아브라함에게 주어진 하나님의 명령에 들어있었는데, 이제부터 하나님의 사랑을 본격적으로 제시하시겠다는 언질이기도 했다.

'사랑하는 독자'라고 말씀하신 하나님은 어느 날 당신이 사랑하시는 독자인 예수 그리스도를 죽이시겠다는 사실을 염두에 두고 그렇게 말씀하셨는지도 모른다. 실제로 아브라함에게는 이스마엘이라는 장자가 있었다. 그렇지만 그 아들은 하나님의 약속과 능력 밖에서 인간적이면서도 인위적으로 태어난 아들이었다. 아브라함에겐 그 아들도 중요한지 몰라도, 하나님의 안중에는 그렇지 않았다.

하나님은 그 아들 이삭을 모리아산으로 데리고 가서 번제물로 죽이라는 것이다. 왜 하필이면 모리아산인가? 하나님이 나타나실 모리아산에서 드리라는 것이다. 그곳에서 아브라함이 하나님을 뵙게 된다는 은총의 명령이었다. 과연 아브라함은 하나님이 특별히 선택하신 그릇이었다. 실제로 모리아산에서 아브라함은 죽은 자와 같은 아들을 돌려받았을 뿐 아니라, 하나님은 아들을 바친 믿음의 행위 때문에 그를 의롭다고 하셨다 (창 15:6, 약 2:21-22).

아브라함이 모리아산에서 이처럼 하나님을 특별하게 뵈었기에 그곳은 '여호와의 산'이라 불리었다 (창 22:14). 물론 '여호와의 산'은 예루살렘을 가리킨다. 하나님의 말씀에서 확인하자; "여호와가 이같이 말하노라; 내가 시온에 돌아와 예루살렘 가운데에 거하리니, 예루살렘은 진리의 성읍이라 일컫겠고, 만군의 여호와의 산은 성산이라 일컫게 되리라" (슥 8:3; 시 24:3절과 사 2:3절도 참고).

3. 다윗

두 번째로 모리아산에서 하나님을 뵌 사람은 다윗인데, 그도 이스라엘 백성에게 말할 수 없이 중요한 인물이었다. 다윗은 왕이 되기 전부터 그 이름을 이스라엘 백성에게 떨친 인물이었다. 그는 완전무장을 한 거인 골리앗을 물맷돌로 죽였다. 그가 왕이 되어서는 통일 왕국을 이루었을 뿐 아니라, 주변의 많은 나라들에게 이스라엘의 위세를 마음껏 떨친 왕이었다. 그의 명성은 널리 퍼졌고, 그의 나라는 크게 부강해졌다.

무명의 소년이 그처럼 유명한 왕이 되자 그에게 교만이 스며들었다. 다윗은 그의 지휘 하에 있는 군인들이 얼마나 되는지 알아보고자 했다. 그의 세력을 과시하고자 하는 인간적인 기획이었다. 이 기획에는 사탄의 충동도 있었지만, 다윗의 교만을 낮추려는 하나님의 뜻도 들어 있었다 (삼하 24:1, 대상 21:1). 거기다가 인구를 조사하면서 다윗은 하나님의 법을 염두에 두지 않고 깨뜨렸다.

인구를 계수할 때 20세 이상 된 남자는 반 세겔을 내야 하는데, 다윗은 그 명령을 무시했다 (출 30:11-16). 그 결과 하나님은 다윗과 이스라엘을 엄중하게 심판하셨다. 이스라엘 백성 가운데 전염병이 창궐하여 7만 명이나 죽었다 (대상 21:14). 다윗은 베옷을 입고 엎드려서 하나님께 울부짖으면서 용서를 빌었다 (대상 21:16-17). 다윗이 다시 그렇게 겸손해지자 하나님은 그를 용서하셨는데, 용서의 장소가 바로 모리아산이었다.

그때에 밀을 타작하고 있던 여부스 사람 오르난의 타작마당에 여호와의 천사가 임하였다 (삼하 24:18). 그 천사를 보고 오르난과 그 아들이 숨은 사실을 하나님의 말씀은 이렇게 기록했다, "그 때에 오르난이 밀을 타작하다가 돌이켜 천사를 보고 오르난이 네 명의 아들과 함께 숨었더니" (대상 21:20). 일찍이 모리아산에서 아브라함이 여호와의 사자를 보았고 그리고 아들을 돌려받았는데, 그 하나님의 사자를 오르난이 보았던 것이다.

이미 언급한 것처럼, '모리아'는 '여호와가 보이다'의 뜻인데, 오르난도 아브라함처럼 똑같은 장소에서 똑같은 여호와의 사자를 보았다. 그 여호와의 천사가 다윗에게 오르난의 타작마당에서 제단을 쌓으라고 말씀하셨는데, 그 제단을 통하여 다윗을 용서하시겠다는 것이다. 다윗은 지체하지 않고 오르난의 타작마당과 소와 밀과 기구를 샀다. 그리고 그 기구 위에 소를 번제물로, 밀을 소제물로 불살랐고, 하나님은 그 제물을 받으시고 다윗을 용서하셨다.

하나님이 다윗을 용서하셨다는 사실을 불로 보여주셨다. 하나님의 말씀은 이렇게 묘사했다, "다윗이 거기서 여호와를 위하여 제단을 쌓고 번제와 화목제를 드려 여호와께 아뢰었더니, 여호와께서 하늘에서부터 번제단 위에 불을 내려 응답하시고" (대상 21:26). 모리아산에서 아브라함에게 주의 사자가 임하여 이삭 대신 숫양을 번제로 드리게 한 것처럼, 다윗에게도 불로 임하셔서 그를 대신하여 소를 번제로 드리게 하였다.

4. 솔로몬

그런데 다윗이 오르난의 타작마당에서 하나님을 뵙고 용서를 받았는데, 그곳이 모리아산이라는 것을 어떻게 알 수 있는가? 오르난의 타작마당을 소개한 사무엘하 24장에서나 역대상 21장에서는 모리아라는 이름이 전혀 나오지 않는데 말이다. 오르난의 타작마당이 모리아산에 있다는 사실을 쉽게 알 수가 있는 길이 있는데, 그것은 다윗의 아들 솔로몬을 통해서이다. 그 사실을 하나님의 말씀에서 알아보자.

솔로몬은 그 아비 다윗이 이루지 못한 성전건축을 시작했다. 솔로몬은 어느 곳에 성전을 세우기 원했는가? 솔로몬이 그 장소를 선택한 것은 '여호와가 보이신' 곳, 곧 모리아산이었던 것이다. 하나님의 말씀에서 이 사실을 확인하자, "솔로몬이 예루살렘 모리아산에 여호와의 전 건축하기를 시작하니, 그 곳은 전에 여호와께서 그의 아버지 다윗에게 나타나신 곳이요, 여부스 사람 오르난의 타작마당에 다윗이 정한 곳이라" (대하 3:1).

모리아산에 관한 한 이 말씀은 너무나 중요한데, 다음과 같은 몇 가지 이유 때문이다. 첫째, 모리아산은 예루살렘에 있다는 사실이다. 그렇지 않다면 '예루살렘 모리아산'이라고 하나님의 말씀은 표현하지 않았을 것이다. 모리아산이 예루살렘에 있다는 사실은 참으로 중요하다. 왜냐하면 그 산 위에서 세상의 구주이신 예수 그리스도가 화목제물로 십자가에서 죽으셨기 때문이다. 그러니까 모리아산은 다른 말로는 골고다산이다.

둘째 이유는 솔로몬이 아무렇게나 성전의 터를 정하지 않았다는 사실이다. 그가 성전을 세운 목적은 두말할 필요도 없이 그 성전에서 하나님을 만나기 원했기 때문이다. 그 성전에서 하나님을 뵙고, 그 하나님으로부터 직접 말씀과 지시를 받기 원하는 갸륵한 마음의 표현이었다. 그런 이유 때문에 아브라함에게 '하나님이 보여주셨고' 또 다윗에게 '보여주신' 모리아산을 택했다. 그 성전에서 그에게도 보여주시기를 원하는 마음의 표출이었다.

셋째 이유는 모리아산에서 그의 아비 다윗이 심각한 죄를 회개했고 또 용서받았기 때문이었다. 솔로몬은 자신을 포함해서 이스라엘 백성이 너무나 연약한 인간이기에 언제라도 하나님 앞에 죄를 범할 수 있다는 사실을 알고 있었다. 자신이나 그의 백성이 죄를 범할 때마다 이 성전을 찾아와서 회개하고 용서받기를 원했다. 그의 아비 다윗이 모리아산에서 용서를 받은 것처럼 말이다.

솔로몬의 소원은 구체적으로 이루어졌다. 그가 성전을 완성하고 헌당할 때, 하나님이 임하셨기 때문이다. 모리아산에서 아브라함과 다윗에게 임하신 것처럼, 솔로몬에게 임하셨던 것이다. 그리고 아브라함에게 대속의 숫양을 통하여 이삭을 죽은 자 가운데서 다시 돌려받은 것처럼 (히 11:19), 그리고 다윗이 소의 번제를 통하여 용서 받은 것처럼, 솔로몬에게도 임하셔서 그에게 백성을 잘 다스리고 나라를 부강하게 키울 수 있는 지혜를 주셨던 것이다.

하나님의 말씀을 보자, "솔로몬이 기도를 마치매, 불이 하늘에서부터 내려와서 그 번제물과 제물들을 사르고 여호와의 영광이 그 성전에 가득하니, 여호와의 영광이 여호와의 전에 가득하므로 제사장들이 여호와의 전으로 능히 들어가지 못하였고, 이스라엘 모든 자손은 불이 내리는 것과 여호와의 영광이 성전 위에 있는 것을 보고 돌을 깐 땅에 엎드려 경배하며 여호와께 감사하여 이르되, '선하시도다 그의 인자하심이 영원하도다' 하니라" (대하 7:1-3).

이 경우만큼 하나님이 자신을 분명히 보여주신 때는 흔치 않다. 솔로몬이 '여호와가 보이다'의 뜻을 갖는 모리아산을 성전의 터로 택한 의도대로 된 것이다. 그렇다! 하나님은 자신을 인간에게 나타내시기를 원하신다. 그 이유도 분명하다! 하나님은 피조물인 인간과 친밀한 교제를 갖기 원하시기 때문이다. 아브라함은 아들을 사랑하고 귀하게 여겼지만, 그런 자세를 바꾸고 아들을 제물로 드리는 순간 그를 만나주셨던 것이다.

실제로 이 성전에서 수많은 죄 때문에 무수한 제물이 희생되었다. 그렇게 제물이 희생될 때마다 하나님은 신실하게 용서하셨고, 그리고 자신을 나타내셨던 것이다. 하나님은 죄를 용서하실 때만 나타나신 것이 아니다. 그분은 이스라엘 백성이 절기를 지키면서 제물을 드릴 때도 신실하게 타나내셨다. 솔로몬이 성전의 터로 모리아산을 택한 것은 두말할 여지도 없이 하나님의 뜻이었다.

그것이 하나님의 뜻인 사실을 알려주는 하나님의 말씀이 있다. 이스라엘 백성이 출애굽 후, 모압 땅에 이르러 요단강을 건너기 직전에 모세를 통하여 이런 말씀을 주신 적이 있다, "네 하나님 여호와께서 택하신 곳에서 너는 이레 동안 네 하나님 여호와 앞에서 절기를 지키고, 네 하나님 여호와께서 네 모든 소출과 네 손으로 행한 모든 일에 복 주실 것이니, 너는 온전히 즐거워할지니라" (신 16:15).

이스라엘 백성은 하나님이 택하신 곳에서 초막절 절기를 지키라는 말씀이다. 그런데 초막절만 아니라 유월절과 오순절에도 하나님이 택하신 곳에서 절기를 지키라고 하셨다 (신 16:2, 9–10). 일 년에 세 번 찾아오는 세 절기, 곧 유월절과 오순절과 초막절에 하나님이 택하신 곳에서 절기를 지키라는 엄중한 말씀이었다. 그것이 얼마나 엄중한지 하나님은 신명기 16장에서 '하나님이 택하신 곳'을 6번이나 말씀하셨다 (신 16:2, 6, 7, 11, 15, 16).

그렇다면 하나님이 택하신 곳은 어디인가? 두말할 필요도 없이 모리아산 위에 세워진 솔로몬의 성전이었다. 그곳은 이스라엘의 시조인 아브라함이 그 아들을 번제물로 바친 곳이었다. 그 후 큰 별처럼 우뚝 솟아난 다윗이 회개하고 죄를 용서받은 곳이었다. 그곳은 하나님이 아브라함과 다윗에게 자신을 나타내셨을 뿐 아니라, 솔로몬이 성전을 완성했을 때, 나타내신 모리아산이었다.

5. 예수 그리스도

예수 그리스도는 초막절 다음 날, 다시 성전으로 오셔서 하나님의 말씀을 가르치고 계셨다. 그때 서기관과 바리새인들이 간음 중에 잡힌 여자를 끌고 왔는데, 그 이유는 그 여인도 죽이고 또 그 여인을 이용하여 예수님도 죽이려고 했기 때문이었다. 그러나 그분은 그들의 간계에 걸리지 않으셨을 뿐 아니라, 그 죄 많은 여인을 용서하여 주셨다 (요 8:1-11). 그 사건이 계기가 되어 바리새인들과 심각한 논쟁이 벌어졌다.

그 논쟁 가운데서 바리새인들은 반복적으로 그들의 조상 아브라함을 인용했는데, 그 이유는 그들이 아브라함의 후손인 사실에 대한 엄청난 긍지를 가지고 있었기 때문이다. 예를 들면, 예수님이 '진리를 알면 너희가 자유하게 되리라'고 하셨더니 (요 8:32), 그들은 아브라함의 자손이기에 남의 종이 된 적이 없다고 강변하였다 (요 8:33). 물론 그들의 말은 거짓이었다. 왜냐하면 그들은 로마제국의 종일 뿐 아니라, 죄의 종이기 때문이었다 (요 8:34).

예수님이 그 논쟁 중 하나님 아버지에게서 듣고 본 것을 말한다고 하시자, 그들은 그들의 아버지가 아브라함이라고 다시 강변하였다 (요 8:38-39). 그 강변을 받아서 예수님은 그들은 당연히 그들의 아버지처럼 행해야 한다고 말씀하셨다. 그들은 아브라함과 달리 그분을 죽이려 했기 때문이었다. 예수님이 안식일에 38년 된 중증환자를 고쳐주시자, 그들은 벌떼 같이 일어나서 안식일을 범했다고 하면서 그분을 죽이려고 하였다.

　결국, 예수님은 죽음의 문제를 다루시면서 이렇게 말씀하셨다, "…사람이 내 말을 지키면 영원히 죽음을 보지 아니하리라" (요 8:51). 이 말씀에 바리새인들은 다시 입을 모아서 그들의 조상 아브라함도 죽었는데, 당신이 아브라함보다 크냐고 힐문했다 (요 8:52-53). 이에 대한 예수 그리스도의 대답은 가히 상상을 초월하는 계시이기도 했다. 그 대답을 인용해 보자, "너희 조상 아브라함은 나의 때 볼 것을 즐거워하다가 보고 기뻐하였느니라" (요 8:56).

　아브라함은 하나님의 약속을 몇 번 받았는데, 한 번도 이렇게 기뻐한 적은 없었다. 그의 후손이 큰 민족을 이루리라는 약속에도 그렇게 기뻐하지 않았다 (창 12:3). 그의 후손이 별처럼 많아지리라는 약속에도 그렇게 기뻐하지 않았다 (창 15:6). 그의 후손이 막대한 재물을 갖게 되리라는 약속에도 그렇게 기뻐하지 않았다 (창 15:14). 그런데, '나의 때를 보고 기뻐했다'는 것이다. 이 말씀을 하신 '나'는 두말할 여지도 없이 예수 그리스도를 가리킨다.

　위의 말씀은 '나의 때'를 기대하다가 마침내 그때를 보았기에 기뻐하고 또 기뻐했다는 것이다. 그렇다면 아브라함은 언제 그리고 어떤 예수 그리스도를 보았는지 질문하지 않을 수 없다. 아브라함이 예수 그리스도를 본 것은 모리아산에서였다. 모리아는 위에서 언급한 것처럼 '여호와가 보이다'라는 뜻을 갖는다. 실제로 아브라함은 모리아산에서 이삭을 번제로 드리면서 여호와를 보았다. 그분이 나타나서 이삭 대신 숫양을 죽게 하셨던 것이다.

아브라함은 그가 사랑하는 독자를 바치면서, 그리고 그렇게 번제물로 죽은 독자를 다시 돌려받으면서 (히 11:19), 어느 날 번제물로 죽었다 부활하실 메시야를 보았던 것이다.[1] 이 말은 십자가의 죽음과 부활을 육신의 눈으로 보았다는 뜻이 아니라, 믿음의 눈으로 보았다는 것이다. 히브리서 저자의 말대로이다. "이 사람들[사라와 아브라함]은 다 믿음을 따라 죽었으며 약속을 받지 못하였으되, 그 것들을 멀리서 보고 환영하며…" (히 11:13).

아브라함이 이삭을 드렸다가 다시 돌려받은 모리아산에서, 어느 날 인간의 죄를 위하여 십자가에서 죽으셨다가 다시 사실 메시야를 아브라함은 보고 심히 기뻐했다.[2] 그의 아들 이삭 대신 숫양이 번제물이 된 대속의 죽음에서 메시야의 대속적 죽음을 보았다. 그리고 그의 아들을 돌려받은 역사를 통하여 메시야의 부활을 미리 보았던 것이다. 물론 아브라함은 믿음의 눈으로 보았고, 그리고 말할 수 없이 기뻐했다.

6. 결론

아브라함이 독자 이삭을 바쳤을 때, 하나님은 이런 약속을 주셨

---

1) Albert Barnes는 그의 저서, *Notes on the Bible*에서 이렇게 기록하였다: "아브라함은 이삭을 드리라는 명령을 통해 메시야의 죽음을 보는 것이 허용되었다."
2) Josephus는 그의 저서, *The Works of Josephus*에서 모리아산 근처에서 메시야가 죽을 것을 아브라함이 보았다고 기록하였다.

다; "네가 이같이 행하여 네 아들 네 독자도 아끼지 아니하였은즉, 내가 네게 큰 복을 주고 네 씨가 크게 번성하여 하늘의 별과 같고 바닷가의 모래와 같게 하리니, 네 씨가 그 대적의 성문을 차지하리라. 또 네 씨로 말미암아 천하 만민이 복을 받으리니 이는 네가 나의 말을 준행하였음이니라" (창 22:16-18). 그런데 아브라함의 '씨'는 바로 예수 그리스도였다.

바울 사도의 증언이다, "이 약속들은 아브라함과 그 자손에게 말씀하신 것인데 여럿을 가리켜 그 자손들이라 하지 아니하시고, 오직 한 사람을 가리켜 네 자손이라 하셨으니 곧 그리스도라" (갈 3:16). 그렇다! 아브라함의 씨인 그리스도 예수를 통하여 아브라함에게 약속하시고 또 보여주신 대로, 세상이 구원을 받게 하셨다. "먼저 아브라함에게 복음을 전하되, 모든 이방인이 너로 말미암아 복을 받으리라" (갈 3:8).

결국, 모리아산에서 하나님이 아브라함에게 보여주신 대로, 그리고 똑같은 모리아산에서 다윗에게 보여주신 대로, 예수 그리스도도 모리아산인 골고다에서 인류를 위하여 십자가를 지셨다. 그 결과 아브라함에게 전해진 복음이 다윗을 거쳐서 그리고 예수 그리스도를 통하여 이스라엘 백성은 물론 이방인도 그 복음을 받아들일 수 있게 했다. 모리아에서 보여주신 하나님은 마침내 골고다에서 온 인류에게 보여주셨던 것이다.

아브라함에게 모리아산에서 하나님이 보여주신 후, 1,000년이 지나서 다시 그 산에서 하나님은 다윗에게 나타내셨다. 그리고 또 1,000년이 지나서 똑같은 장소에서 하나님이 보여주셨는데, 예수 그리스도의 죽음과 부활을 통해서였다. 이런 세 번의 현현顯現을 염두에 둔 듯, 마태는 이렇게 그의 복음서를 시작한다, "아브라함과 다윗의 자손 예수 그리스도의 계보라"(마 1:1).

그렇다! 모든 죄인은 모리아산, 곧 골고다에서 예수 그리스도를 만나야 한다!

4장

다윗의 자손

1. 서론

신약성경에서 '다윗의 자손'이란 칭호가 17번 나오는데, 모두 공관복음--마태복음, 마가복음 및 누가복음--에서만 나온다. 그런데 그중 맹인이 '다윗의 자손이여 불쌍히 여기소서!'라고 두 번씩이나 소리친 내용이 있는데, 그 내용이 위의 세 복음서에서 반복하여 사용되었다 (마 20:30, 31; 막 10:47, 48; 눅 18:38, 39). 17번 가운데 중복하여 사용된 3번을 제외하면, 결국 '다윗의 자손'이란 칭호는 신약성경에서 14번 나오는 셈이다.

그렇다면 왜 맹인은 예수 그리스도를 '다윗의 자손'이라고 두 번씩 불렀는가? 맹인은 '예수여, 불쌍히 여기소서!'라고 부르짖으면 안 되었는가? 도대체 '다윗의 자손'이란 칭호는 어떤 의미를 가지고 있기에 맹인은 '예수'라고 부르지 않고 '다윗의 자손'이라고 불렀는가? 물론 그분이 다윗의 혈통에서 태어나셨기에 '다윗의 자손'이라고 불리기도 했다. 그러나 다윗의 혈통에서 태어났다고 해서 누구든지 맹인의 눈을 뜨게 하는 기적을 행할 수 없다.

2. 다윗의 혈통

우선, '다윗의 자손'은 다윗의 혈통에서 태어난 사실을 강조한다. 예수 그리스도는 요셉의 아내인 마리아를 통하여 태어나셨다. 그런데 요셉도 다윗의 후손이고, 마리아도 다윗의 후손이었다. 자연스럽게 예수 그리스도도 다윗의 혈통에서 다윗의 후손으로 태어나신 것이다. 마태가 기록한 계보에 의하면, 요셉은 다윗의 27대 후손이다 (마 1:6-15). 그러므로 예수 그리스도는 요셉의 혈통을 따라서 다윗의 자손이었다.

그런가 하면 누가는 다른 계보를 사용했는데, 마리아의 계보였을 것이다. 그 계보에 따르면 마리아도 다윗의 후손이었는데, 그녀는 다윗의 42대 손이었다 (눅 3:23-31). 그러니까 예수님의 법적 아비인 요셉도 다윗의 후손이었고 생모인 마리아도 역시 다윗의 후손이었기에, 예수 그리스도는 확실히 다윗의 혈통에서 태어나신 다윗의 자손이었다. 그런 사실 때문에 신약성경에서는 그분이 '다윗의 자손'이라고 불리었다.

바울 사도도 다음과 같이 확언했다, "그의 아들에 관하여 말하면 육신으로는 다윗의 혈통에서 나셨고" (롬 1:3). 이 말씀에서 '그의 아들'은 예수 그리스도를 가리키는데, 그 앞 절에서 분명히 그분의 이름을 밝히기 때문이다. "예수 그리스도의 종 바울은 사도로 부르심을 받아 하나님의 복음을 위하여 택정함을 입었으니, 이 복음은 하나님이 선지자들을 통하여 그의 아들에 관하여 성경에 미리 약속하신 것이라" (롬 1:1-2).

예수 그리스도가 다윗의 혈통에서 태어나신 '다윗의 자손'이라는 사실을 여러 신약성경의 저자들이 증언했는데, 마태, 마가, 누가, 바울, 요한 (요 7:2) 등이다. 그러나 가장 확실한 증언은 예수님 자신이었다. 그분의 증언을 들어보자, "나 예수는 교회들을 위하여 내 사자를 보내어 이것들을 너희에게 증언하게 하였노라. 나는 다윗의 뿌리요 자손이니, 곧 광명한 새벽별이라 하시더라" (계 22:16).

이 증언에 의하면, 예수님은 확실히 다윗의 자손이시나, 요셉이나 마리아처럼 평범한 자손이 아니시라는 것이다. 왜냐하면 예수님은 자신을 가리켜서 '다윗의 뿌리'이며 동시에 '광명한 새벽별'이라고 하셨기 때문이다. 우선, 예수님은 왜 자신을 '다윗의 뿌리'라고 하셨는가? 그 이유는 그분이 단순히 다윗의 혈통에서 태어나신 분이 아니라, 구약의 예언대로 태어나셨다는 것을 강조하기 위해서였다. 구약성경의 예언을 인용해 보자.

"이새의 줄기에서 한 싹이 나며, 그 뿌리에서 한 가지가 나서 결실할 것이요" (사 11:1). 다윗은 이새의 막내아들로 태어났지만, 결실해서 그의 모든 형들보다 월등하게 장성한 가지가 되었다. 그뿐 아니라, 그 뿌리에서 나온 다윗은 큰 인물이 된다는 것이다. 그 예언을 더 보자: "그 날에 이새의 뿌리에서 한 싹이 나서 만민의 기치로 설 것이요, 열방이 그에게로 돌아오리니 그가 거한 곳이 영화로우리라" (사 11:10).

이사야 선지자가 이런 예언을 할 때는 다윗은 이미 이 세상 사람이 아니었다. 그렇다면 그 뿌리에서 나서 세계를 호령하는 '만민의 기치로 설 자'는 두말할 필요도 없이 예수 그리스도였다. 그 결과 '열방이 그에게로 돌아오고', 그분이 거한 곳은 영광의 장소가 될 것이다. 예수님이 스스로를 '다윗의 뿌리'라고 선언하신 것은 이미 세상을 사랑으로 정복하고, 영화로운 통치자가 되실 사실을 표현한 것이다.

왜 예수님은 더 나아가서 자신을 '광명한 새벽별'이라고 하셨는가? 이 칭호는 발람의 예언을 인용한 것이다. "내가 그를 보아도 이 때의 일이 아니며, 내가 그를 바라보아도 가까운 일이 아니로다. 한 별이 야곱에게서 나오며 한 규가 이스라엘에게서 일어나서 모압을 이쪽에서 저쪽까지 쳐서 무찌르고, 또 셋의 자식들을 다 멸하리로다" (민 24:17). 이 예언에서 '한 별'은 예수님이 지칭하신 '새벽별'인데, 얼마나 정확한 예언인가!

3. '다윗의 자손'

'다윗의 자손'이란 예수 그리스도가 단순히 혈통적으로 다윗의 후손으로 태어나셨다는 것만을 가리키지 않는 것이 분명해졌다. 그분의 법적 아비인 요셉에게 하나님이 그분이 구원자 '예수'이자 동시에 하나님이 함께 하시는 '임마누엘'이라고 알려주셨다. 그런데 그처럼 놀라운 계시를 주기 위하여 주의 천사는 요셉을 '다윗의 자손'이라고 부르셨다 (마 1:20). '다윗의 자손'이신 예수 그리스도에 대하여 '다윗의 자손'인 요셉에게 알려주셨던 것이다.

그런데 마리아에게 알려주신 것도 못지않게 놀랍다: "보라, 네가 잉태하여 아들을 낳으리니 그 이름을 예수라 하라. 그가 큰 자가 되고 지극히 높으신 이의 아들이라 일컬어질 것이요, 주 하나님께서 그 조상 다윗의 왕위를 그에게 주시리니, 영원히 야곱의 집을 왕으로 다스리실 것이며 그 나라가 무궁하리라" (눅 1:31-33). 이 계시에 의하면 '다윗의 자손'으로 오시는 분의 신분, 지위, 통치, 나라 등이 열거되었다.

그분의 신분은 '큰 자'이며 동시에 '지극히 높으신 이', 곧 하나님의 아들이다. 그분이 하나님의 아들이라면, 하나님과 동등한 분이시라는 말이다. 더 나아가서 그분이 바로 하나님이시라는 특별 계시이다 (요 5:17-18). 다른 말로 하면, 하나님이 인간 마리아라는 여자를 통하여 이 세상에 오신다는 것이다. 이 특별한 계시만큼 혁명적이며, 인간의 상상을 초월하는 것은 없다. 하나님이 인간이 되신다니…!

'다윗의 자손'의 지위는 무엇인가? 그것은 다윗의 왕위라는 것이다. 일찍이 다윗은 사울을 대신하여 왕이 된 후, 이스라엘을 굳건한 나라로 세웠고, 또 확장시켰다. 그가 어디를 가든지 하나님이 함께 하시면서 그를 영화롭게 하셨다. 그런데 하나님은 예수님에게 그런 왕위를 주시겠다는 것이다. 그분이 어디를 가시든, 무엇을 하시든, 하나님이 함께 하시면서 그분을 영화롭게 하시겠다는 것이다.

하나님이 예수를 통하여 인간이 되신 목적도 밝혔는데, 그것은 왕으로 다스리게 하기 위함이다. 비록 그분은 연약한 인간이 되셨지만, 그분의 통치는 혁혁했다. 귀신들을 쫓아내셨으며, 많은 불치의 병들을 고치셨으며, 풍랑을 잠잠하게 하셨으며, 죽은 자들을 살리셨다. 무엇보다도 아무런 소망도 없던 많은 죄인들을 만나시고, 용서하시고, 그리고 변화시켜주신 역사는 그분이 아니면 아무도 할 수 없는 것들이었다.

가브리엘이 마리아에게 알려준 마지막 계시는 '나라'에 관한 것이었다. 예수님이 세우실 '나라'는 영원하다는 것이다. 실제로 이 세상에서 영원한 나라는 없다. 한 마디로 말해서, 그분이 세우실 '나라'는 땅과 백성과 헌법이 존재하는 가시적인 나라가 아니라는 뜻이다. 그 '나라'는 하나님이 자유롭게 통치하실 수 있는 하나님의 백성이다. 그렇다! 예수님이 이 세상에 오신 것은 그런 백성을 얻기 위함이었다.

4. 다윗의 언약

그렇다면 하나님의 사자는 무엇을 근거로 요셉과 마리아에게 그런 놀라운 사실을 알려주셨는가? 그 근거는 하나님이 다윗과 세우신 언약이다. 다윗이 하나님을 위하여 성전 건축을 염두에 두었을 때, 하나님은 그의 갸륵한 마음을 받아주셨다. 비록 성전 건축은 허락하지 않으셨으나, 그보다 훨씬 더 큰 약속을 하셨다. 그 약속이 저 유명한 다윗의 언약이다. 그 언약 중 일부를 인용해 보자.

"네 수한이 차서 네 조상들과 함께 누울 때에 내가 네 몸에서 날 네 씨를 네 뒤에 세워 그의 나라를 견고하게 하리라. 그는 내 이름을 위하여 집을 건축할 것이요…그의 나라 왕위를 영원히 견고하게 하리라. 네 집과 네 나라가 내 앞에서 영원히 보전되고, 네 왕위가 영원히 견고하리라" (삼하 7:12-13, 16). 이 언약의 내용은 일차적으로 다윗의 아들 솔로몬에게 적용되지만, 그것은 일부에 지나지 않는다.

솔로몬의 왕위와 그의 나라가 영원히 견고했는가? 물론 아니다! 비록 솔로몬이 지혜로운 왕이었지만, 그의 노년은 불행 그 자체였다. 그의 첩들이 우상들을 들여왔고, 하나님의 금령을 어기면서 말들을 애굽에서 수입했고, 금과 은을 귀하게 여기지 않았다 (왕상 10: 27- 11:1). 이런 것들은 모두 하나님이 금하신 준엄한 명령이었다 (신 17:16-17). 결국, 솔로몬 때문에 그의 나라는 남북으로 갈라지는 비극을 맛보았다.

비록 다윗의 언약이 그의 아들 솔로몬에게 해당되지 않았지만, 그렇다고 그의 아들 가운데 의로운 통치자가 나타나지 않은 것은 아니었다. 그 아들이 바로 예수 그리스도였다. 왜냐하면 유대 문화에서 손자도 아들이라고 불릴 수 있으며, 그 후손들도 아들이라고 불릴 수 있기 때문이다. 예수 그리스도는 다윗의 언약대로 다윗의 아들로, 그리고 '다윗의 자손'으로 이 세상에 오신 것이다.

다윗은 하나님이 그에게 허락하신 언약을 기억했을 뿐 아니라, 기도에서도 적용했다. 그의 기도를 한 곳 인용해 보자, "여호와께서 다윗에게 성실히 맹세하셨으니 변하지 아니하실지라! 이르시기를 네 몸의 소생을 네 왕위에 둘지라. 네 자손이 내 언약과 그들에게 교훈하는 내 증거를 지킬진대 그들의 후손도 영원히 네 왕위에 앉으리라 하셨도다"(시 132:11-12). 이렇게 기도하면서 다윗은 그 약속이 확실히 실현될 것을 믿어 의심치 않았다.

다윗이 죽은 지 250여 년이 지난 후, 그리고 예수님이 이 세상에 오시기 700여 년 전, 하나님은 이사야 선지자에게 이런 말씀을 주셨다: "이는 한 아기가 우리에게 났고, 한 아들을 우리에게 주신 바 되었는데 그의 어깨에는 정사를 메었고…또 다윗의 왕좌와 그의 나라에 군림하여 그 나라를 굳게 세우고, 지금 이후로 영원히 정의와 공의로 그것을 보존하실 것이라. 만군의 여호와의 열심이 이를 이루시리라"(사 9:6-7).

이 예언에 의하면, 예수님이 하나님이시며 평강의 왕이신데, '다윗의 왕좌와 그의 나라에 군림하신다'는 것이다. 어떻게 이런 예언이 가능했는가? 두말할 필요도 없이 다윗의 언약이 없었다면 가능하지 않은 예언이었다. 예수님이 '다윗의 왕좌'에 군림하신다는 것은 그분이 영원한 나라를 세우기 위하여 통치하신다는 것이다. 다윗의 언약을 근거로 확대한 놀라운 예언이었다. 그러면 다윗의 언약을 근거로 한 예언은 이사야뿐인가?

예레미야 선지자도 다윗의 언약을 근거로 예언했는데, 그때를 생각하면 의미가 더욱 깊어질 것이다. 왜냐하면 이 예언은 유다가 바벨론에 의하여 멸망당할 때였기 때문이다, "…보라! 때가 이르리니 내가 다윗에게 한 의로운 가지를 일으킬 것이라; 그가 왕이 되어 지혜롭게 다스리며 세상에서 정의와 공의를 행할 것이며, 그의 날에 유다는 구원을 받겠고 이스라엘은 평안히 살 것이며, 그의 이름은 여호와 우리의 공의라 일컬음을 받으리라" (렘 23:5).

비록 유다가 바벨론에 의하여 완전히 멸망당했지만, 그래도 유다에게는 소망이 있다는 예언이었다. 그 소망은 '다윗에게 한 의로운 가지'가 나타나서, 유다와 이스라엘을 구원하겠다는 것이다. 한 발 더 나아가서, 그 '가지'가 바벨론을 정복하겠다는 것이다. "그들[바벨론]은 그들의 하나님 여호와를 섬기며 내가 그들을 위하여 세울 그들의 왕 다윗을 섬기리라" (렘 30:9). 이런 약속과 소망은 모두 다윗의 언약에 근거한 것이었다.

5. '다윗의 자손'의 출현

나라를 잃은 후, 600여 년 동안 이스라엘 백성의 삶은 말이 아니었다. 그들은 착취당했고, 집과 땅을 잃었으며, 친척과 친구들도 잃었다. 많은 사람들이 노예로 팔려가서 남자들은 노역했고, 여자들은 성 노리개가 되었다. 그들은 제대로 먹지 못하면서 많은 사람들이 각종의 질병에 시달렸고, 귀신 들린 사람들도 부지기수였다.

아무 소망도 없던 그들에게 조금이라도 소망이 있다면, 그것은 '다윗의 자손'이 나타나서 그들을 구원해주는 것이었다.

그런데 마침내 기다리고 기다리던 '다윗의 자손'이 출현하셨다! 그분은 구원의 뿔이시었다! 세례 요한의 아비 사가랴의 선포를 들어보자: "찬송하리로다! 주 이스라엘의 하나님이여! 그 백성을 돌보사 속량하시며, 우리를 위하여 구원의 뿔을 그 종 다윗의 집에 일으키셨으니, 이것은 주께서 예로부터 거룩한 선지자의 입으로 말씀하신 바와 같이, 우리 원수에게서와 우리를 미워하는 모든 자의 손에서 구원하시는 일이라" (눅 1:68-71).

'다윗의 자손'이신 예수 그리스도는 구원의 손길을 뻗치기 시작하셨다. 한 번은 사람들이 귀신 들려 눈도 멀고 말도 못하는 사람을 그분에게 데리고 왔다. 그분은 즉시 그 사람을 고쳐주셨다. "그 때에 귀신 들려 눈 멀고 말 못하는 사람을 데리고 왔거늘, 예수께서 고쳐 주시매 그 말 못하는 사람이 말하며 보게 된지라. 무리가 다 놀라 이르되 이는 다윗의 자손이 아니냐?" (마 12:22-23). '다윗의 자손'이 아니면 가능하지 않은 역사였다.

즉각적으로 '다윗의 자손'이신 예수 그리스도의 소문이 퍼져나갔다. 한 번은 그분이 지나가신다는 말을 어느 맹인이 듣고 이렇게 소리를 질렀다, "디매오의 아들인 맹인 거지 바디매오가 길 가에 앉았다가, 나사렛 예수시란 말을 듣고 소리 질러 이르되, '다윗의 자손' 예수여, 나를 불쌍히 여기소서!" (막 10:46-47). 비록 바디매오는 거지이고 눈멀었지만, '다윗의 자손'에 대한 믿음이 있었고, 그의 믿음대로 예수님은 그의 눈을 뜨게 하셨다.

그 후 예수 그리스도가 나귀를 타고 예루살렘 성으로 들어오고 계섰다. 그때 많은 예루살렘 사람들이 종려나무를 흔들면서 이렇게 외쳤다, "…호산나! 다윗의 자손이여, 찬송하리로다! 주의 이름으로 오시는 이여, 가장 높은 곳에서 호산나 하더라" (마 21:9). '호산나'는 '지금 구원하소서'의 뜻이다. '다윗의 자손'이 오셨으니, 지금 구원받게 해 달라는 것이었다. 다시 말해서, 이방 로마제국의 학정으로부터 해방시켜달라는 요청이었다.

백성들의 외침에서 주목해야 할 것은 '다윗의 자손'이 바로 '주의 이름으로 오시는 이'라는 사실이다. 이사야 선지자가 예언한대로, 이분이 바로 "기묘자라, 모사라, 전능하신 하나님이라, 영존하시는 아버지라, 평강의 왕"이시라는 것이다" (사 9:6). 얼마나 놀라운 예언의 성취인가! 사람들은 큰 기대를 가지고 '다윗의 자손'을 맞이하고 있었다. 그들은 옷을 길에 펴고 종려가지를 흔들면서 '호산나, 다윗의 자손이여!'라고 어떻게 외치지 않을 수 있었겠는가?

6. 결론

그런데 이스라엘 백성이 간과한 것이 있었다. 그들이 구하는 것은 육신적인 구원이었다. '다윗의 자손'이신 예수 그리스도는 언젠가 그들을 육체적으로도 구원하실 것이다. 그러나 그 전에 '영원한 나라'를 세우셔야 하는데, 곧 죄의 용서를 통한 영적 나라였다. 그런 이유 때문에 '다윗의 자손'은 먼저 죄인들을 위하여 십자가를 짊어지시지 않으면 안 되었다. 그렇게 죽음을 통해서만 부활의 능력을 만방에 나타내실 수 있기 때문이다.

바울 사도는 다윗의 씨, 곧 예수 그리스도가 죽음과 부활을 통하지 않고는 어떤 사람도 죄를 용서받을 수 없고, 또 변화될 수 없는 사실을 명백히 했다. 그의 말을 들어보자, "내가 전한 복음대로 다윗의 씨로 죽은 자 가운데서 다시 살아나신 예수 그리스도를 기억하라" (딤후 2:8). 그렇다! '다윗의 자손'이 영원한 나라를 세우시고 영원히 왕권을 가지실 터인데, 그 방법은 그분의 죽음과 부활을 통해서만 가능하다.

5장

옷자락

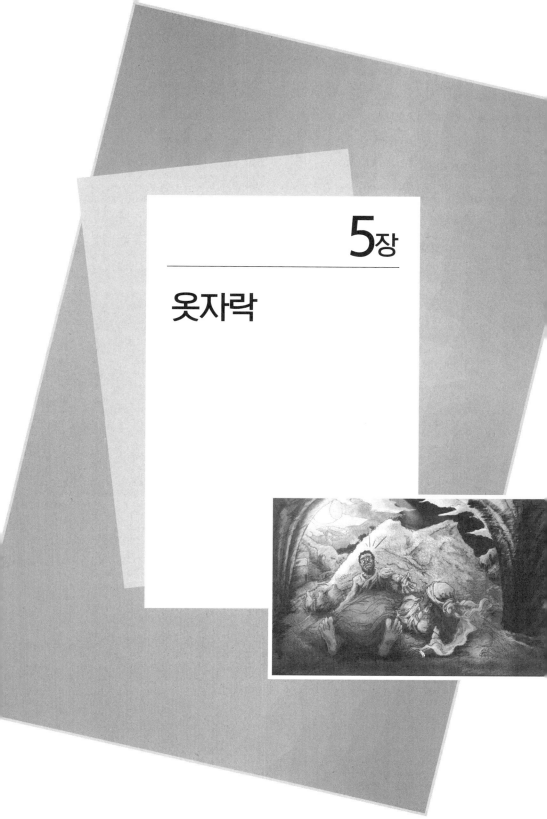

1. 서론

이스라엘 백성은 이방인들과 다른 점이 너무 많다. 종교적으로 그들은 유일신 하나님을 믿으며, 모세를 통해 주신 율법을 깊이 의지한다. 그뿐 아니라, 이방인들과 달리 모든 남자는 생후 8일째 되는 날 할례를 받고, 안식일을 지키며, 성전을 중심으로 신앙과 삶을 유지했다. 성전이 파괴된 후에는 각처에서 회당을 짓고 그곳을 중심으로 신앙공동체를 유지한다. 그뿐 아니라, 그들은 절기도 중요하게 여긴다.

이스라엘 백성은 의식주에서도 이방인들과 구별된 습관을 가지고 있다. 모세의 율법에 의하면, 이스라엘 백성은 먹을 수 있는 음식과 먹을 수 없는 음식을 엄격히 구분한다 (레 11). 그들이 먹을 수 있는 음식은 인증되어야 하는데, 그렇게 인증된 음식을 *코셔*^{Kosher}라고 하며, 그런 음식만을 먹는 가정은 대문에 코셔의 표시를 붙인다. 또한 그들의 복장도 이방인들의 복장과 달라야 한다. 그들이 하나님의 백성이라는 표시를 해야 하기 때문이다.

2. 옷의 특징

하나님은 모세를 통하여 이스라엘 백성이 입을 옷에 대해서 이렇게 지시하셨다. "이스라엘 자손에게 명령하여, '대대로 그들의 옷단 귀에 술을 만들고 청색 끈을 그 귀의 술에 더하라'" (민 15:38). 이 명령에 의하면, 이스라엘 백성은 '옷단 귀에 술을 만들고, 청색 끈'

으로 옷단 귀와 술을 연결해야 했다. 이 명령에 따라서 이스라엘 백성은 '귀'를 만들었을 뿐 아니라, '술과 청색 끈'을 만들었다.

1) '귀'

하나님은 먼저 '옷단 귀'를 만들라고 명령하셨다. '옷단'은 '의복' 내지 '옷'을 가리키는 단어로, 히브리어는 *베게드*(בֶּגֶד)이다 (창 27:15, 27). 물론 구약성경에서 이 단어는 수없이 나오는데 (구체적으로는 217번), 그 이유는 너무나 간단하다! 하나님의 백성인 이스라엘 백성도 옷을 입지 않고 살 수 없기 때문이다. 그런데 그처럼 흔히 쓰이는 단어를 구태여 히브리어로 소개하는 이유는 '옷단' 뒤에 나오는 단어, 곧 '귀' 때문이다.

'귀'는 '언저리,' '가장자리,' '끝' 등의 뜻을 갖는다. 영어성경에서도 '구석', '모퉁이'의 뜻인 *corner*로 번역되었다. 그런데 히브리어로 된 그 단어는 '귀' 이외에도 여러 가지로 번역되었다. '귀'는 히브리어로 *카나프*(כָּנָף)인데, 그 단어가 한글성경에서는 문맥에 따라 다르게 번역되었다. '귀'로 번역된 경우는 두 번뿐인데, 한 번은 민수기 15장 38절이고, 또 한 번은 신명기 22장 12절이다: "너희는 너희가 입는 겉옷의 네 귀에 술을 만들지니라."

히브리어 성경에서 109번이나 나오는 *카나프*는 한글성경에서 자그마치 열 가지로 번역되었는데, 이미 언급한 '귀'를 제외하면 아홉 가지나 된다: '날개' (룻 2:12), '종류' (창 7:14), '하체' (신 22:30), '옷자락' (룻 3:9), '끝' (사 24:16), '새' (잠 1:17), '[사]방' (사 11:12), '옷단' (렘 2:34), '옷' (겔 16:8). 이처럼 많은 번역 중 이 장의 제목을 '옷자락'으로 선택한 이유가 있는데, 그 번역이 심도 깊은 가르침을 주기 때문이다.

한 실례를 들어보면, 이스라엘의 초대 왕인 사울에게 일어난 사건이 있었다. 그는 아말렉과 전쟁 중에 하나님의 명령을 거역한 죄를 범했다. 그때에 이스라엘의 마지막 사사요 선지자인 사무엘이 와서 하나님의 말씀으로 그를 꾸짖으며 떠나갈 때, 사울이 그의 옷자락을 붙잡았다. 그 말씀을 보자, "사무엘이 가려고 돌아설 때에 사울이 그의 겉옷자락을 붙잡으매 찢어진지라"(삼상 15:27). 이것은 참으로 무례한 행동이었다.

2) '술'

그 다음으로 하나님은 이스라엘 백성에게 '술tassels'을 만들라고 명령하셨다. 그런데 '술'은 그 종류도 엄청나게 많을 뿐 아니라, 만드는 방법도 참으로 많다. 예를 들면, 학위 졸업식에서 사각모자에 붙은 '술'을 왼쪽에서 오른쪽으로 옮기는데, 그 '술'의 색깔만 해도 황색, 흰색, 청색, 흑색 등 얼마나 다양한지 모른다. 그뿐 아니라 옷소매에 다는 '술', 옷 가에 다는 '술', 옷가슴에 다는 '술'에다, 그것들의 길이와 부피가 모두 다르다.

그렇다면 이스라엘 백성이 '옷단 귀'에 붙인 '술'은 사람들이 원하는 대로 만들어서 달기만 하면 되는가? 물론 그렇지 않다! 그런 이유 때문에 율법의 해설책인 *미쉬나*Mishna는 '술'의 제조법도 매우 상세히 기록하고 있는데, 다음과 같다: 그 '술'은 다섯으로 구분하는데, 그 구분의 표시로 매듭knots을 짓는다. 그러므로 그 '술'에는 매듭이 다섯이며, 매듭 사이에는 네 개의 칸이 생긴다. 그리고 매듭은 모두 두 번만 감아야 한다. 그림으로 확인하자.

매듭을 다섯으로 고정시킨 것은 모세오경을 상징한다. 그리고 그 사이에 칸이 네 개인 것은 '여호와'를 가리키는 히브리 자음인 네 철자(יהוה)를 가리킨다. 그런데 두 번씩 감아서 만든 매듭이 다섯이기에 도합 10이 된다. 그 10은 두 돌판에 기록된 십계명을 상징한다. '술'의 제조법은 거기에서 끝나지 않는다. 첫 번째와 두 번째 마디 사이에는 꼰 실을 7번 감아야 한다. 두 번째와 세 번째 마디 사이에는 8번 감아야 하고, 세 번째와 네 번째 마디 사이에는 11번, 그리고 네 번째와 다섯 번째 마디 사이에는 13번을 각각 감아야 한다. 이 숫자를 합치면 39가 되어, 구약성경을 가리킨다.

'술'을 완성하기 위해 또 하나의 과정이 있는데, 그것은 다섯 번째 매듭 밑에 달린 꼰 실들이다. 그 실들의 수도 결정되었는데, 반드시 8개여야 한다. 그렇게 만들어진 '술'의 총 길이는 약 7.5cm내지 9.5cm이다. 그러니까 8개의 술과 5개의 마디를 합하면 13이 되는데, 술(ציצת)의 히브리는 숫자의 가치가 600이다. 13과 600을 합치면 613이 되어 모세오경에 들어있는 613가지의 명령을 상징한다.

이렇게 만든 '술'은 옷과 연결시켜야 하는데, 그렇게 연결하는 끈은 반드시 청색이어야 한다. 위의 그림에는 청색이 아니라 흰색이지만, 실제로는 청색이다. 그러니까 옷과 '술'을 연결시키는 끈은 청색이다. 그렇다면 '술'의 색깔도 결정되어 있는가? 그렇지 않다! 색깔은 자유롭게 선택할 수 있다. 그런 이유 때문에 이스라엘 백성은 여러 색깔의 '술'을 만들어 사용하며, 또 그렇게 만들어서 파는 사람들도 있다.

지금까지 '술'을 만드는 세세한 방법을 볼 때, 이스라엘 백성은 이렇게 꼼꼼하게 만들어진 '술'을 달고 다니면서 그들이 하나님의 백성이라는 엄청난 긍지를 가졌다. 한 마디로 말해서, 옷에 달린 '술'은 이방인들과 구분시킨 하나님의 방법 가운데 하나였다. 그렇다면 '술'은 이스라엘 백성을 이방인들과 구분시키는 역할만 했는가? 그렇지 않다! 그들에게 그것보다 훨씬 중요한 목적이 있었는데, 그것도 역시 하나님의 말씀에서 찾을 수 있다.

하나님의 말씀을 보자; "이 술은 너희가 보고 여호와의 모든 계명을 기억하여 준행하고, 너희를 방종하게 하는 자신의 마음과 눈의 욕심을 따라 음행하지 않게 하기 위함이라" (민 15:39). 이 설명에 의하면 이스라엘 백성은 두 가지 목적 때문에 '술'을 옷에 달아야 하는데, 하나는 적극적 목적이고 또 하나는 소극적 목적이다. 적극적으로는 그들이 '모든 계명을 기억하여 준행하기 위함이었다.'

소극적 목적은 '마음과 눈의 욕심을 따라 음행하지 않게 하기 위함이었다.' 하나님이 이스라엘 백성에게 가나안 땅을 선물로 주셨는데, 그 이유는 가나안에 사는 이방인들이 두 가지 큰 범죄로 인하여 그들의 땅을 빼앗겼기 때문이다. 하나는 우상을 섬기는 범죄였는데, 얼마나 그 정도가 심했는지 그들의 자녀들조차 죽여서 제물로 바쳤다. 하나님의 형상으로 지음을 받은 존귀한 사람을 사람이 만든 우상에게 바친다는 것은 있을 수 없는 악행이었다.

또 하나의 범죄는 이방인들의 성 범죄였다. 성에 관한 한 그들은 문자 그대로 짐승만도 못한 사람이었다. 그들은 상대를 가리지 않고 '마음과 눈의 욕심을 따라' 각 가지 성적 죄를 범했다. 형제자매, 부모와 고모, 이모, 숙모, 시부와 며느리 등 닥치는 대로 성을 휘둘렀다. 그것도 부족한지 같은 성끼리, 남자와 남자, 그리고 여자와 여자가 어울렸다. 한발 더 나아가서 짐승과의 교합도 서슴지 않았다 (레 18).

하나님이 이스라엘 백성에게 옷에 '술'을 달라고 명령하신 것은 그런 두 가지 죄, 곧 우상숭배와 성적 타락을 막아주시기 위한 깊은 사랑의 배려였다. 그들이 항상 입어야만 하는 옷에 달린 '술'을 보고 이 두 가지 죄악을 멀리해야 한다는 것이다. 그렇지 않으면, 그들도 가나안에 살던 이방인들이 쫓겨난 것처럼 쫓겨날 것이기 때문이었다. 하나님은 먼 미래까지 아시면서 이스라엘 백성에게 이런 명령을 주셨던 것이다.

그들이 순종하여 '술'을 옷에 달면 거룩한 백성이 된다는 것이다. 다시 하나님의 말씀을 보자; "그리하여 너희가 내 모든 계명을 기억하고 행하면 너희의 하나님 앞에 거룩하리라. 나는 여호와 너희 하나님이라; 나는 너희의 하나님이 되려고 너희를 애굽 땅에서 인도해 내었느니라. 나는 여호와 너희의 하나님이니라" (민 15:40-41). 하나님이 그들을 애굽에서 건져내신 중요한 목적은 그들로 하여금 이방인들과 '다른 삶'을 살라는 것이었다.

그런데 그런 하나님의 깊은 마음을 헤아리지 못한 서기관들과 바리새인들은 사람들에게 인정을 받으려고 경쟁적으로 그 '술'을 길게 만들어서 달고 다녔다. 예수님이 하신 말씀을 보자, "그들의 모든 행위를 사람에게 보이고자 하나니, 곧 그 경문 띠를 넓게 하며 옷술을 길게 하고" (마 23:5). 율법을 지키고 가르치는 지도자의 위치에 있는 서기관들과 바리새인들은 앞장서서 그들이 제정한 법을 깨뜨리면서까지 '술'을 길게 만들었던 것이다.

3) '청색 끈'

마지막으로 하나님이 명령하신 것은 '청색 끈'이었다. 다시 하나님의 말씀을 보자, "청색 끈을 그 귀의 술에 더하라." 쉽게 말해서 '청색 끈'으로 그 '술'을 옷자락에 붙이라는 명령이었다. 그 끈의 길이는 다양할 수 있지만, *미쉬나*는 그 길이도 제시했다. '청색 끈'의 길이는 2인치, 곧 약 5cm여야 했다. 그러니까 '술'과 합하면 총 길이가 12.5내지 14.5cm이었다. 이스라엘 백성은 이런 '술'을 네 개씩 달고 다녔다 (신 22:12).

여기에 또 하나의 문제가 야기되는데, 이스라엘 백성은 어떻게 끈을 청색으로 물들이느냐 하는 것이었다. 그래서 그들은 이런 방법을 제시했다. 청색은 자연적으로 북 이스라엘과 레바논의 바닷가에 있는 달팽이에서 추출된 것으로 물들여야 했다. 그런데 12,000 마리의 달팽이에서 추출된 양은 고작 1.4g이었다. 그러니까 그렇게 물들인 '청색 끈'은 말할 수 없이 희소하면서도 값비싼 것이었다. 그 끈으로 '술'을 옷자락에 붙이라는 것이다. 다음 그림을 보자:

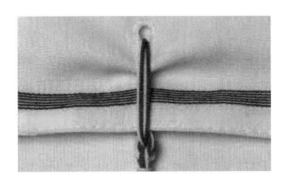

'청색'은 출애굽기와 민수기에서 40번 나오는데, 여기에 나오는 것은 마지막 '청색'이다. 앞에서 언급한 것처럼, '청색 끈'은 너무나 귀하기 때문에 그 당시 이스라엘 백성 아무나 사용할 수 없었다. 실제로 모세오경에 의하면, '청색 끈'은 제사장의 복장에 국한해서 사용되었다. 제사장의 복장인 에봇에 흉패를 '청색 끈'으로 연결시켰다 (출 28:28, 39:21). 그리고 "여호와께 성결"이라고 새겨진 금패를 제사장의 관에 붙일 때도 역시 '청색 끈'으로 했다 (출 28:36-37, 39:30-31).

제사장의 복장이 아닌 이스라엘 자손들의 옷에 '청색 끈'을 사용한 것은 민수기 15장 38절에 묘사된 것뿐이다. 그 이유는 무엇인가? 이스라엘 백성이 비록 직분은 제사장이 아니지만, 신분은 제사장이라는 말이다. 왜냐하면 그들의 말과 삶으로 이방인들에게 그들을 애굽에서 구원하신 하나님을 소개해야 하기 때문이다. 그들은 이방인들과 다르게 먹고 그리고 다르게 입어야 했다. 그렇게 거룩하게 살 때, 그들은 비로소 그들의 하나님을 이방인들에게 전할 수 있었던 것이다.

3. '옷자락'의 실례

1) 룻

성경에서 '옷자락'이 자주 나오는데, 그 중 의미 있는 실례를 세 가지만 들어보자. 첫 번째 중요한 실례는 룻이 한 말에서 찾을 수 있는데, 우선 '옷자락'이 들어간 말씀을 인용해 보자. "네가 누구냐? 하니 대답하되, 나는 당신의 여종 룻이오니 당신의 옷자락을 펴 당신의 여종을 덮으소서! 이는 당신이 기업을 무를 자가 됨이니이다" (룻 3:9). 이 대화는 보아스와 룻 사이에서 일어난 것인데, 잠깐 그 배경을 살펴보자.

룻은 모압 여인인데다, 남편을 잃은 과부였다. 룻은 시어머니인 나오미의 하나님과 고향을 그녀의 것으로 받아들이고 시모와 함께 유다 땅으로 돌아왔다. 두 과부는 룻이 줍는 이삭으로 연명하다가 부유한 보아스를 만나게 되었다. 그런데 보아스는 마침 나오미 남편과 친척이어서 그녀의 기업을 무를 수 있는 사람이었다. 기업을 무른다는 것은 룻과 결혼도 하고, 자녀가 생기면 나오미 남편의 이름으로 가문을 세워야 하는 사람을 뜻한다.

위의 말씀은 어느 날 밤에 타작마당에서 룻이 보아스가 누운 발치에 들어갔고, 잠에서 깬 보아스와의 질문으로 시작된 대화이다. 룻은 이렇게 말했다, "당신의 옷자락을 펴 당신의 여종을 덮으소서!" 룻이 언급한 '옷자락'에는 틀림없이 '술'이 붙어있었을 것이다. 이미 언급한 것처럼, '술'은 모세오경과 여호와를 상징하는 의미를 함축한다. 그러니까 룻은 보아스에게 불쌍한 그녀를 하나님의 자비와 사랑으로 받아달라는 청혼을 하고 있었던 것이다.

'옷자락'으로 '덮으소서!'는 여호와의 사랑으로 구원해달라는 간구이기도 했다. 왜냐하면 구약성경에서 '덮다'는 구원을 뜻하기 때문이다. 아담과 하와가 죄를 짓자 그들은 벌거벗은 수치를 가려보려고 애를 썼다. 그러나 하나님이 그들을 위하여 가죽 옷으로 덮어주실 때까지는 가려지지 않았다. 그들을 덮어주기 위하여 죄 없는 동물이 피를 흘리며 죽었던 것이다. 그 결과 그들은 부끄러움으로부터 자유롭게 될 수 있었다 (창 3:21).

룻이 말한 '당신의 옷자락을 펴 당신의 여종을 덮으소서!'라는 호소는 보아스가 입은 옷자락이 아니면 그녀를 구원할 수 있는 길이 없다는 뜻이기도 하다. '옷자락'에 '술'을 붙인 목적 중 하나는 이방인들에게 구원의 하나님을 소개하기 위한 것이었다. 그런데 룻은 모압 출신의 이방인 과부였다. 그처럼 불쌍한 이방 여인을 구원하기 위하여 하나님은 일찍이 '옷자락'에 '술'을 달라고 하셨다. 그리고 보아스는 그 '옷자락'으로 룻을 덮어주어 구원했던 것이다.

2) 다윗

성경에 나오는 두 번째 '옷자락'의 실례는 다윗의 행위에서 찾을 수 있다. 사울 왕은 다윗을 죽이려고 혈안이 되어 있었다. 다윗은 사울을 피하여 마침내 엔게디 광야까지 오게 되었다. 마침 다윗과 그를 따르는 신하들이 숨어있던 굴에 사울이 뒤를 보러 들어왔다. 다윗은 사울을 죽여서 원수를 갚을 수 있었지만, 그렇게 하지 않았다. 그 대신 사울의 '옷자락'을 베었다. 그 행위에 대하여 하나님의 말씀에서 찾아보자.

"다윗이 일어나서 사울의 겉옷 자락을 가만히 베니라. 그리 한 후에 사울의 옷자락 벰으로 말미암아 다윗의 마음이 찔려, 자기 사람들에게 이르되, '내가 손을 들어 여호와의 기름 부음을 받은 내 주를 치는 것은 여호와께서 금하시는 것이니 그는 여호와의 기름 부음을 받은 자가 됨이니라'" (삼상 24:4-6). 그렇다! 다윗은 사울에게 크나큰 자비를 베푼 것이다. 그를 결정적으로 죽일 수 있었는데도 '옷자락'만 베고 말다니…!

그렇게 자비를 베풀었는데도 다윗은 오히려 '마음에 찔림'을 받았다. 그 이유는 무엇인가? 첫째 이유는 그의 고백대로 하나님이 기름을 부어 세우신 왕을 사람이 범할 수 없다는 자책감 때문이었다. 사울은 하나님이 직접 택하셔서 왕으로 삼으셨기에, 그의 생과 사도 하나님의 손에 달려있는 사람이었다. 그런 하나님의 사람을 다른 사람이 손수 죽이거나 상해할 수 없다는 확신에서 울어 나오는 자책감이었다.

다윗이 '마음에 찔린' 둘째 이유는 '옷자락'을 벤 행위 때문이었다. 그 '옷자락'에는 '술'이 달려있었는데, 이미 밝혀진 대로 '술'은 '모세오경'과 '여호와'가 내포되어 있었다. 모세오경을 대표하는 십계명에 의하면, 살인할 수 없다. 살인은 '여호와'의 뜻이 아니다! 그런데 다윗은 그런 '술'이 달린 사울의 '옷자락'을 베는 실책을 범한 것이다. 비록 사울이라는 사람이 다윗을 죽이려고 했지만, 사울이 입은 '옷자락' 자체는 죄악과 전혀 관계가 없었다.

'옷자락'을 벨 때, 물론 네 '술' 가운데 적어도 하나는 베어진 '옷자락'에 딸려 나왔을 것이다. 다시 말해서, 그 '술'은 원래의 온전한 '옷자락'에서 떼어져서 베어진 '옷자락' 조각에 달랑 붙은 것이 되었다. 그 '옷자락' 조각과 거기에 달린 '술'은 더 이상 '옷자락'도 아니고 '술'도 아니었다. '여호와'와 '모세오경'이 쓰레기처럼 내버려진 것이다. 다윗은 그의 손에 들려진 '옷자락'과 '술'을 보면서 '마음에 찔림'을 받지 않을 수 없었다.

다윗이 '마음에 찔림'을 받았다는 것은 다른 말로는 '회개'이다. 다윗이 하나님의 마음에 합한 이유는 순수한 마음 때문이다. 그는 '옷자락'을 벤 행위 때문에 회개했다. 그가 회개했다는 사실을 행위가 증명했는데, 그렇게 회개하지 않았다면 그는 틀림없이 사울 왕을 죽였을 것이다. 그런 마음을 다윗은 이렇게 묘사했다, "하나님께서 구하시는 제사는 상한 심령이라. 하나님이여, 상하고 통회하는 마음을 주께서 멸시하지 아니하시리이다" (시 51:17).

3) 여인

마지막으로 '옷자락'의 실례를 신약성경에서 찾아보자. 한 번은 예수님이 제자들과 길을 가실 때, 많은 병자들이 몰려왔는데, 그분으로부터 병 고침을 받기 위해서였다. 그런데 병을 낫는 방법이 특이했다. 말씀을 통해 그 방법을 알아보자; "그 곳 사람들이 예수이신 줄을 알고 그 근방에 두루 통지하여 모든 병든 자를 예수께 데리고 와서, 다만 예수의 옷자락에라도 손을 대게 하시기를 간구하니 손을 대는 자는 다 나음을 얻으니라" (마 14:35-36).

이 말씀에 의하면, 병을 고치는 방법은 그 병자들이 그분의 '옷자락'에 손을 대는 것이었다. 그리고 그분의 '옷자락'에 손을 대는 자는 남녀노소를 막론하고 그리고 어떤 병에 걸렸던지 다 나음을 얻었다. 예수님이 입으신 '옷자락'에 어떤 특별한 신유의 마력이라도 있었던가? 물론 그렇지 않다! 그 '옷자락'에는 '술'이 네 개나 달려있었다. 왜 하필이면 네 개의 '술'인가? 어떤 방향이든 사방에서 그 '옷자락'만 만지면 낫게 하기 위함이다.

네 개의 '술'은 예수 그리스도를 소개한 네 복음서를 가리키는가? '술'이 함축하고 있는 '여호와'는 신약성경의 '예수'라는 것은 이미 잘 알려져 있는 사실이다. 그리고 '술'이 함축하고 있는 '모세오경'은 앞으로 오실 예수 그리스도를 증언하고 있지 않은가? 그분의 말씀을 인용해 보자, "너희가 성경에서 영생을 얻는 줄 생각하고 성경을 연구하거니와, 이 성경이 곧 내게 대하여 증언하는 것이니라" (요 5:39). 그분이 말씀하신 성경에는 '모세오경'도 포함된다.

여하튼 많은 병자들이 예수님의 '옷자락'을 만지고 나음을 얻었다. 그렇게 나음을 얻은 또 다른 여인이 있었는데, 그녀는 12년 동안 혈루증을 앓고 있었다. 그러나 그 여인은 그분의 '옷자락'을 뒤에서 만짐으로 나음을 받았다. "열두 해를 혈루증으로 앓아 온 한 여자가 있어⋯예수의 소문을 듣고 무리 가운데 끼어 뒤로 와서 그의 옷에 손을 대니⋯이에 그의 혈루 근원이 곧 마르매 병이 나은 줄을 몸에 깨달으니라" (막 5:25, 27, 29).

예수님은 그 혈루증을 앓던 여인에게 이렇게 말씀하셨다, "딸아 네 믿음이 너를 구원하였으니 평안히 가라! 네 병에서 놓여 건강할지어다" (막 5:34). 이 여인에게는 귀한 믿음이 있었는데, 그분의 '옷자락'에 손만 대도 혈루증이 나음을 얻는다는 믿음이었다. 그리고 그 믿음을 예수님도 인정하시면서 구원을 선언하셨던 것이다. 물론

이 여인이 만진 '옷자락'에는 '술'도 달려있었다. 그 '술'이 함축하고 있는 '여호와'가 치료의 광선을 발하신 것이었다.

4. 결론

하나님이 명령하신 '옷자락'과 '술'은 놀라운 구원의 역사를 일으켰다. 룻의 경우 '옷자락'은 그녀를 덮어주면서 구원하였다. 다윗은 사울의 '옷자락'을 벤 후 '마음에 찔림'을 받아서 그 왕을 죽이지 않았다. 그는 살인이라는 범죄에서 구원받게 된 셈이다. 그뿐 아니라, 많은 병자들이 예수님의 '옷자락'에 손을 대면서 병 고침을 받았다. 12년이나 혈루증으로 앓던 여인도 그녀의 믿음 때문에 구원을 받았다.

결국, '옷자락'은 세 가지 중요한 진리를 알려주는데, 첫째는 '옷자락'이 구원의 덮개라는 것이다. 둘째는 구원을 받기 위하여 회개의 다리를 건너야 된다는 사실이다. 셋째는 믿음으로 문을 두드려야 된다는 것이다. 그렇다! 누구든지 하나님에게서 구원을 받으려면 반드시 회개와 믿음의 징검다리를 거쳐야 된다. 그렇지 않다면 예수님은 이렇게 말씀하시지 않았을 것이다, "때가 찼고 하나님의 나라가 가까이 왔으니, 회개하고 복음을 믿으라" (막 1:15).

6장

화목제물

1. 서론

화목제물은 문자 그대로 화목을 위하여 드리는 제물이다. 화목이란 단어가 함축하듯, 반목의 관계에 있던 두 사람이 제물을 통하여 화목하게 된다는 말이다. 예를 들면, 갑이 을에게서 돈을 빌렸는데, 의도적으로 돌려주지 않는다면, 그 두 사람의 관계는 서먹하다가 나중에는 서로를 미워하면서 원수가 될 수 있다. 그러다가 빌린쪽에서 용서를 빌면서 돈도 돌려주고 선물까지 곁들인다면, 그런 마음을 담은 선물은 관계를 회복시키는 제물이다.

이처럼 관계가 깨진 것은 사람과 사람 사이에서만 일어나지 않는다. 창조주이신 하나님과 피조물인 사람 사이에도 관계가 깨졌다. 그런 관계를 회복하기 위하여 먼저 문제의 원인을 찾아야 한다. 그런 후 그 문제의 원인을 제거해야 한다. 한발 더 나아가서 하나님의 마음을 풀어드릴 수 있는 방법도 찾아야 한다. 그런데 그 방법을 성경에서는 화목제물이라고 한다. 다시 말해서, 화목제물을 통하여 하나님의 마음을 풀어드리는 것이다.

2. 바리새인과 세리

예수님의 비유 가운데 바리새인과 세리의 기도는 유명하다. 우선 그 비유를 알아보자: "바리새인은 서서 따로 기도하여 이르되 '하나님이여, 나는 다른 사람들 곧 토색, 불의, 간음을 하는 자들과 같지 아니하고, 이 세리와도 같지 아니함을 감사하나이다. 나는 이레에 두 번씩 금식하고 또 소득의 십일조를 드리나이다' 하고, 세리는 멀리 서서 감히 눈을 들어 하늘을 쳐다보지도 못하고 다만 가슴을 치며 이르되, '하나님이여 불쌍히 여기소서! 나는 죄인이로소이다' 하였느니라"(눅 18:11-13).

바리새인은 하나님과 이미 화목한 관계를 유지하고 있다고 믿는 사람이었다. 다른 말로 하면, 그는 너무나 의로운 나머지 화목제물을 필요로 하지 않는다고 믿었다. 도대체 어떻게 하였기에 하나님과 좋은 관계를 갖고 있다고 여겼는가? 그의 기도에 의하면, 그는 도덕적으로 완벽한 사람이었다. 그는 남의 것을 탐내거나 훔치지도 않았으며, 나쁜 사람들과 어울리지도 않았을 뿐 아니라, 아내만으로 만족하여 한눈을 팔지 않은 훌륭한 사람이었다.

이 바리새인은 종교적으로도 완벽했다. 그는 일주일에 두 번씩 금식하며 기도했는데, 이런 금식은 일 년에 하루 금식하라는 율법의 요구보다 수백 배나 더한 대단히 종교적인 행위였다 (레 16:29-31). 그는 소득의 십일조를 드렸는데, 이것도 율법의 요구보다 많은 헌금이었다. 십일조에 관한 율법의 요구는 토지 소산 중에서 십일조를 드리라는 것이었다. 그 말씀을 인용해 보자, "너는 마땅히 매 년 토지 소산의 십일조를 드릴 것이며"(신 14:22).

이처럼 도덕적으로나 종교적으로 완벽한 그 바리새인이 떳떳하게 하나님에게 나오지 못할 이유가 없었다. 그는 다른 사람들이 보기에도 의로운 사람이었고, 스스로 보기에도 의로운 사람이었다. 그런데 그가 간과한 중요한 사실이 있었는데, 그것은 모든 사람이 하나님 앞에서 죄인이라는 하나님의 선포였다 (롬 3:23). 비록 그가 도덕적으로나 종교적으로는 완벽했는지 몰라도, 하나님 앞에서는 어떤 사람 못지않은 죄인이라는 선포를 놓쳤던 것이다.

반면, 세리의 기도는 바리새인의 기도와는 전혀 달랐다. 왜냐하면 그는 로마제국의 앞잡이로서 동족인 유대인들로부터 세금을 거두어들이면서 돈을 훔친 사람이었다. 십중팔구 같은 부류의 사람들과 어울렸을 것이며, 죄의식을 해결해 보려고 많은 노력도 기울였을 것이다. 그런데 이 세리는 다른 세리들과 다른 점이 있었는데, 그것은 성전으로 기도하러 갔다는 사실이다. 그 당시 세리들은 기도하러 성전으로 오지 않았는데도 말이다.

그는 얼굴도 들지 못하고, 가슴을 치며 울부짖으며 기도했다, "하나님이여, 불쌍히 여기소서! 나는 죄인이로소이다." 이 짧은 울부짖음의 기도에서 '하나님'과 '죄인' 사이에 나오는 '불쌍히 여기소서!'라는 표현은 너무나 중요하다. 이 세리는 하나님과 화목하지 못한 죄인이었다. 화목은커녕 하나님으로부터 정죄를 받는 죄인이었다. 이 세리에게 그 순간 가장 필요한 것은 하나님과 자신의 관계를 회복시킬 수 있는 화목제물이었다.

그런데 '불쌍히 여기소서'라는 신음에 가까운 기도는 하나님이 그를 받아주시기를 바라는 절규였다. 그가 하나님께 나아올 수 있는 방법이 있다면 그것은 화목제물을 통해서였다. 그런데 그의 기도에는 화목제물이 포함되었다! 왜냐하면 '불쌍히 여기소서'라는 표현이 화목제물과 관련이 있기 때문이다. 헬라어에 의하면, '불쌍히 여기소서'는 화목제물에서 파생된 동사였다. 이 세리는 '하나님'과 '죄인'인 자신 사이에 화목제물을 집어넣어서 기도했던 것이다.

헬라어로 화목제물은 *힐라스테리온*(ἱλαστήριον)인데, 이 세리는 "하나님이여, 불쌍히 여기소서! 나는 죄인이로소이다"라고 기도하면서 그가 하나님과 화목할 수 있는 유일한 방법인 화목제물을 의지했던 것이다. 거룩하신 하나님과 죄 많은 자신 사이에 화목제물이란 표현을 삽입하지 않았다면, 그는 감히 하나님께 나아올 수가 없었다. 실제로 하나님과 사람들로부터 버림받았다고 여긴 이 세리가 하나님께 나아올 수 있는 유일한 길이었다.

이 세리는 바리새인처럼 성경을 많이 아는 사람이 아니며, 종교적으로도 열심을 내는 사람도 아님에 틀림없다. 그의 관심은 오직 돈이었다. 그는 자원해서 세리가 되었고, 많은 유대인들의 증오를 무릅쓰고 로마제국의 앞잡이가 되어 돈을 긁어모았다. 그는 하나님과 거리가 먼, 그야말로 하나님과 원수라고 여겼던 사람이었다 (롬 5:10). 그가 하나님 앞으로 나아올 수 있는 방법은 그렇게 깨어진 관계를 회복시킬 수 있는 화목제물을 통해서 뿐이었다.

자신의 의를 힘입어 하나님께 나아오려던 바리새인은 하나님에 의하여 버림을 당했다. 그는 그처럼 도덕적이면서도 종교적으로 살다가 지옥에 던져져서 영원한 심판을 피하지 못했다. 반면, 하나님 앞에 나아올 수 없는 죄인 중에 죄인임을 고백하면서, 하나님과 화목하게 되기를 원하여 화목제물을 의지한 세리는 하나님으로부터 '의롭다 하심'을 받았다 (눅 18:14). 그는 하나님의 은혜로 구원받은 죄인이었다!

3. '속죄소'

그런데 화목제물인 힐라스테리온이 한글성경에서 다르게 번역된 곳이 있는데, 곧 히브리서이다. 그 말씀을 인용하면서 설명해보자, "그 위에 속죄소를 덮는 영광의 그룹들이 있으니, 이것들에 관하여는 이제 낱낱이 말할 수 없노라" (히 9:5). 이 말씀에서 '속죄소'로 번역된 헬라어는 *힐라스테리온*, 곧 화목제물이다. 도대체 왜 화목제물이 이 말씀에서는 '속죄소'로 번역되었는가? 두말할 필요도 없이 뜻이 같기 때문이다.

속죄소는 쉬운 말로 '뚜껑'이다. 지성소에 언약궤가 있는데, 그 언약궤를 덮는 뚜껑을 속죄소 내지 시은좌라고 한다 (출 25:21). 언약궤의 뚜껑을 '속죄소'라고 번역된 것은 '값을 치루어 죄가 가리워졌다'는 것을 강조하기 위함이고, '시은좌'는 '은혜를 받는 곳'을 강조하기 위함이었다. 결국 이 두 가지 표현은 같은 뜻을 담고 있으며, 강조점에 따라 번역을 달리한다. 그러면 어떻게 언약궤의 뚜껑이 속죄소 내지 시은좌의 뜻을 갖는지 알아보자.

언약궤 안에는 십계명이 들어있는데, 어떤 사람도 십계명을 다 지키는 사람은 없다. 그런 까닭에 언약궤 앞에 서면 십계명이 그 사람을 정죄한다. 그는 행위로 십계명을 깨뜨린 죄인이다. 한편 그 뚜껑 위에는 하나님이 불꽃 가운데 좌정하신다 (출 25:22). 거룩하신 하나님은 당신 앞으로 나오는 사람의 죄, 곧 외적으로 범한 죄와 내적으로 품은 모든 죄를 아신다. 아실뿐 아니라, 그 모든 죄에 대하여 진노하신다. 물론 그 진노가 표출되면 심판이다.

어떤 유대인이든 하나님 앞으로 나아오려고 할 때, 아래에서는 십계명이 정죄하고 위에서는 하나님이 진노하신다. 그는 이러한 이중적인 심판을 해결하지 않으면 하나님과 화목할 수 없다. 그런데 언약궤의 뚜껑, 곧 '속죄소'가 십계명의 정죄를 덮어주고 있었다. 다시 말해서, 그 '속죄소'가 화목제물이 되어, 그로 하여금 하나님과 화목하게 하는 것이다. 그 유대인은 화목제물인 '속죄소' 때문에 십계명의 정죄로부터 해방된다.

그렇다면 그 뚜껑 위에서 불꽃 가운데 좌정하신 하나님의 진노는 어떻게 풀 수 있는가? 그 방법도 역시 화목제물이다. 하나님의 진노를 풀어드리는 화목제물이 있다면, 그는 하나님과 화목하게 된다. 그러면 하나님의 진노를 풀어드린 화목제물은 무엇인가? 그것은 그 '속죄소' 위에 뿌려진 동물의 피였다. 그 피를 뚜껑 위에 일곱 번 뿌림으로써 하나님은 진노를 푸시고, 그 유대인을 받아주신다. 하나님의 은혜가 아니라면 결코 가능하지 않은 화목이었다.

속죄소의 뜻은 화목제물인데, 그 속죄소를 통하여 십계명의 정죄를 덮어준다. 그뿐 아니라, 그 속죄소 위에 일곱 번 뿌려진 피도 화목제물인데, 하나님의 진노를 풀어드린다. 이처럼 이중적인 화목제물 때문에 유대인은 하나님과 다시 화목하게 된다. 그가 십계명을 깨뜨려서 하나님의 진노를 피할 수 없었지만, 이런 이중적인 화목제물 때문에 한편 정죄의 문제도 해결되고 또 한편 하나님의 진노의 문제도 해결되어, 하나님과 화목하게 되는 것이다.

4. 예수 그리스도

구약시대의 유대인은 성막 안에 있는 속죄소 위에 동물의 피를 뿌림으로써 하나님과 화목하였다. 그런데 불행하게도 그 화목은 일 년밖에 효력이 없었다. 왜냐하면 유대인은 일 년에 한 번씩 성막에 모여서 그 속죄소 위에 화목제물인 피를 뿌렸기 때문이다. 그날은 유대의 종교력으로 속죄일이라고 하는데, 7월 10일이다. 유대인은 그날 속죄소 위에 뿌려진 피 때문에 지나간 일 년 동안 지은 모든 죄를 용서받고 하나님과 화목하게 되었다.

유대인에게 주어진 율법과 계명은 행위에 관한 명령과 금령이었으며, 유대인은 간헐적으로 그 명령과 금령을 어긴 죄인이었다. 그리고 일 년에 한 번 그가 어긴 것을 용서받지만, 그것도 한시적이었다. 죄인인 인간은 외적으로 율법을 지키다가 거듭거듭 어기기 때문에 한시적인 방법만으로는 죄와 심판의 문제를 해결할 수 없었다. 그런데 하나님께는 보다 나은 길이 준비되어 있었다.

그 길은 외적으로 율법을 깨뜨린 범죄를 해결해 줄 뿐 아니라, 내적인 변화를 통하는 것이었다. 일 년에 한 번씩 반복적으로 화목제물을 드리는 것이 아니라, 한 번 드림으로써 영구적으로 용서받을 수 있는 화목제물이었다. 그 화목제물이 바로 예수 그리스도였다. 사도 요한의 말을 들어보자, "그[예수 그리스도]는 우리 죄를 위한 화목제물이니, 우리만 위할 뿐 아니요 온 세상의 죄를 위하심이라" (요일 2:2).

히브리서를 인용하면서 설명해 보자; "염소와 송아지의 피로 하지 아니하고 오직 자기의 피로 영원한 속죄를 이루사, 단번에 성소에 들어가셨느니라. 염소와 황소의 피…를 부정한 자에게 뿌려 그 육체를 정결하게 하여 거룩하게 하거든, 하물며 영원하신 성령으로 말미암아 흠 없는 자기를 하나님께 드린 그리스도의 피가 어찌 너희 양심을 죽은 행실에서 깨끗하게 하고 살아 계신 하나님을 섬기게 하지 못하겠느냐?" (히 9:12-14).

이 말씀에 의하면, 유대인은 염소와 송아지의 피를 화목제물로 삼아 일 년 동안 하나님과 화목하였지만, 예수 그리스도는 당신의 피로 성소에 들어가심으로 영원한 속죄를 이루셨다. 이 말씀에서 '단번에'는 성소에 딱 한 번 들어가셨는데, 더 이상 들어가실 필요가 없는 영원한 단번, 곧 '영단번'永單番: once for all이다. 예수 그리스도는 그렇게 화목제물이 되셔서, 죄인들의 죄 문제를 해결하셨고, 그 결과 그들은 하나님과 영원히 화목하게 되었다.

바울 사도는 이런 사역을 로마서에서 이렇게 설명했다, "그리스도 예수 안에 있는 속량으로 말미암아 하나님의 은혜로 값 없이 의롭다 하심을 얻은 자 되었느니라. 이 예수를 하나님이 그의 피로써 믿음으로 말미암는 화목제물로 세우셨으니…" (롬 3:24-25).

이 설명은 예수 그리스도가 십자가에서 흘리신 피가 두 가지 역할을 했다는 선포였는데, 첫째는 죄의 값을 치루기 위한 속량이었다는 것이다. 둘째는 그분의 피가 화목제물이 되었다는 것이다. '속량'이 죄인의 죄를 덮고 용서한 역사라면, 화목제물은 죄인을 향한 하나님의 진노를 풀어드린 제물이었다. 예수 그리스도가 십자가에서 죽으시면서 쏟으신 피는 한편 죄인의 죗값인 속량이지만, 또 한편 하나님의 진노를 풀어드린 화목제물이었다. 그 결과 '하나님이여, 불쌍히 여기소서! 나는 죄인이로소이다'라고 부르짖으며 하나님께 나온 자들을 모두 받아주신다.

하나님이 예수 그리스도의 피를 통하여 죄인을 받아주셨다는 것은 그 죄인이 하나님과 영원히 화목하게 되었다는 뜻이다. 바울 사도는 이 사실을 이렇게 확인하였다, "모든 것이 하나님께로서 났으며, 그가 그리스도로 말미암아 우리를 자기와 화목하게 하시고…"

(고후 5:18). 우리 같은 죄인이 하나님과 화목하게 되다니 이해하기 어려울 만큼 신비할 뿐이다. 그러나 그 화목은 너무나 귀중한 화목제물을 통해서 가능하게 되었다.

5. 하나님의 진노와 화목제물

이 시점에서 하나님의 진노와 화목제물의 관계를 더 알아보자. 하나님이 인간을 창조하신 목적은 인간과 사랑의 교제를 나누시기 위해서였다. 인간이 하나님과 교제를 나누기 위해서는 하나님과 똑같이 거룩해야 한다. 왜냐하면 하나님은 절대적으로 거룩한 분이시기 때문이다. 만일 인간이 거룩하지 않으면, 하나님과 교제를 나눌 수 없게 된다. 만일 거룩하신 하나님이 거룩하지 않은 인간과 교제하신다면, 그분은 더 이상 거룩하신 하나님이 아니시다.

그런데 불행하게도 인간은 거룩함을 팽개치고 하나님과의 교제를 깨버렸다. 다른 말로 하면, 하나님의 사랑을 의도적으로 배반했던 것이다. 물론 하나님은 당신을 배반한 인간을 조건 없이 받아주실 수 있다. 그러나 그렇게 되면, 그 순간부터 하나님은 더 이상 거룩한 분이 아니시다. 왜냐하면 거룩은 하나님의 기준이며, 그 기준을 근거로 하나님은 인간과 사랑의 교제를 나누어주셨기 때문이다.

그런 인간의 배반에 대하여 하나님은 즉각적으로 반응하셨는데, 그 반응이 곧 '진노'였다. 진노는 노하면서 화를 내는 것이다. 만일 하나님이 인간의 배반에 대하여 어떤 반응도 하지 않으셨다면, 하나님은 처음부터 인간을 사랑하지 않으셨다는 반증이었을 것이다.

그러나 하나님은 인간을 너무나 사랑하신 나머지 인간의 배반 때문에 서글퍼하셨고, 마침내 진노하셨던 것이다. 그러니까 진노의 근원은 '사랑'이었다.

하나님은 어떤 죄악도 용납하지 않으시는데, 만일 용납하신다면 그 순간부터 하나님은 더 이상 거룩한 하나님이 아니시다. 아무런 기준도 없이 변화무쌍한 인간과 조금도 다를 바 없는 분으로 여겨질 것이다. 그러나 하나님은 당신의 기준에 따라 죄악을 용납하지 않으실 뿐 아니라, 어떤 죄인도 용납하지 않으신다. 그렇게 용납하지 않으시는 속성을 '하나님의 진노'라고 한다. 그런 까닭에 죄악을 범한 죄인은 하나님의 심판을 받을 수밖에 없다.

그 심판은 죽음이다! 하나님은 우상을 섬기는 자도 죽이라고 하셨고 (신 4:25-26), 안식일을 범한 사람도 죽이라고 하셨다 (민 15:35). 그렇다! 이런 것이 바로 하나님의 거룩한 속성이다. 그런데 하나님은 죄악을 범한 사람을 심판하여 죽이기 전에 진노하신다. 그 진노는 한편 무서운 하나님의 속성이지만, 또 한편 하나님의 사랑의 속성이다. 왜냐하면 진노를 통하여 죄인이 그의 잘못을 깨닫고 하나님께로 돌아올 수 있게 하셨기 때문이다.

그러면 죄악을 범한 죄인이 어떻게 하나님께로 돌아올 수 있는가? 화목제물을 통해서 죄를 용서받고 거룩한 하나님께로 돌아올 수 있다! 그러면 화목제물은 무엇인가? 하나님의 사랑의 선물이 바로 화목제물이다. 하나님이 하신 말씀을 들어보자, "육체의 생명은 피에 있음이라; 내가 이 피를 너희에게 주어 제단에 뿌려 너희의 생명을 위하여 속죄하게 하였나니, 생명이 피에 있으므로 피가 죄를 속하느니라" (레 17:11).

이 말씀에서 '속죄'와 '죄를 속하느니라'라는 표현을 주목하자. 히브리어에 의하면, 이 두 표현은 같은 동사이다. 그런데 이 동사의 명사형은 바로 '속죄소'이다. 위에서 언급한 것처럼, 속죄소의 뜻은 화목제물이다. 그러니까 하나님은 죄악을 범한 죄인에게 피라는 화목제물을 통해 하나님께 나아올 수 있게 문을 열어놓으셨다. 그리고 죄인 대신 흘린 동물의 피를 통하여 하나님의 진노를 풀어드린 화목제물로 받으셨다.

이런 하나님의 사랑의 진노와 화목제물을 통한 용서를 시편 기자는 이렇게 읊었다: "오직 하나님은 긍휼하시므로 죄악을 덮어 주시어 멸망시키지 아니하시고, 그의 진노를 여러 번 돌이키시며 그의 모든 분을 다 쏟아 내지 아니하셨으니, 그들은 육체이며 가고 다시 돌아오지 못하는 바람임을 기억하셨음이라" (시 78:38-39). 그렇다! 하나님은 죄인이 연약한 육체임을 아시고 거듭거듭 진노를 돌이키시는 분이다. 물론 화목제물을 통해서 말이다.

6. 결론

세리는 하나님이 좌정하신 성전에 들어갈 수 없는 죄인이었다. 그러나 그는 하나님의 긍휼을 의지하였고, 진노를 돌이키실 것을 믿었다. 그렇지 않다면 그는 감히 이렇게 소리치지 못했을 것이다, "하나님이여, 불쌍히 여기소서! 나는 죄인이로소이다." 하나님과 세리 사이에는 하나님의 진노가 있을 뿐이었다. 그러나 그 세리는 하나님과 화목할 수 있는 길이 있다는 사실을 인지하고 있었는데,

그 길은 바로 예수 그리스도였다.

그 예수 그리스도가 십자가 위에서 피를 쏟으신 것은 그 세리의 죄를 대신한 값비싼 속량이었다. 그뿐 아니라, 그 피는 그 세리를 향한 하나님의 공의롭고도 무서운 진노를 풀어드린 화목제물이었다. 그는 그 화목제물을 의지하여 얼굴도 들지 못하고, 가슴을 치면서 하나님께 감히 소리쳤다, "하나님이여, 불쌍히 여기소서! 나는 죄인이로소이다." 죄인인 그와 하나님 사이에 화목제물을 놓음으로써 그는 '의롭다 하심'을 받았던 것이다.

얼마나 놀라운 복된 소식인가! 스스로 의인이 된 바리새인은 그 자신의 의를 의지해 일생을 발버둥치는 불쌍한 죄인이었다. 반면, 스스로 죄인임을 고백하고 하나님의 진노를 풀어드린 화목제물을 의지한 세리는 의인이 되었다. 그렇다! 어떤 죄인도, 아무리 흉악한 죄인도, 자타가 공인하는 죄인도, 그 자신의 의를 의지하지 않고 예수 그리스도를 의지하여 하나님께 나아오면, 하나님은 그 화목제물 때문에 그 죄인을 용서하시고 받아주신다.

7장

전가

1. 서론

전가는 '돌리다'의 뜻인 '전(轉)'과 '떠넘기다'의 뜻인 '가(嫁)'가 합해진 단어로서, 잘못이나 책임을 다른 사람에게 떠넘기다라는 소극적인 의미를 갖는다. 그런데, 이 단어는 다음과 같이 적극적으로도 사용될 수 있다. 예를 들면, 아들이 전투에서 혁혁한 공을 세우고 죽었는데, 그 아버지가 대신 표창장을 받았다. 아들의 희생적인 행위에 근거해서 아버지가 공을 세운 것처럼 상을 받은 것이다. 이것은 적극적인 의미의 전가이다.

한글성경에서 '전가'라는 단어는 한 번도 나오지 않는다. 그렇다고 '전가'의 뜻이 나오지 않는다는 것은 아니다. 실제로 성경에서는 '전가'의 뜻을 갖는 표현이 종종 나온다. 빌레몬의 예를 들어보자, "그가 만일 네게 불의를 하였거나 네게 빚진 것이 있으면 그것을 내 앞으로 계산하라" (몬 1:18). 이 말씀에서 '전가'의 뜻인 '계산하라'를 보자. 비록 오네시모가 주인 빌레몬에게 불의를 행했지만, 바울 사도가 불의를 행한 것처럼 여기고 그를 받아주라는 것이다.

2. 다양한 번역

헬라어 성경에서 기록된 '전가'의 뜻을 갖는 동사는 *로기조마이* (λογίζομαι)이다. 그런데 이 단어가 한글로 번역될 때는 문맥에 따라 여러 가지로 번역된다. 몇 가지 실례를 들어보자: "내[예수]가 너희에게 말하노니, 기록된 바 그는 불법자의 동류로 여김을 받았다 한 말이 내게 이루어져야 하리니, 내게 관한 일이 이루어져 감이니라" (눅 22:37). 이 말씀에서 '여김을 받았다'는 전가인 로기조마이가 수동형으로 쓰인 것이다.

또 달리 번역된 말씀을 보자, "무례히 행하지 아니하며 자기의 유익을 구하지 아니하며 성내지 아니하며 악한 것을 생각하지 아니하며" (고전 13:5). 이 말씀에서 '생각하지 아니하며'도 역시 로기조마이를 다르게 번역한 실례이다. 물론 '아니하며'는 '생각하다'로 번역된 동사를 부정적으로 바꾼 수식어이다. 위의 두 인용문에서 '전가'의 뜻을 가진 동사가 어떤 때는 '여김을 받다'로, 그리고 어떤 때는 '생각하다'로, 각각 번역되었다.

그런데 이 동사가 다음과 같이 전혀 다르게 번역된 경우도 있다. "우리의 이 영업이 천하여질 위험이 있을 뿐 아니라, 큰 여신 아데미의 신전도 무시당하게 되고 온 아시아와 천하가 위하는 그의 위엄도 떨어질까 하노라" (행 19:27). 이 말씀에서 로기조마이는 '무시당하게 되고'에서 '당하다'로 번역되었다. 헬라어 성경에서 사용된 한 단어가 이렇게 다양하게 번역된 경우는 흔치 않다. 그렇게 번역되었지만 한글성경에서 '전가'로는 번역되지 않는다.

이처럼 같은 동사가 다르게 번역된 실례를 하나만 더 들은 후, '전가'에 가까운 번역도 찾아보자. "그러므로 사람이 의롭다 하심을 얻는 것은 율법의 행위에 있지 않고 믿음으로 되는 줄 우리가 인정하노라" (롬 3:28). 이 말씀에서 '인정하노라'도 역시 로기조마이를 번역한 것이다. 이처럼 한글성경에서 상황에 맞도록 번역하는 것을 역동적 번역이라 한다. 그러나 이런 번역은 원문의 뜻을 찾기 어렵게 만들기도 한다.

그런데 '전가'의 뜻에 근접한 번역이 두 가지 있는데, 그 말씀을 인용해 보자. "곧 하나님께서 그리스도 안에 계시사 세상을 자기와 화목하게 하시며, 그들의 죄를 그들에게 돌리지 아니하시고 화목하게 하는 말씀을 우리에게 부탁하셨느니라" (고후 5:19). '그들의 죄를 그들에게 돌리지 아니하시고'에서 '돌리다'는 *로기조마이*를 번역한 것인데, 그 원뜻을 아주 잘 전달한 번역이다.

원뜻에 가까운 또 하나의 중요한 번역이 있는데, 실례를 들어서 설명해 보자. "성경이 무엇을 말하느냐? 아브라함이 하나님을 믿으매, 그것이 그에게 의로 여겨진 바 되었느니라" (롬 4:3). 이 말씀에서 '여기다'도 원어인 *로기조마이*의 뜻을 상당히 잘 전달한 번역이라고 할 수 있다. 로마서에는 이 단어가 주로 '여기다'로 번역되었다 (롬 2:26, 4:3, 4, 5, 6, 9, 10, 11, 22, 23, 24, 5:13, 8:36).

3. 아담

도대체 하나님의 말씀에서 *로기조마이*가 얼마나 중요하기에 이처럼 장황하게 설명하는가? 하나님의 말씀을 이해하는데 이 단어의 뜻은 말할 수 없이 중요하다. 그뿐 아니라, 복음을 이해하는데도 너무나 중요한데, 그 이유는 분명하다! 첫 아담의 불순종을 통하여 죄와 사망이 인간에게 전가轉嫁되었기 때문이다. 그뿐 아니라, 마지막 아담이신 예수 그리스도의 순종을 통하여 의와 생명이 많은 사람들에게 전가轉嫁되었기 때문이다.

먼저, 아담의 경우를 살펴보자. 아담은 하나님의 분명한 명령을 깨뜨렸다. 다시 말해서, '선악을 알게 하는 나무의 열매를 먹지 말라'는 하나님의 금령을 어기고 그 열매를 따먹었다. 그 결과 그는 영적으로나 육적으로 죽었다 (창 2:17). 그런데 이런 아담의 불순종이 끼치는 영향력은 상상을 초월하는 것이었다. 왜냐하면 아담이 불순종할 때, 그 안에 내재해있던 그의 모든 후손이 함께 동참한 셈이 되었기 때문이다.

바울 사도는 아담의 범죄를 인류와 연결시키면서 이렇게 가르쳤다, "그러므로 한 사람으로 말미암아 죄가 세상에 들어오고 죄로 말미암아 사망이 들어왔나니, 이와 같이 모든 사람이 죄를 지었으므로 사망이 모든 사람에게 이르렀느니라" (롬 5:12). 이 하나님의 말씀에서 '한 사람'은 두말할 필요도 없이 첫 인간인 아담인데, 그의 범죄 때문에 아직 태어나지도 않은 '모든 사람'이 아담 안에서 죄를 지었다는 것이다.

이런 바울 사도의 가르침은 전가의 내용을 아주 분명히 알려준다. 아담의 범죄가 '모든 사람'에게 전가되었다. 실제로는 아담이 범죄했는데도, 모든 사람이 범죄한 것과 같이 여겨졌던 것이다. 이런 아담의 죄를 '원죄'라고 하는데, 그 원죄가 모든 사람에게 전가되었다. 그러므로 모든 사람은 태어날 때, 이미 죄를 가지고 태어난다. 다윗의 고백이다: "내가 죄악 중에서 출생하였음이여 어머니가 죄 중에서 나를 잉태하였나이다" (시 51:5).

아담이 그렇게 범죄했을 때, 그는 즉시 죄의식에 사로잡혔다. 그렇지 않다면 그는 무화과의 잎을 엮어 치마를 만들지 않았을 것이다. 그뿐 아니라, 그는 하나님의 얼굴을 피하여 동산 나무 사이에 숨지 않았을 것이다. 그렇다! 죄는 필연적으로 죄의식을 가져다준다. 마찬가지로 아담의 죄가 모든 사람에게 전가되었을 때, 첫 번째 전가로 그의 죄의식도 전가되었다. 그렇지 않다면 사람이 범죄했을 때, 왜 죄의식을 갖는가?

아담의 죄가 사람에게 전가될 때 일어난 두 번째 전가가 있는데, 그것은 모든 사람이 죄인이 되었다는 사실이다. 물론 원죄를 가지고 태어난 사람은 당연히 죄인이다. 그러니까 아담이 불순종함으로 죄인이 된 것처럼, 모든 사람도 죄인이 되었다. 바울 사도의 가르침대로이다, "한 사람이 순종하지 아니함으로 많은 사람이 죄인 된 것같이…" (롬 5:19a). 이 말씀에서 '모든 사람' 대신 '많은 사람'이라고 한 것은 '한 사람'과 대조하기 위함이다.

아담의 범죄가 모든 사람에게 전가된 세 번째는 심판과 사망이다. 하나님은 아담에게 분명히 경고하셨다, "네가 먹는 날에는 반드시 죽으리라" (창 2:17b). 이 경고에는 심판과 심판의 내용이 포함되어 있다. 아담은 이처럼 엄중한 하나님의 경고를 심각하게 받아들여야함에도 불구하고, 그렇게 하지 않았다. 그리고 마침내 그 열매를 따먹었던 것이다. 그런데 하나님은 당신의 말씀을 어기는 변덕스러운 분이 아니시다.

하나님은 즉각적으로 심판하셨고, 그리고 아담은 죽었다. 불행하게도 그 심판과 사망도 모든 사람에게 전가되었다. 모든 사람은 이 세상에 태어나는 순간부터 사망을 향하여 한 걸음씩 나아가는 한계 있는 삶을 영위한다. 그리고 아담처럼, 모든 사람은 심판을 받아 사망을 맞이하게 된다. 얼마나 실제적이면서도 처절한 전가인가! 히브리서도 이렇게 가르친다, "한번 죽는 것은 사람에게 정해진 것이요, 그 후에는 심판이 있으리니" (히 9:27).

4. 예수 그리스도

아담의 범죄와 사망이 모든 사람에게 전가된 사실은 인류의 불행이었다. 사람이 하나님과의 관계와 교제를 누리지 못하고 시시때때로 죄를 지으면서 살아갈 뿐 아니라, 그 종말은 심판과 사망이다. 그런데 인류의 역사는 또 다른 전가 때문에 반전될 수 있는 희망이 생겼는데, 그것은 예수 그리스도를 통한 전가^{轉嫁}이다. 그분의 순종 때문에 두 가지 전가가 가능해졌는데, 하나는 소극적 전가이고 다른 하나는 적극적 전가이다.

1) 소극적 전가

예수 그리스도는 깨끗하게 사셨다. 그분은 어떤 죄도 짓지 않고 하나님의 뜻을 받들며 거룩하게 사신 분이었다. 그뿐 아니다! 그분은 많은 사람들을 도와주면서 사셨다. 그분은 고아와 과부를 돌보셨고, 굶주린 자들에게 먹거리를 주셨다. 그리고 그분은 수많은 병자들과 귀신들린 자들을 치유해주셨다. 그처럼 완전한 삶을 영위하신 분의 마지막이 십자가의 처형이라니, 있을 수 없는 일이었다.

그런데 십자가의 처형이 첫 번째 전가라는 사실 때문에 있을 수 없는 일이 일어났다. 예수 그리스도는 죄를 짓지 않은 의로운 분이셨는데, 사람들의 죄를 마치 당신이 지은 것처럼 죄인이 되신 것이다. 아니, 하나님 보시기에는 십자가 위에 있는 예수 그리스도는 죄인이었다. 그것도 평범한 죄인이 아니라, 죄인 중에 괴수였다. 그렇지 않다면 그처럼 처절하고도 무서운 심판을 받으셨을 이유가 없었다. 모든 죄인의 죄가 그분에게 전가되었기 때문이다.

예수 그리스도가 십자가에 달리셨을 때, 죄인 대신 감당하신 두 번째 전가는 저주였다. 원래는 모든 죄인이 저주를 받아야 했다. 왜냐하면 그들은 죄 문제를 해결하려고 발버둥 치면서 율법을 지키려고 했기 때문이다. 바울 사도의 진단을 들어보자, "무릇 율법 행위에 속한 자들은 저주 아래에 있나니, 기록된 바 누구든지 율법 책에 기록된 대로 모든 일을 항상 행하지 아니하는 자는 저주 아래에 있는 자라 하였음이라" (갈 3:10).

아무도 율법을 통하여 죄와 사망의 문제를 해결할 수 없다. 오히려 율법을 지키려고 노력하면서 시시때때로 율법을 깨뜨릴 수밖에 없는 것이 사람이다. 불가능한 것을 가능한 것으로 바꾸려는 피나는 노력은 하나님 앞으로 나아오는 길이 아니다. 만일 모든 율법을 항상 지키면 하나님 앞으로 나아올 수 있지만, 그것은 불가능한 것이다. 그런 이유 때문에 그들은 율법을 깨뜨릴 수밖에 없는 저주받은 인간이 되었다.

그런데 예수 그리스도는 저주 아래 있는 불쌍한 사람을 구원하시기 위하여 십자가에서 저주를 받으신 것이다. 다시 바울 사도의 말을 들어보자, "그리스도께서 우리를 위하여 저주를 받은 바 되사 율법의 저주에서 우리를 속량하셨으니, 기록된 바 나무에 달린 자마다 저주 아래에 있는 자라 하였음이라" (갈 3:13). 그렇다! 십자가의 고통은 저주 받은 죄인만이 겪는 고통이다. 예수 그리스도는 사람이 받아야 할 저주를 대신 짊어지셨던 것이다.

예수 그리스도가 십자가에 달리셨을 때, 죄인 대신 감당하신 세 번째 전가는 심판과 사망이었다. 이미 위에서 언급한 것처럼, 아담은 불순종 때문에 심판과 사망을 피하지 못했다. 그런데 그 심판과 사망이 모든 사람에게 전가되었다. 그렇지 않다면 어떻게 모든 사람이 죄와 친구삼아 살다가 죽을 수밖에 없는가? 그런데, 예수 그리스도는 모든 사람의 심판과 사망을 대신 맛보셨다. 이처럼 처절한 전가를 어디에서 찾아볼 수 있겠는가?

예수 그리스도가 십자가 위에서 이렇게 울부짖으면서 기도하신 적이 있었다, "…엘리 엘리 라마 사박다니 하시니, 이는 곧 나의 하나님, 나의 하나님, 어찌하여 나를 버리셨나이까?"라는 뜻이다 (마 27:46). 이 절규는 죄인이 되어 저주를 받으신 예수 그리스도가 받은 심판의 엄중함을 단적으로 드러낸다. 원래는 모든 사람이 십자가에 달려 심판을 받아 사망에 이르러야 하는데, 그들의 심판과 사망이 고스란히 그분에게 전가되었던 것이다.

2) 적극적 전가

이처럼 모든 사람의 죄와 저주와 심판을 대신 짊어지고 십자가에서 예수 그리스도는 죽으셨다. 그러나 누구나 잘 알 듯, 그분은 죽은 지 삼일 만에 다시 부활하셨다. 그분의 부활은 그분이 하나님의 아들이시라는 증명이기도 했지만 (롬 1:4), 동시에 모든 사람에게 엄청난 전가의 혜택이기도 했다. 이처럼 부활을 통한 전가를 적극적인 전가라고 하는데, 다음과 같은 세 가지 측면의 전가가 있다.

첫 번째 적극적 전가는 '부활'이다. 예수 그리스도는 부활의 첫 열매였다. 바울 사도의 증언을 들어보자, "그러나 이제 그리스도께서 죽은 자 가운데서 다시 살아나사, 잠자는 자들의 첫 열매가 되셨도다" (고전 15:20). '첫 열매'라는 표현이 함축하고 있는 것은 무엇인가? 그것은 그분의 부활로 인하여 계속해서 부활의 열매가 이어진다는 뜻이다. 그러니까 둘째 열매, 셋째 열매가 뒤따른다는 뜻이다.

다시 바울 사도의 증언을 보자, "그러나 각각 자기 차례대로 되리니 먼저는 첫 열매인 그리스도요, 다음에는 그가 강림하실 때에 그리스도에게 속한 자요, 그 후에는 마지막이니 그가 모든 통치와 모든 권세와 능력을 멸하시고 나라를 아버지 하나님께 바칠 때라' (고전 15:23-24). 이 증언에 의하면 세 가지 부활의 열매가 있는데, 두 번째와 세 번째는 모두 그리스도인의 부활이다. 두말할 필요도 없이 그분의 부활이 전가되었기에 가능한 부활이다.

두 번째 적극적 전가는 '의義'이다. 이미 언급한 것처럼, 이 세상에 의로운 분은 예수 그리스도 뿐이시다. 그분 이외의 모든 사람은 의인이 아니라 죄인이다. 그런데 그분이 십자가에서 죽으셨다가 부활하심으로 그분의 의가 죄인에게 전가되었다. 바울 사도도 이렇게 가르쳤다, "…한 사람이 순종하심으로 많은 사람이 의인이 되리라" (롬 5:19) 이 말씀에서 '많은 사람'이란 예수 그리스도의 전가된 죽음을 받아들인 사람들을 가리킨다.

바울 사도의 가르침에서 아담과 예수 그리스도, 곧 첫 아담과 마지막 아담의 차이점을 하나 부각시켰는데, 그것은 불순종과 순종이다. 아담은 하나님의 명령을 어기고 불순종하였으나, 예수 그리스도는 생명까지 포기하시면서 하나님께 순종하셨다. 이미 인용한 말씀을 다시 한 번 인용해 보자, "한 사람이 순종하지 아니함으로 많은 사람이 죄인 된 것 같이, 한 사람이 순종하심으로 많은 사람이 의인이 되리라" (롬 5:19).

결국, 모든 사람은 아담이 불순종한 결과인 죄와 사망을 떠맡았으나, 예수 그리스도의 순종으로 부활과 의를 선물로 받게 된 것이다. 그분의 순종을 하나님이 받으신 사실을 바울 사도는 이렇게 표현하기도 했다, "하나님이 죄를 알지도 못하신 이[그리스도]를 우리를 대신하여 죄로 삼으신 것은 우리로 하여금 그 안에서 하나님의 의가 되게 하려 하심이라" (고후 5:21). 그렇다! 모든 그리스도인은 '의롭다 하심'을 받은 전가의 혜택을 누리게 되었다.

세 번째 적극적 전가는 '생명'인데, 이 생명은 영원한 생명인 영생을 뜻한다. 모든 사람은 이 세상에 태어나면서 생명을 갖게 되나, 그 생명은 한시적인 것에 지나지 않는다. 그런데 예수 그리스도의 영원한 생명이 그리스도인에게 전가되었던 것이다. 모든 그리스도인은 그 생명을 받아들인 순간부터 영생을 누리는 특권을 갖는다. 사도 요한의 증언이다, "…하나님이 우리에게 영생을 주신 것과 이 생명이 그의 아들 안에 있는 그것이니라" (요일 5:11).

5. 바울

그렇다! 예수 그리스도가 십자가에서 죽으셨다가 부활하신 사건은 소극적 전가와 적극적인 전가의 매개였다. 그런데 그 두 가지 전가를 보여주는 혁혁한 실증이 있는데, 바로 바울 사도이다. 그는 율법을 통해 하나님께 나아가려고 인간이 할 수 있는 것은 다 한 사람이었다. 그러나 그런 인간적인 노력의 결과가 저주라는 사실을 알게 된 것은 바울 대신 저주를 받으시고 십자가에서 죽으신 예수 그리스도를 만난 이후였다.

바울 사도가 그리스도인들을 박해하기 위하여 다메섹으로 가던 중 빛이 그를 둘러 비추었는데, 그 빛은 부활하신 예수 그리스도였다. 후에 바울 사도는 복음을 정의하면서 부활하신 그리스도 예수가 그에게도 나타났다고 이렇게 증언했다, "맨 나중에 만삭되지 못하여 난 자 같은 내게도 보이셨느니라" (고전 15:8). 그렇게 나타나신 주님은 당신의 부활을 바울 사도에게도 전가시켜주셨다. 다른 말로 하면, 그도 부활의 소망을 갖게 되었다.

바울 사도는 그렇게 전가된 부활을 증언했을 뿐 아니라, 그 부활의 소망 때문에 어떤 박해도 감당할 수 있었다. 실제로는 죽음의 위험에 처한 적도 한두 번이 아니었다 (고후 11:23). 풍랑에 휩쓸린 배에서 죽음의 두려움에 떠는 군인들에게 담대하게 복음을 전할 수 있었던 것은 그에게 전가된 부활의 소망 때문이었다 (행 27:18 이하). 그는 차라리 이 세상을 떠나고 싶다고까지 말할 정도로 부활의 생명을 확신하였다 (고후 5:8).

바울 사도에게 두 번째 전가된 것은 그리스도 예수의 의였다. 그는 종족과 신분과 율법을 의지해서 의로워지려고 부단히 노력한 사람이었다. 그의 말을 직접 들어보자, "나는 팔일 만에 할례를 받고 이스라엘 족속이요 베냐민 지파요 히브리인 중의 히브리인이요 율법으로는 바리새인이요, 열심으로는 교회를 박해하고 율법의 의로는 흠이 없는 자라" (빌 3:5-6). '율법의 의로는 흠이 없는 자'라는 말은 참으로 대단한 선언이다.

그런데 그처럼 인간적으로 그리고 율법에 의하여 완전한 의를 내세웠던 바울 사도가 그 의로는 절대로 죄와 사망의 문제를 해결할 수 없다는 진리를 깨닫게 되었다. 오직 예수 그리스도의 의가 그의 의로 여겨질 때만이 가능하다는 사실을 경험했고, 또 증언했다. 그의 증언을 다시 들어보자, "…내가 가진 의는 율법에서 난 것이 아니요 오직 그리스도를 믿음으로 말미암은 것이니 곧 믿음으로 하나님께로부터 난 의라" (빌 3:9).

바울 사도에게 세 번째 전가된 것은 그리스도 예수의 생명이었는데, 그 생명은 앞에서 언급한 것처럼 영생을 뜻한다. 그에게 전가된 영생 때문에 바울 사도는 이렇게까지 증언할 수 있었다, "이는 내게 사는 것이 그리스도니 죽는 것도 유익함이라…내가 그 둘 사이에 끼었으니 차라리 세상을 떠나서 그리스도와 함께 있는 것이 훨씬 더 좋은 일이라" (빌 1:21, 23). 이것은 영원한 생명을 소유하지 않은 사람은 결코 할 수 없는 증언이었다.

6. 결론

전가는 영어성경에서 *임퓨테이션*imputation이라고 하는데, 이 전가의 개념은 기독교에서 오랫동안 중요한 가르침으로 자리매김하였다. 성서신학은 물론 조직신학에서도 가볍게 다루지 않는 중요한 가르침이다. 왜냐하면 이 가르침에는 첫 아담의 불순종이 끼치는 영향을 상세히 다룰 뿐만 아니라, 마지막 아담이신 예수 그리스도의 순종이 끼치는 엄청난 은혜를 다루기 때문이다. 두말할 필요도 없이 이 가르침은 복음의 핵심을 조목조목 제시한다.

첫 아담은 하나님의 명령을 어긴 죄인이었다. 그리고 그 죗 값으로 그는 사망을 피하지 못했다. 그런데 불행하게도 그의 죄와 사망은 모든 사람에게 전가되었다. 반면, 마지막 아담에게 모든 사람의 죄와 사망이 전가되어 십자가의 죽음을 맛보였다. 그러나 그분은 죽은 지 삼일 만에 다시 부활하심으로, 모든 사람의 죄와 사망의 문제를 해결하셨다. 한 발 더 아나가서, 그분을 믿은 사람들에게 놀랍게도 당신의 의와 생명을 전가해주셨다.

8장

저주받은
나병환자

1. 서론

예수 그리스도는 제자들을 선택하신 후, 그들과 팔복산에 오르셨다. 그 산에서 그분은 지금까지 어떤 인간도 들어보지 못했던 가장 놀라운 메시지를 선포하셨는데, 그 메시지가 바로 산상수훈이었다. 그렇게 산상수훈을 선포하신 후, 그분은 다시 산에서 내려오셨는데, 그런 모습은 모세의 행위와 매우 흡사했다. 왜냐하면 모세도 시내산에 올라갔다가 내려왔기 때문이다. 모세가 내려올 때, 죄인들이 그를 가로막은 것처럼 예수님을 막은 사람이 있었다.

그 사람은 나병환자였다. 그 장면을 인용해 보자: "한 나병환자가 나아와 절하며 이르되, '주여 원하시면 저를 깨끗하게 하실 수 있나이다' 하거늘, 예수께서 손을 내밀어 그에게 대시며 이르시되, '내가 원하노니 깨끗함을 받으라' 하시니 즉시 그의 나병이 깨끗하여진지라. 예수께서 이르시되, '삼가 아무에게도 이르지 말고 다만 가서 제사장에게 네 몸을 보이고 모세가 명한 예물을 드려 그들에게 입증하라' 하시니라" (마 8:2-4).

2. 나병

나병환자가 예수님의 길을 막는다는 것은 있을 수 없는 일이었다. 그것도 제자들과 많은 사람들이 보고 있는데 말이다. 그분은 이제 막 산상수훈을 가르치시고 사람들의 존경을 한 몸에 받으면서 산에서 내려오고 계셨다. 그런데 왜 나병환자는 예수님의 길을 막을 수 없었는가? 그 이유는 그가 다른 병이 아닌 나병에 걸렸기 때문이다. 그 당시 나병환자는 성한 사람에게 가까이 올 수 없었다.

우선, 나병의 시작과 악화되는 모습을 알아보자. 나병은 두 가지 증세로 시작되는데, 첫째 증세는 아주 작은 부스럼이나 염증으로 시작되다가 점차적으로 커져서 궤양이 된다. 그 궤양들이 자라면서 눈썹이 떨어져나가고, 눈은 노려보는 것처럼 되며, 성대도 궤양이 되어 목소리는 쉰 소리를 내며, 숨은 가빠진다. 예외 없이 손과 발이 궤양 되며, 온 몸에서 혹 같은 것들이 자란다. 이런 나병은 9년 동안 점진적으로 정신이 혼미해지다가 마침내 죽는다.

둘째 증세는 몸의 한 부분에서 감각이 없어지면서 시작된다. 말초신경에 감염된 것으로 근육이 삭아지며, 힘줄이 오그라져서 손이 새발처럼 된다. 그러면서 손발이 궤양 되고, 점진적으로 손톱과 발톱이 빠지다가 마침내 손과 발 전체가 떨어져 나가기도 한다. 피부의 염증이 광범위하게 흉한 혹으로 드러나기 때문에 겉으로 보기에도 흉측해지며, 고약한 냄새까지 풍긴다. 이런 나병은 20~30년의 기간 동안 조금씩 죽어가는 무서운 병이다.

이 나병환자가 예수님께 나아올 수 없는 이유는 그의 몰골 때문이었다. 그러나 또 다른 이유가 있었다! 나병은 하나님으로부터 정죄받은 결과로 생긴 병이라고 여겨졌기 때문이다. 예수님 당시 나병환자는 예루살렘에는 물론 어떤 성곽 안으로도 들어올 수 없었다. 뿐만 아니라, 어떤 사람도 나병환자와 접촉할 수 없었는데, 접촉은 커녕 인사도 할 수 없었다. 왜냐하면 나병환자와 접촉하는 사람도 부정하게 여겨지기 때문이었다.

사람들은 나병환자로부터 적어도 4규빗인 약 2m 안으로 접근할 수 없으며, 바람이 나병환자 쪽에서 불어오면 그 거리는 100규빗인 약 50m 밖에 있어야 했다. 만일 나병환자가 어떤 집에 얼굴만 들여놓아도 그 집은 부정하게 되어 정결의식을 행해야 했다. 어떤 랍비들은 멀리 있는 나병환자를 보기만 해도 몸을 숨겼으며, 또 어떤 랍비들은 나병환자에게 돌을 던져서 가까이 오지 못하게 했다.

중세 때에는 그보다 더 비참한 일이 벌어졌다. 어떤 사람이 나병에 걸리면 신부는 성당에서 법의를 입고, 십자가가 달린 지팡이를 손에 잡고 그 나병환자의 장례식을 치렀다. 그 나병환자는 어떤 의미에서도 더 이상 정상적인 인간의 구실을 할 수 없는 자였기에 죽은 자로 간주되었던 것이다. 그런데 놀랍게도 나병환자를 그처럼 참혹하게 대한 시발점이 다름 아닌 하나님의 말씀이었다.

레위기 13장은 나병환자에 대한 진단을 제법 상세하게 다루고 있다. 그 장에 의하면, 어떤 사람의 피부에 이상이 생기면 그는 제사장을 불러서 진단하게 해야 한다. 제사장은 매우 주의 깊게 진찰해야 하는데, 그의 판단이 그 사람의 운명을 결정짓기 때문이다. 어떤 때는 14일이나 걸쳐서 진찰하고 또 진찰했다. 그 결과 나병이라고 판명되면, 제사장은 '부정하다'고 선고해야 하는데, 그것은 나병이라는 선고이다.

'부정하다'고 선고를 받은 나병환자는 즉시 이렇게 반응해야 한다: "나병 환자는 옷을 찢고 머리를 풀며 윗입술을 가리고 외치기를, '부정하다, 부정하다' 할 것이요, 병 있는 날 동안은 늘 부정할 것이라. 그가 부정한즉 혼자 살되 진영 밖에서 살지니라" (레 13:45-46). 문자 그대로, 그 날은 나병환자에게는 죽음의 날이다. 왜냐하면 그는 더 이상 가정에서 사랑하는 가족과 함께 살 수 없을 뿐만 아니라, 사회에서 완전히 분리되어야 하기 때문이다.

3. 나병의 원인

위에서 언급한 것처럼, 나병은 하나님으로부터 형벌을 받은 결과라고 여겨졌다. 그렇다면 도대체 어떤 죄를 지었기에 그처럼 혹독한 형벌을 받아야 되는가? 하나님의 말씀에서는 구체적으로 죄 때문에 나병이 생긴다는 가르침은 없으나, 그 원인을 알려주는 단서는 없지 않아 있다. 그 단서를 찾아보기 위해 나병과 연루된 세 인물을 살펴볼 것인데, 곧 미리암과 게하시와 웃시야이다.

첫째, 미리암은 모세의 누이로서 이스라엘 백성을 위하여 큰 공헌을 했다. 모세의 양편에서 아론과 더불어 보좌의 역할을 했는데, 그것은 대단한 것이었다. 선지자 미가는 미리암의 역할을 모세와 아론과 동등하게 놓을 정도였는데, 그 사실을 말씀을 통해 확인하자, "내가 너를 애굽 땅에서 인도해 내어 종 노릇 하는 집에서 속량하였고, 모세와 아론과 미리암을 네 앞에 보냈느니라"(미 6:4).

그렇게 귀한 역할을 감당한 미리암이 한 번은 이스라엘의 지도자인 모세를 비방했다. 그때는 모세를 지도자라기보다는 친동생으로 대한 것이 분명한데, 미리암은 모세가 동생이지만 하나님이 세우신 지도자라는 사실을 잠시나마 잊었던 것 같다. 그녀의 비방을 보자, "모세가 구스 여자를 취하였더니, 그 구스 여자를 취하였으므로 미리암과 아론이 모세를 비방하니라"(민 12:1).

이 말씀에서 미리암이 아론보다 앞에 놓인 것은 틀림없이 미리암이 그녀의 오빠인 아론을 충동해서 함께 비방하게 한 것 같다. 왜냐하면 그 비방에 대한 심판으로 미리암만 형벌을 받았기 때문이다. 그들이 모세를 비방한 표면적인 이유는 결혼이었지만, 실제로는 모세의 점증漸增하는 권력에 대한 시기심 때문이었다. 다음의 말씀이 그것을 증언한다, "그들이 이르되, '여호와께서 모세와만 말씀하셨느냐? 우리와도 말씀하지 아니하셨느냐?'" (민 12:2).

미리암은 활활 타는 시기심 때문에 하나님이 택해서 사용하시는 종을 감히 비방했던 것이다. 하나님은 미리암의 말을 들으셨고 그리고 그 말에 대한 책임을 물으셨다. 그 결과 미리암은 나병환자가 되었다. 다시 하나님의 말씀에서 이것을 확인하자; "여호와께서 그들을 향하여 진노하시고 떠나시매 구름이 장막 위에서 떠나갔고, 미리암은 나병에 걸려 눈과 같더라. 아론이 미리암을 본즉 나병에 걸렸는지라" (민 12:9-10).

둘째, 게하시는 선지자 엘리사의 사환이었다. 그런데 아람의 군대 장관 나아만이 나병을 고치려고 이스라엘을 찾아온 적이 있었다. 하나님의 사람인 엘리사는 나아만에게 요단강에 몸을 일곱 번 씻으라고 했다. 그가 자의반타의반으로 몸을 요단강에 일곱 번 잠그니 나병이 깨끗이 사라졌다. 나아만은 너무나 감격해서 엘리사에게 예물을 드리려했으나, 그는 예물을 거절했다. 그렇게 나병에서 벗어난 나아만은 고국으로 돌아가고 있었다.

그때 엘리사의 사환인 게하시에게 욕심이 생겼다. 그는 주인 몰래 나아만을 만나서 예물을 챙겼는데, 곧 은 두 달란트와 옷 두 벌이었다. 게하시는 그것들을 숨긴 후, 시치미를 떼면서 주인에게 돌아왔고, 선지자 엘리사는 나아만에게 있던 나병이 그에게로 옮겨질 것을 선언했다. 그 말대로 게하시는 나병환자가 되었다. "나아만의 나병이 네게 들으리라 하니, 게하시가 그 앞에서 물러나오매 나병이 발하여 눈같이 되었더라" (왕하 5:27).

셋째, 웃시야 왕은 유대 나라를 강국으로 만든 위대한 왕이었다. 그는 52년이나 통치하면서 나라를 신앙적으로나 경제적으로 굳건하게 한 왕이었다. 그는 바깥으로 주변의 여러 나라를 평정하여 조공을 바치게 했고, 안으로는 성들을 굳게 하는 등 그의 치적은 참으로 많았다. 그런데 그의 말년에 문제가 생겼는데, 그것은 다름 아닌 교만이었다. 그는 얼마나 교만해졌는지, 제사장의 역할까지 떠맡으려 했다.

하나님의 말씀으로 확인하자. "그가 강성하여지매 그의 마음이 교만하여 악을 행하여 그의 하나님 여호와께 범죄하되, 곧 여호와의 성전에 들어가서 향단에 분향하려 한지라" (대하 26:16). 비록 하나님은 지금까지 그 왕과 함께 하셨지만, 이런 범죄는 묵과할 수 없는 중죄였다. 웃시야 왕은 그를 말리는 제사장에게 화까지 내었기에 이런 형벌을 받았다, "웃시야가 손으로 향로를 잡고 분향하려 하다가 화를 내니…그의 이마에 나병이 생긴지라" (대하 26:19).

이 세 사람의 경우를 보면, 질투와 욕심과 교만이 나병의 원인인 것을 알 수 있다. 그런데 이 세 가지 죄악은 아담으로 하여금 범죄하게 한 요인이었다 (창 3:6). 사도 요한도 이 세 가지 죄악을 금했다; "이는 세상에 있는 모든 것이 육신의 정욕과 안목의 정욕과 이생의 자랑이니, 다 아버지께로부터 온 것이 아니요 세상으로부터 온 것이라" (요일 2:15-16). 육신의 정욕은 욕심을, 안목의 정욕은 질투를, 그리고 이생의 자랑은 교만을 뜻한다.

이런 말씀은 21세기의 사람들에게도 적용된다. 욕심과 질투와 교만의 죄를 한 번도 짓지 않은 사람은 결코 있을 수 없다! 비록 사람들이 도덕적으로 살아가려고 애쓰지만, 여전히 이런 죄의 속성을 가지고 있다. 그런 이유 때문에 그들은 육체적으로는 나병환자가 아니지만, 하나님이 보시기에는 영적으로 나병환자라고 할 수 있다. 나병환자가 예수님 앞으로 나아온 것처럼, 그들도 나와야 한다.

4. 나병환자의 결단

율법적으로나 관습적으로나 어떤 사람에게도 나아올 수 없는 나병환자가 예수님께 나아왔다. 2m 안으로 들어올 수 없는 나병환자가 예수님 앞으로 나아왔다. 이런 '나아옴'은 성경 전체에서 달리 찾아볼 수 없는데, 그 이유는 죽음을 각오한 '나아옴'이었기 때문이다. 그 나병환자는 특별한 치유의 기적이 없는 한 돌에 맞아 죽을 운명이었다. '죽으면 죽으리이다'라고 하면서 아하수에로 왕 앞으로 나아온 에스더처럼 그는 예수님 앞으로 나아왔다 (에 4:16).

도대체 이 나병환자는 무엇 때문에 생명을 걸고 예수님께 나아왔는가? 어차피 죽은 자로 여겨진 인생을 포기라도 했는가? 그렇지 않다! 중병에 걸린 사람일수록 그만큼 더 생에 대하여 애착을 갖기 때문이다. 그렇다면 그의 나병을 예수님이 고쳐주실 것을 믿었는가? 만일에 믿고 나아왔다면, 그 믿음은 어디에서 왔는가? 그렇다면 그분이 많은 병자들을 고쳐주셨다는 소문이라도 들었는가? 십중팔구 들었을 것이다.

이 나병환자가 예수님께 나아오게 된 결정적인 이유는 그분의 가르침 때문이었다. 그분이 팔복을 가르치실 때, 세 종류의 사람들이 그 가르침을 들었다: 군중, 제자들 및 나병환자들. 나병환자들은 군중에도 섞이지 못하고 구석에 옹기종기 모여 있었을 것이다. 그 집회가 끝나면 많은 사람들로부터 동냥을 얻기 위해서였다. 군중은 예수님이 그들을 로마제국의 학정에서 해방시킬 메시야인지도 모른다는 기대감에 부풀어 있었을 것이다.

제자들은 그분이 머지않아 이런 군중을 이끌고 왕이 되시면, 그들도 높은 지위를 얻게 되리라는 기대감에 부풀어 있었을 것이다. 나병환자들은 많은 동냥을 얻게 되리라는 기대감에 부풀어 있었을 것이다. 어떤 기대감을 가졌든지 그들은 모두 예수님의 가르침의 진의真意를 놓쳤다. 그분의 가르침의 일부를 보자, "심령이 가난한 자는 복이 있나니, 천국이 저희 것임이요, 애통하는 자는 복이 있나니, 저희가 위로를 받을 것임이요"(마 5:3-4).

그런데 그 가르침을 깨달은 사람이 하나 있었는데, 그는 바로 이 나병환자였다. 그는 하나님과 사람들에게서 저주받아 버림받은 죄인 중에 죄인이었다. 그러나 자기처럼 '심령이 가난한 자'가 천국을 소유할 수 있다는 것이다! 자기처럼 '애통하는 자'가 위로를 받는다는 것이다! 그 나병환자는 죽어서라도 천국에 갈 수만 있다면…그리고 위로를 받을 수만 있다면…! 그는 그런 전무후무한 가르침을 주신 분에게 생명을 걸고 나아왔던 것이다.

그가 나아와서 어떻게 했는가? 그는 무릎을 꿇고 땅에 엎드려서 '절했다.' 그런데 '절하다'는 동사의 의미를 알면 더욱 놀랍다. 마태는 성령의 감동을 받아서 이 장면을 묘사하면서 하나님께 절할 때만

쓰는 동사를 사용했다. 그 동사는 프로스퀴네요($\pi\rho\sigma\kappa\upsilon\nu\acute{\epsilon}\omega$)인데, '절하다', '무릎을 꿇다', '예배하다', '경배하다' 등으로 번역된다. 이 나병환자는 그처럼 놀라운 가르침을 주실 수 있는 분이라면 틀림없이 하나님이라고 믿었던 것이다.

이 나병환자가 세 번째 한 것은 입을 열어서 그르렁거리는 소리로 그의 소원을 아뢴 것이었다. "주여, 원하시면 저를 깨끗하게 하실 수 있나이다!" 이 나병환자는 생명을 걸고 나아왔기에 생명을 걸고 깨끗하게 해 달라고 조를 수 있었다. 만일 예수님이 그를 깨끗하게 해주지 않으시면, 그는 죽을 운명이었다. 그렇게 절박한 상황에서도 그는 떼를 쓰지 않고 주님의 뜻에 맡겼던 것이다. 그는 진정으로 그의 운명을 주님의 손에 맡겼다.

5. 예수님의 반응

이 나병환자의 몰골은 말로 표현할 수 없을 지경이었을 것이다. 풀어 헤쳐져서 뭉친 머리카락, 어떤 손톱은 길고 어떤 손톱은 빠져나간 손가락, 오그라든 손과 발, 가쁘게 몰아쉬는 숨소리! 십중팔구 궤양으로 가득한 손을 예수님께 뻗치면서 그는 무릎을 꿇고 엎드려 있었다. 그뿐 아니라, 그에게서 말할 수 없이 역겨운 냄새가 풍겼을 것이다. 나병의 냄새, 오랫동안 목욕을 하지 못한 몸의 냄새, 갈아입지 못한 더러운 옷의 냄새, 이런 냄새를 풍기면서 엎드려 있었다.

이 나병환자는 율법을 어기고 2m 이내로 다가왔다. 예수님도 이 나병환자가 율법을 어기면서 가까이 오는 것을 막지 않으셨다. 그렇게 많은 사람들이 숨을 죽이고 그 장면을 보고 있었다. 그들은 주변에 널려 있는 돌들을 집어서 그 나병환자와 예수님께 던질 생각을 하고 있었을 것이다. 바로 그때! 예수님은 손을 내밀어서 온 몸에 궤양으로 가득한 나병환자를 만지셨다. 율법적으로나 인간적으로나 있을 수 없는 일이 벌어졌던 것이다.

그리고 이렇게 말씀하셨다, "내가 원하노니 깨끗함을 받으라!" 그렇게 말씀하시자 그처럼 무시무시한 나병이 그 순간 사라졌다! 그분은 율법을 깨뜨리기 위해서 오신 분이 아니라 완성하기 위해서 오신 분이시었다! 그분은 가르치신 대로 그 나병환자에게 위로는 물론 천국도 주셨던 것이다. 그분은 말씀하시고, 그리고 그 말씀대로 행하셨다. 그 순간, 거기에 있던 군중과 제자들은 하나같이 하나님께 영광을 돌렸을 것이다.

자신의 군대 장관 나아만의 나병을 고쳐달라는 아람 왕의 편지를 읽은 이스라엘 왕은 이렇게 반응한 적이 있었다, "이스라엘 왕이 그 글을 읽고 자기 옷을 찢으며 이르되, '내가 사람을 죽이고 살리는 하나님이냐? 그가 어찌하여 사람을 내게로 보내 그의 나병을 고치라 하느냐?'"(왕하5:7). 이 왕의 말에 의하면 나병환자는 죽은 자이며, 그 병을 고치는 것은 죽은 자를 살리는 것이다. 그리고 그런 역사는 하나님만이 하실 수 있다는 것이다.

실제로 레위기 13장에서 제사장이 하는 나병의 진찰을 묘사하고, 14장에서는 나병이 나은 사람이 치러야 할 정결의식을 상세히 기술한다. 그런데 나병환자가 어떻게 깨끗하게 될 수 있는지에 대해서는 언급하지 않고 있다. 그 이유는 간단하다! 그 병을 고칠 수 있는 분은 창조주이신 하나님뿐이기 때문이다. 그러니까 예수님이 나병환자를 깨끗하게 하셨다는 것은 그분이 다름 아닌 하나님이시라는 뜻이다. 그 나병환자도 예수님께 절하면서 그분을 하나님으로 대했던 것이다.

6. 정결의식

그렇게 나병환자를 깨끗하게 하신 후, 예수님은 두 가지를 명령하셨다. 첫째는 '삼가 아무에게도 이르지 말라'였고, 둘째는 '다만 가서 제사장에게 네 몸을 보이고, 모세가 명한 예물을 드려 그들에게 입증하라'였다. 이 명령은 나병으로부터 깨끗해진 그 사람은 즉각적으로 제사장에게 그 몸을 보인 후, 모세의 율법대로 예물을 드려서 정결의식을 행하라는 것이다. 그래야 그는 가정으로 그리고 사회로 돌아갈 수 있기 때문이다.

그런데 왜 사람들에게 그처럼 엄청난 역사를 말하지 말라는 것인가? 그 이유는 지체 없이 율법에 따른 정결의식을 행해야 하기 때문이다. 갈릴리에서 예루살렘까지는 대략 80km의 거리인데, 그 거리를 가면서 사람들에게 간증하기 시작하면 모세의 명령에 따른 정결의식이 지연될 수 있기 때문이었다. 그뿐 아니라, 소문이 나면 예수님을 반대하는 제사장들이 그 의식을 거부하기 위하여 진단을 피할 수도 있기 때문이었다.

레위기 14장에 기술된 정결의식은 3단계를 거쳐야 한다. 첫째 단계는 진영 밖에서 이루어지는데, 그 이유는 나병환자는 진영에 들어올 수 없기 때문이다. 제사장이 진영 밖으로 나가서 진찰한 후, 병에서 나은 사람을 위하여 정결의식을 위하여 새 두 마리를 준비하게 한다 (레 14:3-4). 그리고 한 마리는 죽여서 그 피를 환자였던 사람에게 백향목과 홍색 실과 우슬초로 일곱 번 뿌리고, 다른 한 마리는 살려서 날려 보낸다 (레 14:5-7).

진영 밖에서 죽인 새와 날려 보낸 새는 둘 다 나병환자를 대표한다. 죽인 새는 나병환자의 죽음과 같던 삶을 대표하고, 산 새는 병에서 나은 그 사람을 대표한다. 예수 그리스도의 대속적 죽음과 부활 이후에는 어렵지 않게 이 두 새가 그분의 모형이라는 것을 알 수 있다. 죽임을 당하여 피를 쏟은 새는 두말할 필요도 없이 십자가에서 죽으신 예수님의 모형이며, 산 새는 부활하신 그리스도의 모형이다.

정결의식의 둘째 단계는 그 나병환자가 구체적으로 물로 씻는 단계이다. 그 사람은 옷을 빨고 모든 털을 밀고 몸을 물로 씻어야 한다. 그러면 그 사람은 법적으로 깨끗해져서 이스라엘의 진영 안으로 들어올 수 있다. 그렇지만 그의 가정으로는 아직 들어가지 못한다. 그는 진영 안에 있는 그의 장막 밖에서 일주일을 지내야 한다. 일곱째 되는 날에 "그는 모든 털을 밀되 머리털과 수염과 눈썹을 다 밀고 그의 옷을 빨고 몸을 물에 씻을 것이라 그리하면 정하리라" (레 14:9).

정결의식의 셋째 단계는 여덟째 되는 날이다. 그날에 번제와 소제와 속죄제와 속건제를 위하여 숫양과 암양을 드려야 한다. 그렇게 바쳐지는 제물에 대하여 말씀에서 확인하자; "여덟째 날에 그는 흠 없는 어린 숫양 두 마리와 일 년 된 흠 없는 어린 암양 한 마리와 또 고운 가루 십분의 삼 에바에 기름 섞은 소제물과 기름 한 록을 취할 것이요"(레 14:10). 그런데 위의 여러 가지 제사 가운데 나병환자였던 사람에게는 속건제가 가장 중요하다.

예수님이 나병환자였던 사람에게 하신 말씀을 다시 보자. "삼가 아무에게도 이르지 말고, 다만 가서 제사장에게 네 몸을 보이고 모세가 명한 예물을 드려 그들에게 입증하라"(마 8:4). 이 명령은 정결의식의 첫째와 둘째 단계가 생략된 채, 곧바로 셋째 단계로 들어가서 '모세가 명한 예물을 드리라'는 것이었다. 그 이유는 무엇인가? 예수님이 그 나병환자를 깨끗하게 하실 때, 그는 이미 죽었다가 살았고 물로 씻은 것보다 더 깨끗하게 되었기 때문이다. 그런데 정결의식에서 속건제가 가장 중요하기에 레위기 14장에서 그 제물에 대해서만 자세히 묘사하고 있다. 나머지 번제, 소제 및 속죄제는 레위기 1장, 2장 및 4장에 기록된 대로 하면 되기 때문이다. 제사장은 속건제물인 숫양을 잡아서 피를 내어 그 사람에게 이렇게 발랐다, "제사장은 그 속건제물의 피를 취하여 정결함을 받을 자의 오른쪽 귓부리와 오른쪽 엄지 손가락과 오른쪽 엄지 발가락에 바를 것이요"(레 14:14).

하나님과 인간에 의하여 저주받았던 나병환자가 깨끗함을 받은 것은 하나님의 사랑과 능력의 역사였다. 그렇게 깨끗해진 사람은 이제부터 그를 깨끗하게 해주신 하나님의 영광을 위하여 살아야 마땅하다. 어떻게 하는 것이 하나님께 영광을 돌리는 것인가? 적어도 두 가지에 유의해야 한다. 하나는 죄를 짓지 않는 깨끗하고도 거룩한 삶을 살아야 한다. 그런 목적 때문에 오른쪽 귓부리와 오른쪽 엄지 손가락과 오른쪽 엄지 발가락에 피를 발랐다.

7. 정결의식의 해석

귀는 듣고, 보고, 만지고, 냄새 맡고, 맛을 보는 다섯 가지 감각 중 대표 격이다. 왜냐하면 아기가 태어난 후 제일 먼저 열리는 감각이 듣는 것이며, 또 사람이 죽을 때 마지막까지 작용하는 것이 듣는 것이기 때문이다. 그런데 피는 죽음을 상징한다. 그러므로 귓부리에 피를 바르라고 한 것은 오감五感을 죄 짓는 데 사용하지 말라는 금령이다. 실제로 죄의 시작은 이런 감각을 통해서 생각과 마음으로 파고든다.

오른쪽 엄지 손가락은 두 손을 대표한다. 결국 그 손가락에 피를 바르라는 명령은 손으로 죄를 짓지 말라는 것이다. 오감五感을 통해 스며들은 유혹을 실제로 행동에 옮기는 것은 대부분 두 손이다. 그런 까닭에 나병환자였을 때는 궤양 된 두 손을 사용하여 많은 범죄를 저질렀지만, 이제 하나님의 은혜로 깨끗해진 손으로 다시 죄를 범해서는 안 된다는 것이다. 오히려 그렇게 깨끗해진 손으로 착한 일을 해야 된다는 것이다.

오른쪽 엄지 발가락도 두 발을 대표한다. 그 발가락에 피를 바르라는 명령은 죄짓기 위한 발걸음을 해서는 안 된다는 것이다. 사람이 발로 가지 않고서는 죄를 짓기 쉽지 않을 것이다. 나병환자였을 때, 그 오그라든 발로 가지 않은 곳이 있었던가? 아니다! 장소를 불문하고 갔고 그리고 죄를 범했다. 이제는 깨끗해진 발로 좋은 일을 위하여 가라는 것이다. 특히 하나님의 사랑과 능력을 다니면서 전하라는 말씀이다.

이스라엘 백성 가운데서 이처럼 오른쪽 귓부리와 오른쪽 엄지 손가락과 오른쪽 엄지 발가락에 피를 바른 사람에는 두 종류가 있었다. 하나는 지금까지 살펴본 나병환자였다가 깨끗함을 받은 사람이다. 또 하나는 놀랍게도 제사장이다! 아론과 그 아들들을 제사장으로 위임할 때, 똑같이 위임식 양의 피를 그들의 오른쪽 귓부리와 오른쪽 엄지 손가락과 오른쪽 엄지 발가락에 발랐다. 그들도 역시 죄를 짓는 삶을 살 수 없다는 것이었다.

하나님의 말씀으로 이것을 확인하자, "모세가 잡고 그 피를 가져다가 아론의 오른쪽 귓부리와 그의 오른쪽 엄지 손가락과 그의 오른쪽 엄지 발가락에 바르고, 아론의 아들들을 데려다가 모세가 그 오른쪽 귓부리와 그들의 손의 오른쪽 엄지 손가락과 그들의 발의 오른쪽 엄지 발가락에 그 피를 바르고…" (레 8:23-24). 하나님이 선택하셔서 제사장이 된 사람은 마땅히 죄를 지을 수 없다. 왜냐하면 이스라엘 백성을 하나님께 연결시키는 거룩한 사람들이기 때문이다.

하나님의 은혜로 저주받은 나병에서 해방된 사람도 죄를 지을 수 없다. 죄는커녕 오히려 깨끗하게 살면서 하나님을 알지 못하는 사람들에게 그 하나님의 사랑과 능력을 전해야 하기 때문이다. 신약 시대에 적용하면, 제사장이나 나병환자였던 사람이나 똑같이 십자가를 짊어지는 삶을 살아야 한다. 귓부리에서 엄지 발가락을 연결하고, 두 손을 벌려서 연결하면 십자가가 되는 것은 결코 우연이 아닐 것이다.

그런데 제사장의 위임식에서 없던 명령이 나병환자였던 사람에게 추가된 것이 있다. 그것은 속건제물인 양의 기름을 피를 바른 오른쪽 귓부리와 오른쪽 엄지 손가락과 오른쪽 엄지 발가락에 덧바르라는 것이다. 기름은 성령을 상징하기도 한다. 나병환자였던 사람이 그처럼 죄를 멀리 하면서 하나님을 전할 때, 성령의 도움이 있다는 뜻이기도 하다. 남은 기름은 그 사람의 머리에 바르라고 하였다. 이런 내용을 말씀에서 확인하자.

"제사장은 또 그 한 록의 기름을 취하여 자기 왼쪽 손바닥에 따르고, 오른쪽 손가락으로 왼쪽 손의 기름을 찍어 그 손가락으로 그것을 여호와 앞에 일곱 번 뿌릴 것이요, 손에 남은 기름은 제사장이 정결함을 받을 자의 오른쪽 귓부리와 오른쪽 엄지 손가락과 오른쪽 엄지 발가락 곧 속건제물의 피 위에 바를 것이며, 아직도 그 손에 남은 기름은 제사장이 그 정결함을 받는 자의 머리에 바르고…" (레 14:15-18).

그러면 제사장의 위임식에서는 왜 이처럼 기름을 바르지 않았는가? 그 이유도 간단하다! 제사장으로 부르심을 받을 때, 정식으로 기름부음을 받기 때문이다. 그것도 하나님의 말씀에서 확인하자, "또 관유를 아론의 머리에 붓고 그에게 발라 거룩하게 하고" (레 8:12). 그러니까 제사장은 공식적으로 기름부음을 받는데 반하여, 나병환자였던 사람은 병이 나은 사람에 한하여 제사장이 개인적으로 기름을 발라주었던 것이다.

8. 결론

이스라엘 백성은 나병의 치료가 죽은 자를 살리는 것과 같다고 여겼다. 그리고 죽은 자를 살릴 수 있는 분은 하나님뿐이었다. 그런데 예수 그리스도가 팔복산에서 내려오시면서 행하신 첫 번째 기적이 바로 나병환자를 깨끗하게 하신 것이었다. 그 사실은 그분이야말로 이스라엘 백성이 그처럼 학수고대하던 메시야이심을 증언하고도 남았다. 메시야가 아니라면 어떻게 많은 사람들이 보는 앞에서 나병환자를 깨끗하게 하실 수 있단 말인가!

모든 인간은 하나님이 보시기에 나병환자와 같이 저주받은 삶을 영위할 수밖에 없는데, 아담과 하와의 불순종 때문이었다. 그러나 마지막 아담이신 예수 그리스도가 메시야로서 많은 사람들을 죄와 저주에서 구원해주셨다. 그렇게 구원받은 그리스도인들은 마땅히 죄와 타협하지 않으면서 살아야 한다. 오감五感으로 죄를 짓지 말아야 하며, 손으로도 죄를 짓지 말아야 하며, 발로도 죄를 짓지 말아야 한다.

피를 바른 세 곳에 기름을 덧바른 이유도 분명하다. 하나님의 영광을 위하여 오감을 사용해야 한다. 귀로는 하나님의 말씀을 듣고, 입으로는 그분의 사랑과 능력을 전해야 한다. 손으로는 다른 성도의 발을 씻어주면서 섬겨야 한다. 발로는 영적 나병환자들인 불신자들을 찾아가서 치유와 구원의 주인이신 예수 그리스도를 전해야 한다. 영적 나병환자였던 그리스도인들에게 이런 특권을 주신 하나님을 찬양하자!

9장

이스라엘의
대헌장

1. 서론

　하나님은 애굽에서 430년이나 종노릇하던 이스라엘 백성을 구출해내셨다. 그 이스라엘 백성은 감격의 도가니 속에서 애굽을 떠났으며, 하나님의 구름 기둥과 불 기둥의 인도를 받으면서 시내산에 도달하였다. 그리고 그 곳에서 11개월 15일간 머물렀는데, 그 기간 중에 하나님은 이스라엘 백성과 언약을 맺으셨다. 그 언약에는 많은 복들이 들어있었는데, 만일 그들이 언약을 지키면 많은 복들을 주시겠다는 것이다.

　그러나 그 언약에는 엄중한 경고도 포함되어 있었다. 만일 이스라엘 백성이 언약을 무시하거나 지키지 않으면 그에 대한 책임을 물으시겠다는 것이다. 실제로 그 이후 이스라엘의 역사가 보여주듯, 그들이 언약을 지킬 때는 하나님이 그들을 크게 높이셨다. 그러나 그들이 언약을 파기했을 때는 더할 나위 없이 낮추셨다. 그렇다면 언약과 연관된 특권은 구체적으로 무엇이며, 또 책임은 어떤 것인지 이스라엘의 역사를 통하여 알아보자.

　먼저, 하나님이 이스라엘 백성과 맺은 언약과 연관된 특권을 알아보자:

　"이스라엘 자손이 애굽 땅을 떠난 지 삼 개월이 되던 날 그들이 시내 광야에 이르니라. 그들이 르비딤을 떠나 시내 광야에 이르러 그 광야에 장막을 치되, 이스라엘이 거기 산 앞에 장막을 치니라. 모세가 하나님 앞에 올라가니 여호와께서 산에서 그를 불러 말씀하시되, '너는 이같이 야곱의 집에 말하고 이스라엘 자손들에게 말하라. 내가 애굽 사람에게 어떻게 행하였음과, 내가 어떻게 독수리 날개로 너희를 업어 내게로 인도하였음을 너희가 보았느니라. 세계가 다 내게 속하였나니 너희가 내 말을 잘 듣고 내 언약을 지키면 너희는 모든 민족 중에서 내 소유가 되겠고, 너희가 내게 대하여 제사장 나라가 되며, 거룩한 백성이 되리라. 너는 이 말을 이스라엘 자손에게 전할지니라'" (출애굽기 19:1-6).

위의 말씀은 이스라엘의 대헌장大憲章, 곧 *마그나 카르타*Magna Charta라고 불린다. 왜냐하면 이 말씀에는 이스라엘 국가의 탄생과 사명이 언급되며, 동시에 그 국가가 누릴 세계와의 관계를 언급하기 때문이다. 그리고 그 모든 배후에는 이스라엘을 사랑하시는 하나님이 계시다는 사실이 언급되기 때문이다. 이 대헌장을 통하여 이스라엘이 어떻게 탄생되었으며 그 사명은 무엇인지 알아보자.

2. 이스라엘의 구원

위의 말씀에 의하면, '떠나다'라는 동사가 두 번 나오는데, 그것은 구원의 시점을 강조하는 표현이다. 반면, '이르다'라는 동사도 두 번 나오는데, 그것은 구원의 결과로 시내산에 도달했다는 사실을 강조하는 표현이다. 그리고 '치다'라는 동사가 두 번 나오는데, 그것은 그곳에서 상당한 기간 동안 머물겠다는 것을 강조하는 표현이다. 그곳에 머물면서 하나님은 이스라엘 백성과 특별한 언약을 맺으시겠다는 것이다.

그 다음 '삼 개월이 되던 날'을 보자. 이스라엘 백성은 첫째 달에 애굽을 출발했고, 둘째 달에는 신 광야를 지나서, 셋째 달에 시내산에 도착했다. 그런데 '삼 개월이 되던 날'은 구체적으로 3월 1일을 가리킨다. 참고로 2일에는 모세가 시내산에 올라갔다가 내려왔고 (3, 7절), 3일에는 모세가 백성에게 하나님의 말씀을 전했고 (9절), 4일에는 모세가 다시 산에 올라갔다가 내려왔고 (14절), 5일에는 준비했으며 (15절), 6일에는 율법을 받았다 (16절).

그런데 하나님은 모세에게 이스라엘 백성이 어떻게 구원받았는지를 요약해서 묘사하셨다: "내가 애굽 사람에게 어떻게 행하였음과, 내가 어떻게 독수리 날개로 너희를 업어 내게로 인도하였음을 너희가 보았느니라" (출 19:4). 이 묘사에는 소극적인 요소와 적극적인 요소가 포함되어 있다. 앞의 부분, 곧 "내가 애굽 사람에게 어떻게 행하였음"은 소극적인 것이나, "내가 어떻게 독수리 날개로 너희를 업어 내게로 인도하였음"은 적극적인 것이다.

그러나 애굽 사람에게 행한 소극적인 것도 결국엔 이스라엘 백성의 구원을 위한 적극적인 것이었다. 이스라엘 백성의 출애굽을 가로막은 것은 애굽의 바로였다. 하나님은 바로를 치셨는데, 그 방법은 열 가지 재앙이었다. 열 가지 재앙 가운데 마지막 재앙은 바로로 하여금 이스라엘 백성으로 애굽을 떠나게 한 결정적인 재앙이었다. 애굽의 모든 장자와 짐승의 첫 새끼는 죽음의 천사에 의하여 죽임을 당한 재앙이었다.

하나님은 공의의 하나님이시기에 이스라엘의 모든 장자와 짐승의 첫 새끼도 죽어야 했다. 그렇지만 하나님은 이스라엘의 장자 대신에 유월절의 어린 양을 죽게 하심으로 한편 하나님의 공의도 만족시켰으나, 다른 한편 그 하나님은 이스라엘 백성에 대한 사랑도 나타내셨다. 유월절의 어린 양을 죽여서 그 피를 이스라엘 백성의 문 좌우 설주와 인방에 뿌린 것은 하나님의 공의와 사랑을 동시에 표현한 놀라운 사건이었다.

애굽의 바로는 마침내 이스라엘 백성이 애굽을 떠날 수 있도록 허용할 수밖에 없었다. 그 자신의 장자도 죽은 마당에 달리 대응할 방법이 없었기 때문이었다. 그러니까 "내가 애굽 사람에게 어떻게 행하였음"은 이스라엘에 대한 하나님의 사랑을 이중적으로 표현한 묘사였다. 첫 번째 사랑은 이스라엘의 장자가 죽지 않도록 조처를 취한 것이고, 두 번째 사랑은 이스라엘 백성이 애굽에서 떠날 수 있게 하신 것이다.

하나님은 이스라엘의 구원을 이렇게 적극적으로도 묘사하셨다, "내가 어떻게 독수리 날개로 너희를 업어 내게로 인도하였음이라." 이 묘사는 하나님이 능력으로 이스라엘 백성을 건져내셨다는 사실을 뜻한다. 하나님은 이스라엘을 애굽에서 건져내셨을 뿐 아니라, 그 후 엄청난 능력으로 그들을 인도하여 시내산에 이르게 하셨다. 그 능력은 세 가지로 나타냈는데, 첫 번째는 홍해를 건너게 하신 능력이었다.

이스라엘 백성이 떠나자 애굽의 바로는 분노를 못 이기고 그들을 쳐죽이기로 작정하였다. 그는 막강한 군대를 거느리고 이스라엘 백성을 뒤쫓기 시작했다. 이스라엘 백성은 진퇴양난에 빠졌는데, 앞에는 홍해가 가로막고 뒤에는 애굽 군대가 추격하고 있기 때문이었다. 그때 하나님이 전대미문의 능력을 행하셔서 홍해를 가르셨다.

이스라엘 백성은 홍해를 통과했으나, 그들을 추격하던 애굽 군대는 바다에 수장되고 말았다.

모세가 기록한 하나님의 말씀을 인용해 보자: "…그들의 뒤를 따라 바다에 들어간 바로의 군대를 다 덮으니 하나도 남지 아니하였더라. 그러나 이스라엘 자손은 바다 가운데를 육지로 행하였고… 그 날에 여호와께서 이같이 이스라엘을 애굽 사람의 손에서 구원하시매…이스라엘이 여호와께서 애굽 사람들에게 행하신 그 큰 능력을 보았으므로 백성이 여호와를 경외하며 여호와와 그의 종 모세를 믿었더라" (출 14:28-31).

모세는 이런 하나님의 능력을 '큰 능력'이라고 하였다. 인류 역사상 이런 능력은 과거에도 없었고 미래에도 없었다. 물론 죽음의 천사가 애굽의 장자와 짐승의 첫 새끼를 죽인 것도 역시 하나님의 능력이었다. 그러나 그 능력은 애굽에 대한 재앙이었지, 이스라엘 백성을 위한 능력은 아니었다. 물론 하나님이 애굽을 치신 그 소극적인 능력을 인하여 이스라엘 백성이 애굽을 나올 수 있었지만 말이다.

하나님이 이스라엘 백성을 위하여 보여주신 두 번째 능력은 '구름 기둥과 불 기둥'을 통한 인도하심이었다. 어떤 백성이 이런 초자연적인 인도하심을 받은 적이 있었는가? 사실 그런 인도하심이 없었다면 이스라엘 백성은 다 죽었을 것이다. 애굽에서 가나안까지 곧장 가면 10일 걸리는 여정이었는데, 만일 그들이 그 길로 갔다면 바로의 군대를 결코 피하지 못했을 것이다. 얼마나 놀라운 능력의 인도하심인가?

세 번째 능력은 이스라엘 백성이 홍해에서 시내산까지 오는 동안 하나님이 제공하신 공급이었다. 거의 300만이나 되는 사람들과 그렇게 많은 짐승들의 먹거리도 주셨고, 또 마실 물도 주셨다. 특히 만나와 메추라기의 공급과 바위에서 솟구친 물은 하나님의 능력이 아니었다면 절대로 가능하지 않은 기적이었다. 이런 모든 능력은 한 마디로 이스라엘 백성을 '독수리 날개로 업어서 데려왔다'고 묘사되었다.

이런 하나님의 묘사에 의하면, 이스라엘 백성은 두 가지 사실 때문에 구원을 경험했는데, 하나님의 사랑과 능력이다. 그런데 사도 요한은 유월절 어린 양을 죽임으로 나타낸 하나님의 사랑을 예수 그리스도의 죽음에 비유했다. 그의 말을 인용해 보자, "그 어린 양이 두루마리를 취하시니라.…일찍이 죽임을 당하사 각 족속과 방언과 백성과 나라 가운데에서 사람들을 피로 사서 하나님께 드리시니라" (계 5:7, 9).

그리고 바울 사도는 홍해의 사건을 그리스도 예수의 부활에 비유하였다. "형제들아 나는 너희가 알지 못하기를 원하지 아니하노니, 우리 조상들이 다 구름 아래에 있고 바다 가운데로 지나며, 모세에게 속하여 다 구름과 바다에서 세례를 받고" (고전 10:1-2). 이 표현에 의하면, 이스라엘 백성이 홍해 바다에서 세례를 받았다는 것이다. 세례에서 물속에 잠기는 것을 죽음으로, 그리고 물 위로 올라오는 것을 부활로, 각각 해석된다 (롬 6:3-4).

결국, 하나님의 사랑과 능력을 경험하고 출애굽한 이스라엘이 국가를 이룬 사실은 구원의 방법이 되었다. 왜냐하면 예수 그리스도의 죽음을 통한 하나님의 사랑과, 부활을 통한 하나님의 능력을 경험하고 구원받은 사람들이 교회를 이루었기 때문이다. 구약성경의 최대의 기적은 홍해의 갈라짐이다. 신약성경의 최대의 기적은 예수 그리스도의 부활이다. 홍해의 사건을 통하여 이스라엘 국가가 탄생한 것처럼, 그분의 부활을 통하여 교회가 탄생되었다.

3. 이스라엘의 신분

지금까지 이스라엘 백성은 애굽에 속한 애굽 백성이었고, 애굽의 종이었다. 그런데 하나님의 사랑과 능력을 통하여 구원받은 이스라엘 백성은 신분이 달라졌다. 그들은 더 이상 애굽 백성이 아닌 하나님의 백성이 되어, 이스라엘이란 독립 국가를 이루었다. 그뿐 아니라, 그들은 더 이상 애굽의 종이 아니라 하나님의 종이었다. 하나님은 그들에게 세 가지 신분을 주셨는데, 곧 '하나님의 소유,' '제사장 나라' 및 '거룩한 백성'이었다.

왜 하나님은 이스라엘 백성의 신분을 이처럼 격상시키셨는가? 그 이유는 세상 때문이었다. 하나님이 사랑하시는 대상은 모든 세상 사람이다. 그런데 그들은 자신들의 창조주요 구속자이신 하나님을 알지 못하기 때문에 각종의 우상을 섬기면서 동물적인 삶을 영위하고 있었다. 하나님이 그처럼 사랑하시는 세상 사람들도 구원하셔서 하나님의 창조의 목적대로 인간다운 삶을 살기를 원하셨다.

그러나 그들에게 하나님을 전달할 수 있는 전도자가 있어야 했다. 그런 목적을 위해 하나님은 이스라엘 백성을 택하시고, 그들로 하여금 하나님의 사랑과 능력을 경험하게 하셨다. 이스라엘 백성에게 그들이 경험한 하나님을 전달할 수 있는 신분을 만들어주셨다. 그런데 하나님은 그 신분을 부여하시기 전에 그 신분에 걸맞는 목적을 설정하셨는데, 곧 '세계가 다 내게 속하였다'는 것이다.

다시 말해서, 이스라엘 백성을 구원하신 일차적인 목적은 이스라엘을 위한 것이었다. 그러나 이차적인 목적은 세상 사람들을 위함이었다. 엄격히 말해서, 이스라엘 백성이 하나님의 택하심을 받은 것도, 그리고 하나님의 사랑과 능력을 경험한 것도, 세상 사람들을 위한 것이었다. 이스라엘 백성은 이제부터 하나님이 그토록 사랑하시는 세상 사람들에게 그들이 경험한 하나님을 전하지 않으면 안 되었다.

그런데 그런 사명은 억지로가 아니라 자원해서 해야 되는 선택적인 것이다. 왜냐하면 하나님은 이렇게 말씀하셨기 때문이다: '너희가 내 말을 잘 듣고 내 언약을 지키면.' 이 말씀에 의해 이스라엘 백성이 세 가지 신분을 누리려면, 하나님의 말씀을 잘 듣고 또 하나님과 맺은 언약을 지켜야 된다는 것이다. 만일 그들이 하나님의 말씀을 거부하고 언약을 파기하면, 그처럼 존귀한 신분을 누리지 못하게 된다는 경고도 함축되어 있었다.

첫 번째 격상된 신분인 '하나님의 소유'에 대하여 알아보자. '소유'는 가슴에 품고 있으면서 다른 사람에게 맡기지 않는다는 뜻이다. 그런 의미 때문에 '소유'는 종종 금과 은 같은 보석을 의미하기도 한다 (대상 29:3, 말 3:17, 전 2:8). 그러니까 하나님은 이스라엘 백성을 진주처럼 소중히 여기면서 품으셨다. 그들이 이방인들을 찾아가서 하나님의 사랑과 능력을 전할 때, 그들을 진주처럼 책임지고 보호하신다는 뜻이다.

두 번째 격상된 신분은 '제사장 나라'이다. 제사장의 특권은 하나님 앞으로 나아와서 하나님의 뜻을 받을 뿐 아니라, 그 뜻을 백성에게 전달할 수 있는 것이다. 한 마디로 말해서, 제사장은 하나님과 백성을 연결해주는 가교의 역할을 하는 자이다. 그러니까 이스라엘은 세상을 하나님께 연결시켜주어야 한다는 것이다. 그렇지 않다면, 하나님은 '세계가 다 내게 속하였나니'라고 말씀하신 후, 새로운 신분을 주지 않으셨을 것이다.

이 신분에서 왜 단순히 '제사장'이라고 해도 되는데 '나라'라는 단어를 덧붙여서 '제사장 나라'라고 했는가? 그 이유는 이스라엘 백성은 하나님의 통치를 받아야 되기 때문이다. 왜냐하면 '나라'에는 통치자가 있고, 헌법도 있어야 한다. 물론 그 나라의 헌법은 십계명과 율법이다. 그리고 통치자는 바로와 같은 인간이 아니라, 하나님이시라는 것이다. 이스라엘 백성이 이방인들에게 하나님을 전하려 할때, 하나님의 지배를 받아야 한다는 것이다.

세 번째 격상된 신분은 '거룩한 백성'이다. 이 신분도 역시 '세계가 다 내게 속하였나니'와 연결되어 있다. 이스라엘 백성이 이방인들에게 하나님을 전할 때, 그들은 보이지 않는 하나님을 믿지 않을 것이다. 그런데 그들이 볼 수 있는 것이 있는데, 그것은 하나님을 전하는 이스라엘 백성이다. 즉, 이스라엘 백성은 하나님을 대리해서 하나님을 전하는 대사이다. 그 대사는 두말할 필요도 없이 하나님을 드러낼 수 있어야 한다.

하나님은 거룩하신 분이다. 그러므로 그 하나님을 전하는 이스라엘 백성도 거룩해야 한다. 어떻게 하면 거룩해질 수 있는가? 하나님은 그들이 거룩하게 될 수 있는 방편도 주셨는데, 곧 하나님의 말씀과 언약이다. 그들은 거룩해지기 위하여 하나님의 말씀을 꾸준히 읽고, 암송하고 묵상해야 한다. 그뿐 아니라, 그들은 그 말씀과 언약을 삶에 적용할 수 있는 혹독한 훈련도 받아야 한다. 그런 과정을 거쳐서 '거룩한 백성'이 되어 하나님을 전할 수 있다. 이런 신분의 격상을 도해로 풀어보자:

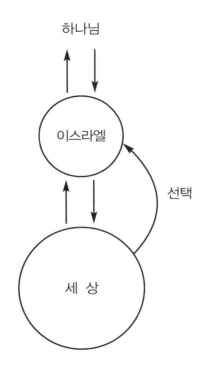

4. 이스라엘의 실패

이처럼 놀라운 언약이 전달되자 이스라엘 백성은 크게 고무되어서 이렇게 적극적으로 반응했다. "백성이 일제히 응답하여 이르되, 여호와께서 명령하신 대로 우리가 다 행하리이다"(출 19:8). 그렇다! 하나님은 처음부터 굴복을 전제조건으로 언약을 맺지 않으셨다. 하나님이 약속하시고 그 백성이 받아들임으로써 언약이 체결되었다. 그리고 이스라엘 백성이 그 언약을 충실히 지키는 동안 그들에게 주어진 축복은 이루 다 헤아릴 수 없었다.

이스라엘 백성은 가나안 땅을 점령했고, 마침내 나라를 세웠다. 일찍이 75명이 애굽에 내려갔을 때를 생각하면, 너무나 큰 신분의 상승이었다. 그 나라는 강대국이 됨으로써 주변 국가들로부터 엄청난 조공까지 받았다. 그리고 솔로몬 왕 시대에는 자그마치 20년의 공사로 호화로운 궁전과 그 당시 세상에서 가장 찬란한 성전을 건축했다. 그들은 금과 은을 돌처럼 흔하게 여겼다.

이스라엘 백성은 이방인들을 찾아가서 하나님을 전파했는가? 물론 아니다! 그 이유는 그들이 하나님이 내려주신 복에 젖어서 이방인들의 영적 필요를 잊었던 것이다. 그들처럼 잘난 사람들이 저 못난 개돼지만도 못한 이방인들에게 갈 수 없었다. 이방인들이 하나님을 믿으려면 그들에게 찾아와서 무릎을 꿇어야 했다. 그런 마음을 대표하는 사람이 바로 요나였다. 니느웨 사람들이 회개했을 때, 요나는 못마땅하게 여기기까지 했다.

한 발 더 나아가서, 이스라엘 백성은 하나님의 말씀도 무시하고 언약을 팽개쳐버렸다. 그들은 우상을 섬기면서 갖가지 죄에 연루되었는데, 특히 안식일을 범한 죄와 성적 타락은 그들에게 점령당한 가나안 사람들의 모습보다 덜하지 않았다. 하나님이 우상과 성적 타락에 연루된 가나안 사람들을 진멸하라고 하셨는데, 그 하나님은 똑같은 죄에 연루된 이스라엘을 진멸하지 않으실 수 없었다.

북쪽 나라인 이스라엘은 앗수르에 의하여 주전 722년에 멸망당했다 (왕하 17). 남쪽 나라인 유다는 바벨론에 의하여 주전 586년에 멸망되었다 (왕하 25). 앗수르와 바벨론은 하나님의 채찍과 몽둥이가 되어 인정사정없이 이스라엘과 유다를 유린하였다. 특히 바벨론은 왕궁과 성전을 파괴하고, 모든 보물과 성전 기물을 탈취해갔다. 왕들은 처참하게 죽었고, 가옥들은 불로 잿더미가 되었고, 수없이 많은 사람들은 죽거나 노예로 팔려갔다.

그들이 개돼지 취급하던 이방인들이 이번에는 이스라엘 백성을 개돼지처럼 다루었다. 잡혀간 남자들은 각가지 노역에 시달렸으며, 여자들은 개돼지와 같은 이방인들의 성노리개가 되었다. 일반적으로 적국에 의하여 나라가 망하면, 통치자는 바뀌어도 백성은 그대로 두는 법인데, 이스라엘은 백성까지 사라진, 문자 그대로 황무지가 되었다. 차라리 이방인들을 대우하면서 하나님의 사랑과 능력을 전했다면, 그들로부터 존경이나 받았을 터인데 말이다.

이스라엘 백성이 하나님의 말씀과 언약을 거부했을 때, 그들은 나라만 잃은 것이 아니었다. 티투스^{Titus} 장군은 로마제국을 대항한 유대인들의 근거지인 예루살렘을 무너뜨린 후, 116,000구의 시체를 성 너머로 던졌다. 그리고 100,000명을 노예로 끌고 가서 팔았다. 그때가 주후 70년인데 모두 1,1000,000명이나 죽임을 당했다. 이스라엘 백성이 하나님의 말씀과 언약을 헌신짝처럼 버리자, 하나님도 그들을 헌신짝처럼 버리셨던 것이다.

그것으로 끝난 것이 아니었다! 황제 하드리아누스^{Hadrianus}는 주후 115년에 로마제국을 향하여 반란을 일으킨 유대인들을 진압한 후, 팔레스틴에 있던 985개의 촌락을 파괴하고 580,000명을 죽였다. 그보다 훨씬 많은 사람들이 기근과 질병으로 죽었으며, 많은 사람들이 짐승처럼 노예로 팔려갔다. 그 이후 유대인들은 예루살렘으로 들어가는 것이 허용되지 않았다. 일 년에 하루 무너진 성벽으로 가서 우는 것이 허용되었는데, 그것이 바로 통곡의 벽이다.

이스라엘 백성이 하나님의 사랑과 능력을 전하지 않음으로 받는 고통은 끝이 없었다. 주후 1236년 십자군이 프랑스의 앙주Anjou를 침공한 후, 유대인들에게 세례 받을 것을 권했다. 그들이 거부하자 3,000명이나 되는 유대인들이 다 죽을 때까지 말굽으로 짓밟았다. 그래도 그것은 6,000,000명이나 죽인 독재자 히틀러의 횡포에 비하면 너무나 가벼운 처사라고 할 수 있다. 하나님의 말씀과 언약을 어긴 대가가 이처럼 클 줄 누가 알았겠는가?

5. 결론

그러면 이스라엘의 실패 때문에 세상에 대한 하나님의 사랑은 전달되지 않았는가? 물론 그렇지 않다! 전능하신 하나님은 이스라엘을 대신할 '영적 이스라엘'을 찾아내셨다. 그 이스라엘이 '교회'이다. 교회가 '영적 이스라엘'인 것은 다음의 몇 가지 사실로 확인된다. 첫째는 이스라엘 백성이 유월절 어린 양의 죽음과 홍해의 역사를 통하여 구원받은 것처럼, 교회도 예수 그리스도의 죽음과 부활을 통하여 세워졌기 때문이다. 똑같은 하나님의 사랑과 능력이다.

교회가 '영적 이스라엘'인 둘째 이유는 주님으로부터 받은 사명 때문이다. 하나님은 이스라엘 백성으로 하여금 세상에 하나님을 전할 수 있는 신분을 허락하셨는데, 곧 '하나님의 소유', '제사장 나라' 및

'거룩한 백성'이다. 교회를 향해서 주님은 아무도 오해할 수 없도록 세상에 복음을 전하라고 명령하셨다, "너희는 온 천하에 다니며 만민에게 복음을 전파하라" (막 16:15). 이처럼 같은 사명 때문에 교회는 '영적 이스라엘'이다.

셋째는 베드로 사도도 이스라엘 백성의 신분을 교회에 그대로 적용했다. "그러나 너희는 택하신 족속이요, 왕 같은 제사장들이요, 거룩한 나라요, 그의 소유가 된 백성이니, 이는 너희를 어두운 데서 불러내어 그의 기이한 빛에 들어가게 하신 이의 아름다운 덕을 선포하게 하려 하심이라" (벧전 2:9). 이 말씀에서 베드로는 '택하신 족속'을 추가했는데, 이스라엘이 사명을 위해 택함 받은 족속인 것처럼 교회도 같은 사명을 위해 택함 받은 족속이다.

사도 요한도 같은 맥락에서 이렇게 말했다, "그들이 새 노래를 불러 이르되 두루마리를 가지시고 그 인봉을 떼기에 합당하시도다! 일찍이 죽임을 당하사 각 족속과 방언과 백성과 나라 가운데에서 사람들을 피로 사서 하나님께 드리시고, 그들로 우리 하나님 앞에서 나라와 제사장들을 삼으셨으니 그들이 땅에서 왕 노릇 하리로다 하더라" (계 5:9-10). 왜 피로 사신 사람들이 나라와 제사장들인가? 두말할 필요도 없이 복음을 온 세상에 전하기 위해서이다.

10장

이중적 예언

1. 서론

예언은 인간의 한계를 뛰어넘는 영역인데, 그 이유는 인간의 지식과 지혜로는 미래를 알 수 없기 때문이다. 물론 역사적인 자료와 과학적인 데이터에 의하여 어느 정도 예측할 수 있지만, 그 예측이 반드시 이루어진다고 할 수도 없다. 그러나 성경에는 수많은 예언들이 포함되어 있을 뿐 아니라, 그 가운데 많은 예언들이 이미 문자적으로 성취되었다. 예언과 성취가 가능한 이유는 한 가지뿐인데, 그 예언들이 하나님에 의하여 선포되었기 때문이다.

하나님은 과거와 현재와 미래를 모두 아시는 분이다. 그분은 영원하신 분이시기에 인간의 시간에 제한받지 않으신다. 그분은 종들에게 미래의 사건과 인물에 대하여 알려주셨고, 그들은 기록했고, 그리고 때가 되자 예언된 사건과 인물이 그대로 이루어졌다. 그런데 그렇게 많은 예언들 가운데 가장 놀라운 예언과 성취는 역시 예수 그리스도에 관한 것이다. 특히 그분의 초림과 재림에 대한 예언은 가히 성경의 노른자라고 할 수 있을 만큼 중요하다.

구약 시대의 선지자들은 앞으로 오실 메시야에 대하여 말할 수 없이 큰 기대를 가지고 있었다. 그들은 앞으로 오실 메시야에 대한 예언을 213번이나 기록했다. 그 중 초림과 재림에 대한 예언은 각각 84번과 129번이다. 그런데 그 선지자들은 메시야의 초림과 재림을 구분하지 못했다. 그 두 가지 사건이 먼 훗날에 일어날 사건이기에 구분하지 못했다. 그뿐 아니라, 메시야에 대한 기대가 너무나 커서 초림과 재림 사이에 들어갈 교회를 보지 못했다.

이 장에서 선지자들이 메시야의 초림과 재림을 구분하지 못하고 하나의 사건처럼 기록한 예언 가운데 몇 곳만을 선정하여 그 예언의 이중적인 측면을 제시하고자 한다. 다시 말해서, 이중적 예언을 분해하여 초림과 재림을 구분하고자 한다. 그 결과 예언의 이중성에 대하여 이해할 뿐 아니라, 구약성경에 그렇게 많이 나오는 메시야에 대하여 명확히 이해하게 될 것이다.

2. 이사야

먼저, 메시야에 대하여 가장 많은 예언을 기록한 이사야에 나오는 이중적 예언을 보자. "주 여호와의 영이 내게 내리셨으니, 이는 여호와께서 내게 기름을 부으사 가난한 자에게 아름다운 소식을 전하게 하려 하심이라. 나를 보내사 마음이 상한 자를 고치며 포로된 자에게 자유를, 갇힌 자에게 놓임을 선포하며, 여호와의 은혜의 해와 우리 하나님의 보복의 날을 선포하여 모든 슬픈 자를 위로하되" (사 61:1-2).

이 말씀은 일차적으로 이사야 선지자의 시대에 대한 예언이었다. 이사야는 '기름부음을 받고' 선지자로서 메시지를 선포하였다. 그 메시지는 바벨론에서 포로의 삶을 사는 '가난하고', '마음이 상하고', '포로가 되고', '갇힌' 불쌍한 이스라엘 백성에게 자유와 놓임을 알려주는 아름다운 소식이었다. 이 예언대로 이스라엘 백성은 마침내 바벨론의 멸망과 더불어 자유를 찾았다. 그들이 포로 된 지 70년 만에 찾아온 '은혜의 해'였다.

이 말씀은 이차적인 예언도 포함되어 있는데, 곧 메시야에 대한 것이다. 이 말씀이 메시야에 대한 예언인 이유가 두 가지인데, 하나는 '내게 기름을 부으사'에서 찾을 수 있다. 히브리어에 의하면 '기름부음'이 바로 메시야(חֵשָׁם)이다. 구약성경에서 기름부음을 받는 직분은 셋인데, 하나는 선지자고, 다음은 제사장이고, 그리고 왕이다. 그런데 이사야는 선지자로서 기름부음을 받았지만, 메시야도 역시 기름부음을 받은 그리스도이시었다.

이 예언이 메시야에 대한 것임을 가장 잘 증명한 분은 다름 아닌 예수 그리스도이시었다. 그분이 세례를 받으시고 성령이 임하신 후, 첫 번째 사역에서 이 말씀이 바로 당신에 관한 예언이라는 사실을 다음의 인용문에서 말씀하셨다.

> "예수께서 그 자라나신 곳 나사렛에 이르사 안식일에 늘 하시던 대로 회당에 들어가사 성경을 읽으려고 서시매, 선지자 이사야의 글을 드리거늘 책을 펴서 이렇게 기록된 데를 찾으시니, 곧 주의 성령이 내게 임하셨으니, 이는 가난한 자에게 복음을 전하게 하시려고 내게 기름을 부으시고 나를 보내사 포로 된 자에게 자유를, 눈 먼 자에게 다시 보게함을 전파하며 눌린 자를 자유롭게 하고, 주의 은혜의 해를 전파하게 하려 하심이라 하였더라" (눅 4:16-19).

위에서 인용한 이사야의 예언이 문자적으로 성취되었다는 것이다. 그런데 예수 그리스도의 사역이 이사야와 다른 점이 있다. 이사야는 바벨론에 포로가 된 이스라엘 백성에 대한 예언이라면, 그분은 죄로 인하여 마음이 '가난한 자', '죄에 포로 된 자', '죄로 눈 먼

자', '죄로 눌린 자'를 해방시켜서 자유를 주시겠다는 것이다. 그렇게 하기 위하여 예수님은 그런 죄인들의 죗값을 치루기 위하여 십자가에서 죽으셔야 했다.

이상한 것은 그분이 이사야 61장 2절을 다 인용하지 않으셨다는 사실이다. 그 구절 후반부인 '우리 하나님의 보복의 날을 선포하여 모든 슬픈 자를 위로하되'를 빼셨다. 그분이 그 부분의 중요성을 모르실 리가 없었는데 말이다. 그 부분을 빼신 사실은 예수님이 그 부분의 중요성을 너무나 잘 아셨다는 반증反證이기도 하다. 왜냐하면 '하나님의 보복의 날'은 이 세상 마지막 때에 일어날 심판을 가리키고 있기 때문이다.

이사야는 앞으로 오실 메시야까지는 보았지만, 그 메시야가 두 번에 걸쳐 오신다는 사실은 알지 못했다. 그분의 초림의 목적은 복음을 전파하기 위함이었다. 죄로 찌든 사람들을 구원하시기 위해서, 그리고 십자가에서 대속적 죽음을 죽기 위해서 오셨던 것이다. 그분은 그처럼 존귀한 사역을 마치시고 승천하셔서 하나님 우편에 앉으셨다. 그 목적은 한편 그리스도인들과 교회를 위하여 기도하시고, 또 한편 때를 기다리시기 위해서였다.

무슨 때를 기다리고 계시는가? 교회가 완성되면 한편 그 교회를 데리러, 또 한편 그분과 교회를 거부한 자들을 심판하러, 이 세상에 다시 오신다. 그러니까 그분의 초림과 재림 사이에는 교회시대가 들어가 있다. 그러나 이사야 선지자는 메시야의 이중적 강림을 보지 못했다. 그는 이처럼 중요한 메시야의 초림과 재림을 구분할 수 있는 안목이 없었는데, 그 이유는 주로 이방인들도 구성된 교회를 알지 못했기 때문이다.

메시야의 초림과 재림, 그리고 그 사이에 있는 교회를 다음과 같이 도해할 수 있을 것이다. 이 도해에 의하면, 선지자는 아주 멀리 있는 메시야의 이중적 임재를 겹쳐서 보았다. 마치 멀리 있는 산 둘이 겹쳐서 보이는 것처럼 말이다. 그리고 그 두 산 사이에 들어갈 교회를 보지 못했던 것이다.

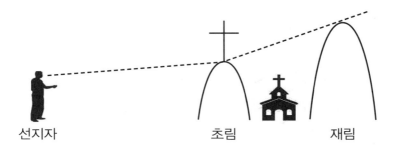

3. 요엘

그 다음, 요엘 선지자의 예언을 보면서 그 예언의 이중성을 알아보자.

"그 후에 내가 내 영을 만민에게 부어 주리니, 너희 자녀들이 장래 일을 말할 것이며 너희 늙은이는 꿈을 꾸며 너희 젊은이는 이상을 볼 것이며, 그 때에 내가 또 내 영을 남종과 여종에게 부어 줄 것이며, 내가 이적을 하늘과 땅에 베풀리니 곧 피와 불과 연기 기둥이라. 여호와의 크고 두려운 날이 이르기 전에 해가 어두워지고 달이 핏빛 같이 변하려니와,

누구든지 여호와의 이름을 부르는 자는 구원을 얻으리니…"
(욜 2:28-32)

요엘 선지자가 한 이 예언도 역시 예수 그리스도의 초림과 재림을 내포하고 있다. 이 예언에서 '그 후에'는 그분의 초림을 가리키는데, 그 이유는 베드로 사도가 위의 예언을 인용하면서 '그 후에'를 '말세'로 바꾸었기 때문이다. 베드로에 의하면, '말세'는 성령의 시대를 가리킨다. 성령이 강림하셔서 구원받은 사람들로 교회를 이루신다. 그리고 교회가 완성되면 성령으로 이루어진 교회는 휴거된다. 그러니까 성령의 강림에서 성령의 들림까지가 말세이다.

그렇다면 성령은 처음에 어떻게 강림하셨는가? 예수 그리스도가 구속의 사역을 마치신 후 강림하셨다. 다른 말로 하면, 예수님의 초림이 없다면 성령도 강림하지 못했다. 그분이 죽음에서 부활하시자, "하나님이 오른손으로 예수를 높이시매 그가 약속하신 성령을 아버지께 받아서 너희가 보고 듣는 이것을 부어 주셨다" (행 2:33). 그렇게 성령이 강림하여 남녀노소의 구별 없이 모든 구원받은 사람들에게 임하셨던 것이다.

그런데 요엘도 예수 그리스도의 초림과 재림을 겹쳐서 보고 예언했던 것이다. 왜냐하면 "내가 이적을 하늘과 땅에 베풀리니 곧 피와 불과 연기 기둥이라. 여호와의 크고 두려운 날이 이르기 전에 해가 어두워지고 달이 핏빛 같이 변하려니와…" (욜 2:30-31)는 그분이 만왕의 왕으로 재림하실 때, 일어날 현상이기 때문이다. 그분의 재림을 상세히 예언한 요한계시록에 의하면, 그때는 피와 불이 사방에 나타나며, 해와 달의 빛이 변화된다 (계 8장, 16장).

요엘 선지자도 이사야 선지자처럼 예수 그리스도의 초림과 재림 사이에 있는 교회를 보지 못했다. 그 이유는 너무나 분명하다! 그도 이스라엘 사람이기에 주로 이방인들로 이루어진 교회를 볼 수 있는 안목이 없었다. 이스라엘 사람은 이방인들을 개돼지처럼 여기면서 지옥의 불쏘시개 정도로 이해하고 있었다. 이방인들도 하나님의 형상으로 지음을 받은, 그래서 하나님의 사랑의 대상이라는 사실을 받아들이지 못했던 것이다.

마침내 성령이 강림하셔서 성령으로 충만함을 받은 베드로조차도 예언의 이중성을 이해하지 못하고 요엘의 예언을 그대로 인용하였다.

> "이는 곧 선지자 요엘을 통하여 말씀하신 것이니 일렀으되, 하나님이 말씀하시기를 말세에 내가 내 영을 모든 육체에 부어 주리니 너희의 자녀들은 예언할 것이요, 너희의 젊은이들은 환상을 보고 너희의 늙은이들은 꿈을 꾸리라. 그 때에 내가 내 영을 내 남종과 여종들에게 부어 주리니 그들이 예언할 것이요, 또 내가 위로 하늘에서는 기사를 아래로 땅에서는 징조를 베풀리니 곧 피와 불과 연기로다. 주의 크고 영화로운 날이 이르기 전에 해가 변하여 어두워지고 달이 변하여 피가 되리라. 누구든지 주의 이름을 부르는 자는 구원을 받으리라 하였느니라" (행 2:16-21).

베드로 사도가 인용한 요엘의 예언에 의하면 세 가지가 문자적으로 이루어진 것을 볼 수 있다. 첫째는 성령이 신분과 직분과 상관없이 모든 믿는 자에게 임한 사실이다. 둘째는 성령의 역사, 곧 예언과 환상과 꿈의 역사가 신분과 직분과 상관없이 나타난 사실이다. 예수님이 이 세상에 오시기 전에는 꿈도 꿀 수 없었던 역사였다. 셋째는 '누구든지 주의 이름을 부르는 자는 구원'을 받는 사실이다. '누구든지'에는 이방인도 포함된 은혜의 약속이었다.

이 예언이 성취되자 구원받은 사람들이 생기기 시작했다. 사도행전 2장에서 3,000명, 4장에서 5,000명씩 구원을 받았다. 얼마나 놀라운 성령의 역사인가! 그런데 이들은 유대인이며, 베드로도 유대인들의 구원을 당연시했다. 그러나 성령의 역사는 이방인에게도 일어났다. 이방인인 고넬료 가족과 친척 및 친구들이 한꺼번에 구원을 받았다 (행 10:47-48). 그렇게 시작된 이방인 구원은 수많은 헬라인들도 '주의 이름을 부르면서' 구원을 받았다 (행 11:20-21).

이렇게 많은 사람들이 '주의 이름을 부르면서' 구원을 받았고, 그리고 지체하지 않고 교회가 되었다. 이렇게 세워진 최초의 교회가 바로 예루살렘교회인데, 유대인들로 구성된 교회였다. 하나님의 사랑은 거기에서 끝나지 않았다. 이방인들도 '주님의 이름을 부르면서' 구원을 받아 즉각적으로 교회를 세웠는데, 최초의 이방인 교회가 바로 안디옥교회였다. 그렇다! 예수 그리스도의 초림과 재림 사이에 교회가 들어갈 사실을 선지자 요엘도 보지 못했다.

4. 스가랴

세 번째로 나귀를 타시고 예루살렘에 올라가실 것을 예언한 스가랴 선지자를 인용하면서 예수 그리스도의 초림과 재림이라는 이중적 예언을 살펴보자.

> "시온의 딸아 크게 기뻐할지어다! 예루살렘의 딸아 즐거이 부를지어다! 보라, 네 왕이 네게 임하시나니, 그는 공의로우시며 구원을 베푸시며 겸손하여서 나귀를 타시나니 나귀의 작은 것 곧 나귀 새끼니라. 내가 에브라임의 병거와 예루살렘의 말을 끊겠고 전쟁하는 활도 끊으리니 그가 이방 사람에게 화평을 전할 것이요, 그의 통치는 바다에서 바다까지 이르고 유브라데 강에서 땅 끝까지 이르리라" (슥 9:9-10).

선지자 스가랴도 이사야나 요엘처럼 메시야의 초림과 재림이라는 이중적 임재를 겹쳐서 보았다. 그리고 이 예언 때문에 예수 그리스도가 나귀를 타시고 예루살렘으로 들어오실 때, 유대인들이 '호산나'를 외치면서 그분을 환영하였다. '호산나'는 '지금 구원하소서'라는 뜻이다. 오랫동안 외세로부터 지배를 받으며 압박과 서러움을 견딘 이스라엘 백성은 마침내 스가랴 선지자의 예언대로 메시야가 그들을 로마제국의 학정으로부터 구원하실 것을 믿어 의심치 않았다.

그 이유는 간단했는데, 그 예언에는 이런 약속이 포함되어 있었기 때문이다. 그 약속을 다시 인용해 보자, "그의 통치는 바다에서 바다까지 이르고, 유브라데 강에서 땅 끝까지 이르리라." 이 약속에 의하면, 그 메시야는 '바다에서 바다까지' 통치하실 것이다. 한마디로 말해서 그 메시야는 온 세상을 통치하실 것이며, 그때 이스라엘 백성은 외세의 굴레에서 벗어날 뿐만 아니라, 모든 이방인을 다스리게 될 것이다.

이스라엘 백성은 나귀를 타고 예루살렘으로 들어오시는 예수 그리스도를 환영하면서 '호산나'를 외쳤다. 그런데 그들이 보지 못한 것이 있는데, 그것은 그분의 초림과 재림 사이에 교회가 삽입된다는 사실이다. 그들은 예수님이 죄인들을 구원하여 교회를 세우신다는 사실을 알지 못했다. 그들은 예수님이 재림하셔서 세상을 심판하시고 또 다스리시기 전에 죄인들을 위하여 십자가에서 죽으실 대속적 죽음을 이해하지 못했던 것이다.

예수님의 초림과 재림을 알게 된 사도 요한은 이렇게 스가랴를 인용했다. "외치되, 호산나 찬송하리로다! 주의 이름으로 오시는 이 곧 이스라엘의 왕이시여 하더라. 예수는 한 어린 나귀를 보고 타시니, 이는 기록된 바 시온 딸아 두려워하지 말라! 보라, 너의 왕이 나귀 새끼를 타고 오신다 함과 같더라"(요 12:13-15). 스가랴 선지자를 인용하면서 사도 요한은 메시야의 우주적 통치에 대한 예언은 포함시키지 않았다.

사도 요한은 예수님이 승천하신 후, 근 60년이 지나서 요한복음을 기록하였다. 그 기간 중에 그는 예수 그리스도 때문에 죄인들이 구원받고 변화된 것을 보았고, 그들로 이루어진 교회들을 보았다. 또한 많은 그리스도인들이 박해를 받으며 투옥되기도 하고 순교하는 것도 보았다. 그는 그리스도가 재림하셔서 한편 그렇게 박해받은 그리스도인들을 보상하시고, 또 한편 세상을 심판하실 것을 알았다. 그러므로 스가랴의 예언 가운데 통치에 대한 것은 제외했던 것이다.

5. 다윗

마지막으로 다윗의 시편으로 가 보자. 다윗은 성령의 감동으로 많은 시편을 기록했는데, 그 가운데서 시편 2편을 볼 것이다. 그 시편을 선택한 이유는 역시 이중적 예언이 포함되어 있기 때문이다. 열두 절로 구성된 그 시편은 네 부분으로 나눌 수 있는데, 각 부분은 3절씩이다. 그러니까 1-3절은 1부, 4-6절은 2부, 7-9절은 3부, 10-12절은 4부이다. 먼저 1부를 인용하면서 설명해 보자.

"어찌하여 이방 나라들이 분노하며 민족들이 헛된 일을 꾸미는 가? 세상의 군왕들이 나서며 관원들이 서로 꾀하여 여호와와 그의 기름부음 받은 자를 대적하며, 우리가 그들의 맨 것을 끊고 그의 결박을 벗어 버리자 하는도다" (시 2:1-3). 이 말씀에서 '기름부음 받은 자"는 메시야를 가리킨다. 왕들이나 관원들이 들고 일어나서 메시야를 대적하고, 또 그분의 손길에서 벗어나겠다고 몸부림치는 모습에 대한 묘사이다.

이 묘사는 예수 그리스도의 초림에 대한 것이다. 그들은 적당히 대적한 것이 아니라, 그분을 십자가에 못 박아 죽일 정도로 심각하게 대적했다. 한 발 더 나아가서 그들이 제자들도 박해하자, 제자들은 이렇게 기도했다, "우리 조상 다윗의 입을 통하여 성령으로 말씀하시기를, 어찌하여 열방이 분노하며 족속들이 허사를 경영하였는고? 세상의 군왕들이 나서며 관리들이 함께 모여 주와 그의 그리스도를 대적하도다 하신 이로소이다" (행 4:25-26).

제자들은 시편에서 기름부음 받은 자를 그리스도라고 해석했다. 그 그리스도를 세상의 군왕들이 대적했다고 기도하면서 그 군왕들에 대해서도 해석했다. "과연 헤롯과 본디오 빌라도는 이방인과 이스라엘 백성과 합세하여 하나님께서 기름 부으신 거룩한 종 예수를 거슬러, 하나님의 권능과 뜻대로 이루려고 예정하신 그것을 행하려고 이 성에 모였나이다"(행 4:27-28). '군왕들'은 헤롯과 빌라도이며, 관원들은 제사장들과 그 수하들이었다.

다윗은 이처럼 성령의 도움으로 그리스도의 초림과 고난을 예언했지만 그것으로 시편 2편을 끝내지 않았다. 그 시편은 그리스도의 왕권과 심판도 포함하였다. "그 때에 분을 발하며 진노하사 그들을 놀라게 하여 이르시기를, 내가 나의 왕을 내 거룩한 산 시온에 세웠다 하시리로다…내게 구하라 내가 이방 나라를 네 유업으로 주리니 네 소유가 땅 끝까지 이르리로다. 네가 철장으로 그들을 깨뜨림이여 질그릇 같이 부수리라 하시도다"(시 2:5-6, 8-9).

이 말씀은 두말할 필요도 없이 그리스도의 재림에 관한 예언이다. 그분이 재림하실 때, 대적자들을 향해 진노하실 뿐 아니라, 그들을 심판하여 철장으로 깨뜨려버릴 것이다. 비록 그들이 군왕들이며 관원들이지만, 하나님 앞에서는 그리스도를 대적한 죄인들에 지나지 않는다. 하나님은 한편 그렇게 심판하시지만, 또 한편 그리스도를 왕으로 세우시고 온 세상을 다스리게 하실 것이다. 물론 그렇게 다스리시는 곳은 시온산이 될 것이다.

그리스도 예수의 제자들은 시편 2편을 인용하면서 군왕들이 대적했다고 기도했다. 그러나 그 그리스도가 시온산에서 왕이 되어 온 세상을 다스리실 것과 철장으로 그분을 대적한 자들을 부술 것은 인용하지 않았다. 그 이유는 분명하다! 제자들은 그리스도 예수가 다시 오겠다고 하신 말씀을 들었고 또 믿었기 때문이었다. 천사들을 통해 전해준 말씀이다, "너희 가운데서 하늘로 올려지신 이 예수는 하늘로 가심을 본 그대로 오시리라" (행 1:11).

비록 제자들도 유대인들이었으나 그들은 초림의 예수님을 직접 만나서 그분으로부터 배웠기에, 구약성경의 선지자들——이사야, 요엘, 스가랴, 다윗——처럼 그분의 초림과 재림을 겹쳐서 보지 않았다. 그들은 초림의 예수님과 재림의 그리스도를 구분할 수 있을 만큼 훈련을 받았고, 또 약속도 받았다. 그분의 약속을 보자, "내가 갔다가 너희에게로 온다 하는 말을 너희가 들었나니 나를 사랑하였더라면 내가 아버지께로 감을 기뻐하였으리라" (요 14:28).

6. 결론

구약성경의 위대한 선지자들보다 현재의 그리스도인들은 예수 그리스도의 초림과 재림에 대하여 훨씬 더 잘 알고 있다. 도대체 그 이유는 무엇인가? 그 이유는 점진적 계시 때문이다. 하나님은 깊고도 깊은 당신의 뜻을 사람들이 알아들을 수 있는 만큼 조금씩 알려 주신다. 그리고 그렇게 알려 주신 계시를 근거로 다음 단계의 보다 깊은 계시로 이끌어 간다. 구약의 선지자들은 그리스도 예수의 초림과 재림을 겹쳐서 기록하였다.

그 후 그런 이중적 예언을 기초로 초림의 예수 그리스도는 재림을 가르치셨을 뿐 아니라, 약속하셨다. "그들이 보는데 올려져 가시니 구름이 그를 가리어 보이지 않게 하더라. 올라가실 때에 제자들이 자세히 하늘을 쳐다보고 있는데 흰 옷 입은 두 사람이 그들 곁에 서서 이르되, 갈릴리 사람들아 어찌하여 서서 하늘을 쳐다보느냐? 너희 가운데서 하늘로 올려지신 이 예수는 하늘로 가심을 본 그대로 오시리라 하였느니라"(행 1:9-11).

그리스도인들은 예수 그리스도의 초림과 재림 사이에 사는 사람들이다. 초림의 예수님을 믿어서 구원받았기에 그분의 재림을 기다리는 사람들이다. 그분이 재림하심으로 그들의 구원이 완전하게 될 것인데, 그 이유는 그들의 몸까지도 그분처럼 변화되기 때문이다. 그러나 초림의 예수 그리스도를 인격적으로 만나서 죄를 용서받지 못한 사람은 결코 재림의 주님을 만나지 못할 것이다. 그때 있을 심판을 면하기 위해서라도 예수 그리스도를 영접해야 한다.

11장

예수의 칭호

1. 서론

사도 요한이 성령의 감동을 받아서 기록한 요한복음에는 뚜렷한 목적이 있었다. 그는 그 목적을 아무도 오해할 수 없는 분명한 어조로 이렇게 진술했다. "오직 이것을 기록함은 너희로 예수께서 하나님의 아들 그리스도이심을 믿게 하려 함이요, 또 너희로 믿고 그 이름을 힘입어 생명을 얻게 하려 함이니라" (요 20:31). 이 목적에 의하면, 누구든지 요한복음을 편견 없이 읽는다면 예수 그리스도를 믿게 되고 그 결과 영생을 얻게 된다.

그런데 이 목적 진술에서 사도 요한은 예수님을 두 가지로 묘사했는데, 하나는 하나님의 아들이시며 또 하나는 그리스도이다. 그러니까 요한복음은 예수님을 하나님의 아들로 소개할 뿐 아니라, 그리스도로 소개하고 있는 것이다. 사도 요한은 이 목적을 염두에 둔 듯, 요한복음 1장에서 그분을 그런 칭호로 이미 소개한 바 있었다. 그렇게 소개할 뿐 아니라, 다른 칭호로도 소개하였는데, 곧 '그 선지자', '하나님의 어린 양', '하나님의 아들', '메시야와 임금' 등이다.

2. '그 선지자'

먼저 사도 요한이 처음으로 예수님을 소개한 '그 선지자'에 대하여 알아보자. 이 칭호는 제사장들과 레위인들이 세례 요한에게 묻는 질문에 포함되어 있었다. 그들은 세례 요한에게 '네가 그리스도냐?,' '네가 엘리야냐?,' '네가 그 선지자냐?'라고 물었다 (요 1:20-21). 물론 세례 요한은 그렇지 않다고 답하면서 자신을 "주의 길을 곧게 하라고 광야에서 외치는 자의 소리"라고 소개했다 (요 1:23).

그들은 다시 이렇게 물었다, "네가 만일 그리스도도 아니요, 엘리야도 아니요, 그 선지자도 아닐진대 어찌하여 세례를 베푸느냐?" (요 1:25). 제사장들과 레위인들의 거듭된 질문에 '그 선지자'가 두 번 나오는데, 이 칭호에는 특이한 점이 있다. 그것은 '그 선지자'에 포함된 정관사이다. 원래 문법에서 '그'라는 정관사를 붙이려면, 앞에 명사가 나온 후, 그 명사를 다시 사용할 때에 정관사를 붙인다.

그런데 갑자기 '그 선지자'가 등장하는데, 도대체 누구를 가리키는가? 그들의 대화를 보면, 그들도 아무런 전제 없이 '네가 그 선지자냐?'라고 물었다. 세례 요한도 '그 선지자'가 누구냐?'라고 묻지 않고, '나는 그 선지자가 아니다'라고 대답했다. 그들의 대화를 통하여 쉽게 추측할 수 있는 것은 제사장들과 레위인들은 물론 세례 요한도 '그 선지자'가 누구인 줄 이미 알고 있다는 사실이다.

이스라엘 백성은 나라를 잃은 후, 600여 년이란 긴 세월동안 이방인들로부터 각종의 착취와 박해를 견디면서 살았다. 그처럼 많은 압박과 설움 속에서도 어느 날 하나님이 특별한 방법으로 임하셔서 이방 나라들을 쳐부수고 이스라엘을 회복시키실 것을 믿고 있었다. 만일 그런 믿음이 없었다면 이스라엘 백성은 일찌감치 이 세상에서 흔적도 없이 사라졌을 지도 모른다. 그러나 그들은 그 믿음 때문에 견디며 기다렸다.

이스라엘 나라가 회복되리라는 예언 하나만 인용해 보자; "이 여러 왕들의 시대에 하늘의 하나님이 한 나라를 세우시리니 이것은 영원히 망하지도 아니할 것이요, 그 국권이 다른 백성에게로 돌아가지도 아니할 것이요, 도리어 이 모든 나라를 쳐서 멸망시키고 영원히 설 것이라" (단 2:44). 이 예언에 의하면, '한 나라'는 두말할 필요도 없이 이스라엘을 가리키며, 그 나라가 모든 이방 나라들을 멸망시키고 굳게 선다는 것이다.

그렇다면 하나님은 누구를 통하여 그 나라를 세우실 것인가? 이스라엘 백성에게는 그 사람에 대한 약속도 있었다. 그 약속은 하나님이 어느 날 모세와 같은 선지자를 세우시겠다는 것이다. 모세를 통하여 애굽에 재앙을 쏟아 붇고 이스라엘 백성을 구출해내신 것처럼, 그 선지자도 이방 나라를 멸망시키겠다는 것이다. 모세가 출애굽한 이스라엘 백성을 위하여 굳건한 나라의 기초를 세운 것처럼, 그 선지자도 영원한 나라를 세운다는 것이다.

이스라엘 백성에게 말할 수 없이 중요한 그 약속을 직접 알아보자. "내가 그들의 형제 중에서 너와 같은 선지자 하나를 그들을 위하여 일으키고 내 말을 그 입에 두리니, 내가 그에게 명령하는 것을 그가 무리에게 다 말하리라" (신 18:18). 이 말씀은 하나님이 모세에게 하신 것이다. 하나님이 '너와 같은 선지자 하나'를 세우신다고 하셨는데, '너'는 물론 모세를 가리킨다. 다시 말해서, 하나님이 모세와 같은 구원자를 보내시겠다는 약속이다.

그 이후 이스라엘 백성은 신명기에 약속된 선지자를 '그 선지자'로 불렀고, 또 '그 선지자'가 오시기를 간절히 기다리고 있었다. 그런데 이 말씀에 의하면, '그 선지자'는 하나님의 말씀을 전달하시겠다는 것이다. 그렇지 않다면 하나님은 '내가 그에게 명령하는 것을 그가 무리에게 다 말하리라'고 하지 않으셨을 것이다. '그 선지자'이신 예수님도 이렇게 말씀하셨다, "내가 그에게 들은 그것을 세상에 말하노라" (요 8:26).

'그 선지자'는 이렇게 하나님의 말씀만 전하는 것이 아니라, 하나님을 대리해서 능력도 행사할 분이었다. 다시 신명기의 말씀을 인용해 보자; "만일 선지자가 있어 여호와의 이름으로 말한 일에 증험도 없고 성취함도 없으면 이는 여호와께서 말씀하신 것이 아니요, 그 선지자가 제 마음대로 한 말이니 너는 그를 두려워하지 말지니라" (신 18:22). 그러니까 '그 선지자'가 하나님의 명령을 전파할 때, 반드시 증험과 성취함이 따른다는 것이다.

마침내 '그 선지자'가 나타났는데, 그분은 예수 그리스도이시다. 그분은 말과 행동이 일치하는 분이시다. 그분은 '내가 곧 생명의 떡이라'고 말씀하신 후에 5,000명에게 떡을 먹이셨다 (요 6:48). "내가 세상에 있는 동안 세상의 빛이로라"고 말씀하시고 바로 어둠에 해매이던 맹인의 눈을 뜨게 해주셨다 (요 9:5). '나는 부활이요 생명이니'라고 말씀하신 후, 죽은 나사로를 살리셨다 (요 11:25). 얼마나 놀라운 증험이요 성취함인가!

이스라엘 백성이 그처럼 고대하며 기다리던 '그 선지자'가 나타나셔서 하나님의 말씀을 전파하셨을 뿐만 아니라, 그 말씀에 걸맞은 능력도 보여주셨다. 당연히 이스라엘 백성과 그들의 지도자들인 제사장들과 레위인들은 예수 그리스도를 영접해야 마땅했다. 그러나 오히려 능력으로 38년 된 병자를 고치시고, 태어나면서부터 맹인된 사람의 눈을 뜨게 하신 그분을 이를 갈면서 죽이려고 덤볐던 것이다.

모세의 율법을 너무나 잘 알고 가르친 제사장들과 레위인들을 비

롯한 이스라엘 백성은 모세를 통하여 주신 하나님의 약속을 믿는다고 했다. 그렇지만 그 약속대로 '그 선지자'가 나타나자 그들은 모세의 율법을 헌신짝처럼 버리고 그분을 핍박하기 시작했다. 예수님도 그들에게 이렇게 말씀하셨다; "너희를 고발하는 이가 있으니 곧 너희가 바라는 자 모세니라. 모세를 믿었더라면 또 나를 믿었으리니 이는 그가 내게 대하여 기록하였음이라" (요 5:45-46).

3. '하나님의 어린 양'

두 번째로 사도 요한이 요한복음 1장에서 예수님을 소개한 칭호는 '하나님의 어린 양'이었다. 비록 세례 요한이 예수님을 가리키면서 이 칭호를 먼저 사용했지만, 사도 요한은 그의 말을 그대로 옮겨 적었던 것이다. 세례 요한이 선포한 말을 직접 인용해 보자. "예수께서 거니심을 보고 말하되, '보라! 하나님의 어린 양이로다'" (요 1:36). 도대체 세례 요한은 왜 인간이신 예수님을 '어린 양'이라고 불렀는가?

그 이유는 예수 그리스도가 구약성경의 예언대로 오신 분이라는 사실을 강조하기 위함이었다. 선지자 이사야의 예언을 보자: "그가 곤욕을 당하여 괴로울 때에도 그의 입을 열지 아니하였음이여, 마치 도수장으로 끌려가는 어린 양과 털 깎는 자 앞에서 잠잠한 양 같이 그의 입을 열지 아니하였도다" (사 53:7). 이사야 선지자의 예언에 따르면, 이 어린 양은 "그들[죄인들]의 죄악을 친히 담당하겠다"는 것이다 (사 53:11).

이사야 선지자는 이 어린 양의 대속적인 죽음을 반복해서 예언했다: "그가 찔림은 우리의 허물 때문이요, 그가 상함은 우리의 죄악 때문이라" (사 53:5); "그가 많은 사람의 죄를 담당하며 범죄자를 위하여 기도하였느니라" (사 53:12). 세 번씩이나 연거푸 예언된 대속적인 죽음을 놓칠 리가 없는 세례 요한도 전혀 주저하지 않고 이렇게 선포했다, "보라! 세상 죄를 지고 가는 하나님의 어린 양이로다" (요 1:29).

선지자 이사야는 무엇을 근거로 어린 양의 대속적 죽음을 이처럼 예언할 수 있었는가? 그 근거는 유월절 양이었다. 이스라엘 백성이 애굽의 종 된 신분에서 구출된 것은 유월절 양의 죽음 때문이었다. 그 양에 대한 말씀을 보자, "너희 어린 양은 흠 없고 일 년 된 수컷으로 하되 양이나 염소 중에서 취하고" (출 12:5). '어린 양'을 통한 출애굽의 역사적 사실과 '어린 양'의 대속적 죽음에 대한 이사야의 예언이 결합된 '어린 양'을 세례 요한은 소개하였다.

선지자 이사야의 예언과 유월절의 역사적 사건을 종합해 볼 때, '하나님의 어린 양'이신 예수 그리스도가 어떤 분이신지 유출해낼 수 있다. 첫째, 그분은 어떤 죄도 짓지 않으신 깨끗한 분이셨다. 그렇다고 유혹조차 받지 않으셨다는 말은 아니다. 그분은 시험을 받으셨지만, 그 시험에 넘어가신 적이 없는 순결한 분이셨다. 그분에 대한 히브리서의 묘사를 인용해 보자, "모든 일에 우리와 똑같이 시험을 받으신 이로되 죄는 없으시니라" (히 4:15).

둘째, 예수 그리스도는 십자가에서 흘리신 피로 인류를 구원하실 수 있는 유월절의 어린 양이시다. 유월절의 어린 양의 피를 문에 뿌림으로 이스라엘 백성이 애굽의 종 된 신분에서 구원받은 것처럼,

그분이 십자가에서 뿌리신 피는 이스라엘 백성뿐 아니라 온 세상 사람들을 구원할 수 있는 어린 양의 피이다. 그런 이유 때문에 바울 사도는 그분을 이스라엘의 유월절 양이라고 하지 않고 '우리의 유월절 양'이라고 하였다 (고전 5:7).

셋째, 예수 그리스도를 '하나님의 어린 양'이라고 부른 것은 그분이 속죄제물이시라는 뜻이다. 이스라엘 백성은 어린 양을 아침저녁 번제물로 드렸다 (출 29:38-39). 그뿐 아니라, 매달 초하루에도 드렸고 (민 28:11), 무교절 7일 동안 매일 드렸고 (민 28:17-19), 칠칠절에도 드렸고 (민 28:16-17), 속죄일에도 드렸고 (민 29:7-8), 그리고 초막절 7일 동안 매일 드렸다 (민 29:12-13). 예수 그리스도는 이처럼 번제물이 되셔서 십자가에서 죽으셨다.

넷째, 그분이 '하나님의 어린 양'이라 불린 이유는 대속적 죽음 후에 나타내실 능력 때문이다. 비록 일찍 죽임을 당하신 어린 양이셨지만, 두루마리의 인을 떼실 만큼 막강한 능력을 지니신 분이시다. "내가 또 보니 보좌와 네 생물과 장로들 사이에 한 어린 양이 서 있는데 일찍이 죽임을 당한 것 같더라⋯그 어린 양이 나아와서 보좌에 앉으신 이의 오른손에서 두루마리를 취하시니라" (계 5:6-7).

그렇다! 예수 그리스도는 '하나님의 어린 양'이시다. 비록 연약한 어린 양처럼 일찍 죽임을 당하셨지만, 그분에게는 막강한 능력이 있어서 죽음을 통하여 많은 사람들을 구원하셨다 (계 7:14). 그뿐 아니라, 그 능력으로 두루마리의 인을 떼시기에 합당한 분이시다. 그런 어린 양에게 찬양을 돌리지 않는다면 누구에게 돌리는가? "큰 음성으로 이르되 죽임을 당하신 어린 양은 능력과 부와 지혜와 힘과 존귀와 영광과 찬송을 받으시기에 합당하도다" (계 5:12).

4. '하나님의 아들'

세 번째로 사도 요한이 요한복음 1장에서 예수 그리스도를 지칭한 칭호는 '하나님의 아들'이다. 이번에도 이 칭호를 직접 사용한 사람은 세례 요한이었으며, 사도 요한도 그 사실을 그대로 옮겨서 기록하였던 것이다. 세례 요한이 예수님에게 세례를 베풀 때, 성령이 비둘기처럼 하늘에서 내려와서 그분 위에 머무는 것을 보고 이렇게 증언하였다. "내가 보고 그가 하나님의 아들이심을 증언하였노라" (요 1:34).

사도 요한이 세례 요한의 증언을 요한복음에 그대로 옮긴 것은 그 자신도 그렇게 믿었기 때문이다. 그렇지 않다면 그가 이렇게 말했을 이유가 없지 않겠는가? "오직 이것을 기록함은 너희로 예수께서 하나님의 아들 그리스도이심을 믿게 하려 함이요, 또 너희로 믿고 그 이름을 힘입어 생명을 얻게 하려 함이니라" (요 20:31). 이 말씀에 의하면, 예수님이 바로 하나님의 아들이시며, 그 사실을 믿으면 영생, 곧 구원을 받는다.

예수 그리스도가 '하나님의 아들'로 불린 경우를 알아보자. 그분은 창세 전에도 '하나님의 아들'로 불렸다. 바울 사도의 증언을 보자, "때가 차매 하나님이 그 아들을 보내사 여자에게서 나게 하시고 율법 아래에 나게 하신 것은, 율법 아래에 있는 자들을 속량하시고 우리로 아들의 명분을 얻게 하려 하심이라" (갈 4:4-5). 이 말씀에 의하면, 하나님과 그 아들은 영원 전부터 공존하셨는데, 때가 차자 그 아들을 보내셔서 구원의 역사를 이루게 하셨다.

예수님이 '하나님의 아들'이라고 불린 두 번째 경우는 그분이 마리아에게서 태어나실 때였다. 가브리엘 천사가 마리아에게 들려준 말을 인용해 보자; "보라! 네가 잉태하여 아들을 낳으리니 그 이름을 예수라 하라. 그가 큰 자가 되고 지극히 높으신 이의 아들이라 일컬어질 것이요" (눅 1:31-32). 이 말씀에서 '지극히 높으신 이의 아들'은 두말할 필요도 없이 '하나님의 아들'을 가리킨다.

세 번째는 예수님이 세례를 받으실 때였는데, 이번에는 하나님이 직접 그분을 '내 사랑하는 아들'이라고 부르셨다. 그분이 세례를 받으신 곳으로 가보자. "곧 물에서 올라오실새 하늘이 갈라짐과 성령이 비둘기 같이 자기에게 내려오심을 보시더니, 하늘로부터 소리가 나기를 '너는 내 사랑하는 아들이라! 내가 너를 기뻐하노라 하시니라" (막 1:10-11). 이처럼 하나님이 직접 '내 아들'이라고 부르신 것은 변화산에서였는데 (막 9:7), 그것은 네 번째였다.

다섯 번째는 그리스도 예수가 죽음의 장벽을 뚫고 부활하셨을 때였다. 바울 사도의 증언을 들어보자. "곧 하나님이 예수를 일으키사 우리 자녀들에게 이 약속을 이루게 하셨다 함이라; 시편 2편에 기록한 바와 같이, '너는 내 아들이라 오늘 너를 낳았다'고 하셨고" (행 13:33). 하나님은 죽음에서 다시 살아나신 그리스도 예수를 가리켜서 '너는 내 아들이라'고 하시면서 '오늘 너를 낳았다'고 하셨다. 그러니까 부활은 또 다른 생명의 탄생이었다.

여섯 번째는 예수 그리스도가 재림하실 때이다. 그분은 이 세상 끝 날에 만주의 주요 만왕의 왕으로 재림하실 터인데, 그렇게 재림하시는 분을 '하나님의 아들'이라고 부른다. 바울 사도의 가르침을 보자, "또 죽은 자들 가운데서 다시 살리신 그의 아들이 하늘로부터 강림하실 것을 너희가 어떻게 기다리는지를 말하니, 이는 장래의 노하심에서 우리를 건지시는 예수시니라" (살전 1:10). '그[하나님] 의 아들'이 재림하셔서 그리스도인들을 만나주신다는 것이다.

'하나님의 아들'이란 칭호는 왜 사용되었는가? 그 이유는 '하나님의 아들'이 영원한 나라를 세우시기 위함이었다. 다시 가브리엘 천사가 마리아에게 한 증언을 들어보자. "그가 큰 자가 되고 지극히 높으신 이의 아들이라 일컬어질 것이요, 주 하나님께서 그 조상 다윗의 왕위를 그에게 주시리니, 영원히 야곱의 집을 왕으로 다스리실 것이며 그 나라가 무궁하리라" (눅 1:32-33). 그렇다! '하나님의 아들'만이 이루실 수 있는 큰 역사를 위해서 그렇게 불렸다.

5. '메시야와 임금'

요한복음 1장에서 그 다음 소개되는 칭호는 메시야이다. 안드레가 그의 형 베드로에게 가서 '우리가 메시야를 만났다'고 하였다 (요 1:41). 메시야는 히브리어 이름이고 헬라어로는 그리스도인데, 그 의미는 '기름부음을 받은 자'이다. 이스라엘 백성은 메시야가 오셔서 그들을 구원하실 뿐 아니라 영원한 나라를 세우실 것을 기다리고 있었다. 그렇게 오실 메시야는 선지자와 제사장과 왕의 역할을 동시에 하실 구주이기 때문이다.

예수 그리스도도 본인이 메시야라는 사실을 분명히 인정하셨다 (요 4:25-26). 그분이 인정하신 것처럼 선지자로서 하나님의 메시지를 제자들과 이스라엘 백성에게 전하셨다. 그뿐 아니라, 인류의 구원을 위한 하나님의 뜻을 말씀과 성령으로 전해주셨다. 한발 더 나아가서, 선지자이신 예수 그리스도는 인류의 종말에 대해서도 상당히 깊게 알려주셨다. 하나님으로부터 기름부음을 받지 않으셨다면 절대로 가능하지 않은 계시의 말씀이었다.

제사장이신 예수 그리스도는 하나님의 공의를 충족시키기 위하여 자신을 제물로 바치셨다. 어떤 사람도 그 제물을 통하지 않고는 하나님과 화목할 수 없기 때문이었다. 그 결과 제사장이신 그분을 통하여 교회가 탄생되었던 것이다. 그뿐 아니라, 그분은 제사장으로서 교회는 물론 교회를 일구고 있는 성도들을 위하여 끊임없이 중보의 기도를 하고 계신다. 무엇보다도 그들의 보존을 위하여 중보하신다 (요 17:15).

예수님이 나다나엘을 만나신 장면은 아주 특이했다. 나다나엘은 예수님에 대한 빌립의 증언도 거부했고, 나사렛을 무시하는 발언을 할 만큼 교만한 사람이었다 (요 1:46). 그렇지만 예수님이 그를 만나서 있는 그대로 받아주시자, 그는 이렇게 고백했다; "랍비여! 당신은 하나님의 아들이시오, 당신은 이스라엘의 임금이로소이다" (요 1:49). 그의 고백에서 예수님을 두 가지 칭호로 불렀는데, 곧 '하나님의 아들'과 '이스라엘의 임금'이다.

한글성경에서는 '임금'이라고 번역되기도 하고 '왕'이라고 번역되기도 하는데, 구태여 차이점이 있다면 '임금'은 순수한 한글이나 왕은 한문에서 온 표현이다. 예수님을 '임금'이라고 한 나다나엘의 고백은 그분이 기름부음을 받은 분이라는 고백이기도 하다. 다시 말해서, 그분이 메시야라는 고백이다. 그렇다면 나다나엘은 그분을 메시야라고 고백할 수도 있었는데, 그렇게 하지 않고 '임금'이라고 소개한 이유라도 있는가?

물론 있는데, 그분의 세 가지 직분 중에서 특히 왕의 직분을 강조하기 위함이었다. 그렇다면 왕으로서 예수님이 하신 사역은 무엇이었는가? 첫째, 예수님은 당신을 위하여 한 백성을 불러내셨다 (요 10:16, 27). 둘째, 그분은 왕답게 그 백성에게 적절한 직분과 규율을 주셨다 (엡 4:11-12). 그 백성은 하나같이 그들에게 주어진 직분을 규율에 따라서 수행해야 한다. 그들의 직분에는 사도, 선지자, 전도자, 목사, 교사 등이 있다.

셋째, 왕으로서 예수님은 그 백성이 시험과 고난을 극복할 수 있도록 붙잡으시고 또 힘을 주셨다 (고후 12:9-10). 넷째, 왕이신 예수님은 성도와 교회를 대적하는 원수들의 공격을 감당할 수 있도록 도와주실 뿐 아니라, 많은 경우 그 원수들을 이기게 하셨다 (행 12:17). 다섯째, 예수님은 왕으로서 각종의 명령을 그 백성에게 주시는데, 그 목적은 위로는 그분의 영광을 위함이고 아래로는 그 백성의 유익을 위함이었다 (롬 8:28, 14:11).

마지막으로, 예수님이 다시 이 세상에 재림하실 때, 그분은 문자 그대로 왕으로서 오신다. 그분은 백마를 타고 오실 터인데, 그 이름은 '만왕의 왕이요 만주의 주라 하였더라' (계 19:16). 그분은 이처럼 재림하셔서 당신의 백성과 더불어 이 세상을 다스리실 것이다. 그러나 그분을 거부하고 그분의 복음을 거부한 모든 사람에게는 심판자로 임하실 것이다. 왜냐하면 그분이 이 세상에서 이미 복음과 심판을 선포하셨기 때문이다.

그분이 왕으로서 선포한 복음과 심판은 모두 진실이었다. 그분은 오래 참고 기다리셨으나, 이제는 그들이 심판을 받을 수밖에 없다. 하나님의 말씀은 그 심판을 이렇게 묘사한다: "그의 입에서 예리한

검이 나오니 그것으로 만국을 치겠고 친히 그들을 철장으로 다스리며, 또 친히 하나님 곧 전능하신 이의 맹렬한 진노의 포도주 틀을 밟겠고"(계 19:15). 얼마나 무서운 심판인가! 그러나 아무도 그런 심판을 받을 이유가 없는데, 예수님께 나아오면 된다.

6. 결론

사도 요한이 요한복음 1장에서 제시한 예수 그리스도에 대한 모든 칭호는 그분의 사역을 설명해준다. 그 칭호가 '그 선지자'이든, '하나님의 어린 양'이든, '하나님의 아들'이든, '메시야와 임금'이든, 이 모든 칭호는 죄인들을 위한 그분의 구속적 사역을 말해준다. 왜냐하면 그분이 어떻게 불리든 상관없이, 그 칭호는 "잃은 자를 찾아 구원하시는" 사역을 함축하고 있기 때문이다 (눅 19:10).

그런 이유 때문에 이 모든 칭호 가운데 두 가지를 사용하면서 사도 요한은 요한복음의 목적을 분명히 기록했다; "오직 이것을 기록함은 너희로 예수께서 하나님의 아들 그리스도이심을 믿게 하려 함이요, 또 너희로 믿고 그 이름을 힘입어 생명을 얻게 하려 함이니라"(요 20:31). 이렇게 분명한 목적을 위하여 이 세상에 오신 예수 그리스도를 받아들이지 않고 거부한 사람들에게는 혹독한 심판이 기다리고 있을 뿐이다.

12장

세 번째 표적

1. 서론

예수 그리스도는 얼마나 많은 표적들을 베푸셨는지, 사도 요한은 다음과 같이 증언했다. "예수께서 행하신 일이 이 외에도 많으니 만일 낱낱이 기록된다면, 이 세상이라도 이 기록된 책을 두기에 부족할 줄 아노라" (요 21:25). 이 증언 가운데 '이 외에도'라는 표현은 이미 소개된 표적들도 많다는 뜻이다. 다른 말로 하면, 사도 요한이 이미 소개한 표적들도 적지 않다는 것인데, 그는 요한복음에서 그 표적들을 제법 자세히 소개한 바 있다.

사도 요한이 요한복음에서 소개한 표적은 7가지인데, 그렇게 많은 표적 중 왜 7가지만 소개했는지 궁금하지 않을 수 없다. 그 이유는 그 7가지 표적만으로도 예수 그리스도가 하나님의 아들이시며 세상의 구주시라는 사실을 증명하기에 충분하기 때문이다. 참고로 그 7가지 표적을 열거해보면 다음과 같다.

(1) 물을 포도주로 만든 표적 (요 2:1-11), (2) 왕의 신하의 아들을 고친 표적 (4:46-54), (3) 38년 된 병자를 고친 표적 (5:1-9). (4) 5천 명에게 떡을 먹인 표적 (6:5-13), (5) 바다 위를 걸은 표적 (6:16-21), (6) 맹인의 눈을 뜨게 한 표적 (9:1-7), (7) 죽은 나사로를 살린 표적 (11:39-44).

이상으로 요한복음에서 소개한 7가지 표적은 하나님의 능력이 아니면 결코 가능하지 않다는 것을 모를 사람은 없을 것이다. 그런데 그 7가지 표적 중에서 이 장의 주제는 세 번째 표적, 곧 38년 된 병자를 고친 표적이다. 그렇다면 왜 세 번째 표적이 그처럼 중요한지 알아보자.

2. 삼중적 안식일

요한복음에 의하면, 예수 그리스도의 3년간 공생애에서 그분이 이 세상에 오신 목적을 이룬 전환점은 바로 세 번째 표적이다. 두말할 필요도 없이 그분이 이 세상에 오신 목적은 인류를 구원하기 위하여 십자가에서 죽으시는 것이었다. 그런데 그런 죽음으로 떠밀리는 첫 단계가 바로 세 번째 표적, 곧 38년 된 병자를 고친 표적이었다. 왜냐하면 그 표적을 시발점으로 유대인들이 그분을 죽이기로 작정했기 때문이다.

그 중환자는 양문 곁 베데스다 못가에 있는 행각에 있었다. '양문'은 하나님께 드릴 제물들, 곧 양이나 염소나 송아지를 데리고 들어가는 문이었다. 그런 이유 때문에 유대인들은 양문을 소중하게 여겼다. 그렇지 않다면 바벨론 포로에서 돌아온 유대인들이 양문을 중심으로 성벽을 건축했을 이유가 없다. 그들은 양문에서 성벽을 쌓기 시작해서 한 바퀴 돌아서 다시 양문까지 건축했다. 양문에서 시작하여 양문에서 끝낸 것이었다 (느 3:1-2).

'베데스다'는 히브리어로 '은혜의 집'이라는 뜻이다. 그렇게 이름을 붙인 이유도 분명하다. 우선 그 집은 성전으로 가는 길목에 있었다. 예배드리러 성전으로 오가는 사람들이 쉽게 들러서 구제의 손길을 뻗칠 수 있는 곳이었다. 그 집에는 각종의 병자들이 머물면서 사람들의 구제에 의지해서 살고 있었을 것이다. 구약성경의 가르침을 근거로 유대인들은 어려운 사람들을 구제하는 것을 중요한 신앙 행위로 여겼다.

그 연못이 '은혜의 집'이라고 불린 다른 이유가 있었는데, 그것은 가끔 천사가 그 물을 움직이게 하였기 때문이다. 물이 움직일 때, 그 못에 먼저 들어간 사람은 어떤 병에 걸렸든지 고침을 받았다. 당연히 "많은 병자, 맹인, 다리 저는 사람, 혈기 마른 사람들이" 그곳에 머물면서 물이 움직이기를 기다리고 있었다 (요 5:3). 그런데 이 병자들은 하나같이 물이 움직일 때, 재빨리 그 못으로 들어가기 어려운 사람들이었다.

그날은 마침 안식일이자 명절이었다. 수많은 유대인들은 한편 예배도 드리고 또 한편 명절을 즐기기 위하여 성전으로 몰려가고 있었는데, 그 가운데는 예수 그리스도도 계셨다. 그런데 이상하게도 그분은 성전으로 가던 발걸음을 돌려서 병자들이 우굴거리는 베데스다의 행각으로 들어가셨다. 그리고 38년이나 된 중환자를 찾아내신 후, 그를 고쳐주시면서 말씀하셨다, "네 자리를 들고 걸어가라" (요 5:8).

그 날은 마침 안식일이었다 (요 5:9). 안식일을 중요하게 여기는 유대인들이 안식일에 병을 고쳤다고 비난하면서 예수님을 박해하기 시작했다. 왜 예수님은 안식일에 병자를 고쳐주셨는가? 유대인들은 안식일을 깨뜨렸다고 달려들 것이 너무나 분명했다. 안식일이 아닌 평일에 고쳐주셨더라면 아무 문제도 없을 뿐 아니라, 오히려 유대인들로부터 칭송을 받았을 수도 있었는데 말이다. 그러나 예수님은 의도적으로 안식일을 택하셨다.

안식일의 시작은 하나님이 창조의 역사를 마치시고 일곱째 날 안식하시면서 시작되었는데 (창 2:2), 이 창조의 안식일은 첫 번째 의미의 안식일이었다. 그런데 하나님의 안식은 아담이 범죄하면서 깨어졌다. 왜냐하면 하나님은 인간의 구원을 위하여 다시 일하기 시작하셨기 때문이다. 예수님의 가르침을 보자. "내 아버지께서 이제까지 일하시니 나도 일한다"(요 5:17). 그렇다! 하나님은 아들을 통하여 안식일에도 병자를 고치시는 일을 하셨다.

두 번째 의미의 안식일은 이스라엘 백성이 광야에서 만나를 먹을 때, 주어진 말씀에 들어있었다. "내일은 휴일이니 여호와께 거룩한 안식일이라; 너희가 구울 것은 굽고 삶을 것은 삶고 그 나머지는 다 너희를 위하여 아침까지 간수하라…오늘은 그것을 먹으라! 오늘은 여호와의 안식일인즉 오늘은 너희가 들에서 그것을 얻지 못하리라"(출 16:23, 25). 이스라엘 백성은 출애굽 이후에야 비로소 그동안 누리지 못했던 안식일의 쉼을 누리게 되었다.

세 번째 의미의 안식일은 이스라엘 백성이 가나안으로 들어가기 직전에 추가되었는데, 그 말씀을 보자. "너는 기억하라! 네가 애굽 땅에서 종이 되었더니 네 하나님 여호와가 강한 손과 편 팔로 거기서 너를 인도하여 내었나니, 그러므로 네 하나님 여호와가 네게 명령하여 안식일을 지키라"(신 5:15). 이스라엘 백성이 애굽의 종이었을 때는 안식일 없이 착취만 당했다. 그러나 이제부터는 출애굽을 시키신 하나님을 기억하면서 하루를 쉬라는 명령이었다.

이상의 세 가지 의미의 안식일을 준수하기 위하여 이스라엘 백성은 안식일을 매우 중요하게 여겼다. 그들은 육체적으로는 어떤 일도 하지 않고 쉼을 누리며 동시에 영적으로는 위로 하나님께 예배를 드리고 아래로는 서로 교제하면서 안식을 누렸다. 그렇게 안식을 누리기 위하여 그들은 안식일마다 성전이나 회당에 모였다. 그런 안식 때문에 그들은 또 한 주간을 그들에게 맡겨진 일에 충실할 수 있었다.

그런데 육체적으로 안식일을 철저하게 지킨 그 병자는 안식을 누렸는가? 물론 누리지 못했다! 그는 안식일에만 안식일을 지킨 것이 아니라, 이레를 꼬박 안식일처럼 보냈다. 그가 안식일의 율례를 깨면서 도성을 벗어나 거의 1km나 되는 2,000규빗이나 걸을 수 있었는가? 그는 38년 동안 안식일에만 그 율례를 지킨 것이 아니라, 매일 그 율례를 지킴으로 육체적으로는 매일이 안식일이었다. 그러나 그의 영혼은 조금도 안식을 누리지 못했던 것이다.

예수님이 안식일에 이 병자를 고치신 이유가 분명히 드러났다. 그처럼 안식일의 율례를 철저히 지킨 이 38년 된 중환자에게 진정으로 안식일의 의미를 알려주기 위해서였다. 고침을 받은 그 병자는 이제부터 어쩔 수 없어서 수동적으로 안식일을 지키는 것이 아니라, 마음에 찾아온 영혼의 안식 때문에 능동적으로 안식일을 지킬 수 있게 되었다. 그렇지 않았다면 예수님이 그를 어떻게 성전에서 다시 만나셨겠는가? (요 5:14).

3. 삼중적 증언

유대인들은 자신들이 그렇게 중요하게 여기는 안식일을 깨뜨렸다고 비난하면서 예수님을 공격했다. 그들의 맹공에 대하여 예수님은 이렇게 응수하셨다. "내 아버지께서 이제까지 일하시니 나도 일한다"(요 5:17). 그렇게 말씀하시자 이번에는 다른 차원에서 공격을 퍼부었다. 그들의 공격을 들어보자. "유대인들이 이로 말미암아 더욱 예수를 죽이고자 하니, 이는 안식일을 범할 뿐만 아니라 하나님을 자기의 친 아버지라 하여 자기를 하나님과 동등으로 삼으심이 러라" (요 5:18).

그렇다! 유대인들은 이때부터 예수 그리스도를 죽이기로 작정하 였다. 그리고 한 번 작정한 이후 시간이 갈수록 그 작정은 조금도 사그라지지 않고 오히려 깊어지기만 했다. 그들의 마음은 시기와 증오에 불탔다. 그리고 그분을 반드시 죽여야 한다고 믿었다 (요 7:1). 많은 사람들이 이렇게 말했다, "이는 그들이 죽이고자 하는 그 사람이 아니냐?" (요 7:25). 대제사장 가야바의 발언도 마찬가지 였다. "한 사람이 백성을 위하여 죽어야" 한다 (요 11:50).

그런 작정에 대하여 예수님은 이스라엘 백성이 그처럼 중요시하 는 특정한 율법을 염두에 두고 말씀하셨다. 모세가 반복해서 명령 할 만큼 중요한 그 율법을 인용해 보자: "죽일 자를 두 사람이나 세 사람의 증언으로 죽일 것이요, 한 사람의 증언으로는 죽이지 말 것 이며" (신 17:6). "사람의 모든 악에 관하여 또한 모든 죄에 관하여 는 한 증인으로만 정할 것이 아니요, 두 증인의 입으로나 또는 세 증인의 입으로 그 사건을 확정할 것이며" (신 19:15).

그렇다! 이스라엘 백성은 예수님을 죽이기 위하여 두 세 증인이 있어야 했다. 그런데 그 명령을 달리 적용하면 두 세 증인이 적극적 으로 증언하면 죽일 수 없다는 뜻도 된다. 예수님은 이런 사실을 십 분 활용하셔서 그를 죽일 수 없는 이유를 제시하셨는데, 곧 삼중三重 의 증언이 있다는 것이다. 그 세 증언은 모두 예수 그리스도를 지지 할 뿐 아니라, 이스라엘 백성이 오히려 그분을 하나님의 아들로 받 아들여야 한다는 증언이었다.

예수님이 언급하신 삼중적 증언 중 첫째는 그분이 이루신 역사이다. 그분의 말씀을 직접 들어보자, "아버지께서 내게 주사 이루게 하시는 역사, 곧 내가 하는 그 역사가 아버지께서 나를 보내신 것을 나를 위하여 증언하는 것이요"(요 5:36). 예수님이 이루신 역사는 헤아릴 수 없을 만큼 많다. 그러나 현시점에서 가장 확실한 역사는 역시 38년 된 병자를 고친 역사였다. 하나님이 함께 하시지 않는다면 누가 그런 역사를 이룰 수 있겠는가?

예수님이 이루신 역사는 하나님을 인간에게 알려주는 새로운 계시였다. 38년 된 병자를 고쳐주신 것은 하나님의 사랑을 잘 나타냈다. 비록 사람들은 그 병자를 버렸지만, 하나님은 사랑 때문에 버리지 않으셨다. 그뿐 아니라, 그 아들 예수 그리스도를 통하여 사랑의 손길을 뻗치셨다. 그 병자의 치료는 하나님의 사랑과 능력을 동시에 나타낸 계시였다. 하나님은 그 병자에게 사랑과 능력으로 다가오셨다. 이것은 아무도 부인할 수 없는 막강한 증언이었다.

두 번째 증언은 하나님 아버지이시다. 그분의 말씀을 다시 보자, "또한 나를 보내신 아버지께서 친히 나를 위하여 증언하셨느니라"(요 5:37). 하나님 아버지는 언제 그분을 위하여 증언하셨는가? 먼저, 예수님이 세례를 받으셨을 때였다, "예수께서 세례를 받으시고 곧 물에서 올라오실새, 하늘이 열리고…하늘로부터 소리가 있어 말씀하시되 이는 내 사랑하는 아들이요 내 기뻐하는 자라 하시니라"(마 3:16-17). 얼마나 분명한 증언인가!

또 한 번은 변화산에서였다. 예수님은 요한, 베드로 및 야고보를 데리고 산에 오르셨는데, 갑자기 예수님이 모세와 엘리야와 더불어 대화를 하고 있는 모습이 보였다. 베드로는 얼떨결에 예수님과 그들을 위하여 초막 셋을 짓자고 하였다. 그렇게 "말할 때에 홀연히 빛난 구름이 그들을 덮으며 구름 속에서 소리가 나서 이르시되, '이는 내 사랑하는 아들이요 내 기뻐하는 자니 너희는 그의 말을 들으라' 하시는지라" (마 17:5). 분명한 하나님의 증언이다!

세 번째 증언은 성경이다. 그분의 말씀을 다시 들어보자, "너희가 성경에서 영생을 얻는 줄 생각하고 성경을 연구하거니와, 이 성경이 곧 내게 대하여 증언하는 것이니라" (요 5:39). 이 말씀에서 '성경'은 구약성경을 가리키는데, 그때까지 신약성경이 존재하지 않았기 때문이다. 39권으로 이루어진 구약성경은 처음부터 끝까지 앞으로 오실 메시야에 대하여 증언하고 있는데, 그 메시야는 두말할 필요도 없이 예수 그리스도를 가리킨다.

한 번은 예수님이 엠마오로 가던 두 제자와 대화하시면서 부활하신 자신을 알려주신 적이 있었다. 그 제자들은 그리스도의 부활을 믿지도 않을 뿐 아니라, 오히려 의심하고 있었다. 그런 제자들에게 예수님은 이렇게 말씀하셨다, "이에 모세와 모든 선지자의 글로 시작하여 모든 성경에 쓴 바 자기에 관한 것을 자세히 설명하시니라" (눅 24:27). 그렇다! 구약성경 전체는 지금 그들과 대화하고 계시는 예수 그리스도에 대한 증언이었다.

유대인들은 영생을 얻으려고 성경을 연구하면서도, 그 성경이 증언하는 메시야를 놓치고 말았다. 얼마나 불행한 일인가? 그러나 그 못지않게 불행한 것은 이런 삼중적인 증언에도 불구하고 유대인들은 마침내 예수 그리스도를 죽였던 것이다. 유대인들은 그처럼 자랑하며 의지하는 율법의 분명한 가르침인 삼중적 증언을 무시하고, 그분을 십자가에 달려 죽게 하였다. 얼마나 비성경적이며 비인간적인 사람들인가!

4. 삼중적 부활

예수님은 38년 된 병자를 안식일에 고치셨다. 그처럼 놀라운 일을 받아들이지 못한 유대인들은 예수님을 박해하면서 죽이려고까지 했다. 예수님은 그런 유대인들에게 이렇게 말씀하셨다, "아버지께서 아들을 사랑하사 자기가 행하시는 것을 다 아들에게 보이시고, 또 그보다 더 큰 일을 보이사 너희로 놀랍게 여기게 하시리라" (요 5:20). 그리고 예수님은 유대인들이 놀랍게 여길 큰 일을 언급하시면서 다음과 같이 세 가지를 말씀하셨다.

"아버지께서 죽은 자들을 일으켜 살리심 같이, 아들도 자기가 원하는 자들을 살리느니라" (요 5:21): "진실로 진실로 너희에게 이르노니, 죽은 자들이 하나님의 아들의 음성을 들을 때가 오나니 곧 이때라; 듣는 자는 살아나리라" (요 5:25): "이를 놀랍게 여기지 말라 무덤 속에 있는 자가 다 그의 음성을 들을 때가 오나니, 선한 일을 행한 자는 생명의 부활로, 악한 일을 행한 자는 심판의 부활로 나오리라" (요 5:28-29).

위의 세 구절에 '살리느니라,' '살아나리라,' '부활로 나오리라'라는 표현은 모두 죽음에서 다시 살아나는 부활의 뜻을 함축한다. 그런데 이 세 가지 표현에서 '살리다'의 뜻은 같지만, 살리는 내용과 시기는 다르다. 첫 번째, '아버지께서 죽은 자들을 일으켜 살리심 같이'는 어떤 역사를 가리키는가? 일찍이 하나님은 죽은 자를 두 번씩이나 살리셨는데, 하나는 사르밧 여인의 죽은 아들이었고 (왕상 17:22), 또 하나는 수넴 여인의 죽은 늦둥이였다 (왕하 4:35).

예수님은 이어서 이렇게 말씀하셨다, '아들도 자기가 원하는 자들을 살리느니라.' 예수님은 짧은 공생애 기간 중 세 번씩이나 죽은 자들을 살리셨는데, 첫째는 회당장의 죽은 딸이었고 (막 5:41-42), 둘째는 나인성의 과부의 죽은 독자였다 (눅 7: ㅣ14-15). 셋째는 죽은 지 나흘이나 된 나사로였다 (요 11:43-44). 하나님이 두 번씩이나 살리시고 예수님이 세 번씩 살리신 역사의 특징이 있는데, 그것은 육체의 부활이었다.

그들은 모두 육체적으로 죽었다가 다시 육체적으로 살아난 것이었다. 다시 말해서, 육체를 지배하는 영혼이 그 육체를 떠나갔다가 다시 그 영혼이 육체에 돌아온 것이다. 이런 사실을 확인이라도 하듯 하나님의 말씀은 이렇게 묘사했다, "여호와께서 엘리야의 소리를 들으시므로 그 아이의 혼이 몸으로 돌아오고 살아난지라" (왕상 17:22). 그리고 그 시기도 과거에 일어난 육체적 부활을 강조한 것이었다.

두 번째의 '살리심'을 보자. "죽은 자들이 하나님의 아들의 음성을 들을 때가 오나니 곧 이 때라; 듣는 자는 살아나리라." 이 말씀에서 '죽은 자들'은 누구를 가리키는가? 모든 아담의 후손을 가리키는데, 아담의 불순종으로 아담은 물론 모든 사람이 영적으로 죽었기 때문이다. 영적으로 죽은 사람이 예수 그리스도를 그의 구주로 믿고 영접할 때, 그의 죄가 용서되면서 성령이 그 안으로 들어가신다. 이것은 현재에도 영적으로 거듭나는 역사를 가리킨다.

세 번째, '무덤 속에 있는 자가 다 그의 음성을 들을 때가 오나니'는 미래, 곧 심판의 때에 일어날 부활을 가리킨다. 마지막 때에 모든 죽은 자들이 영원한 몸으로 부활할 것이다. 그런데 부활 후에 그들이 어떻게 될지는 판이하게 다르다. 그중 한 그룹은 영생永生을 누리게 되나, 다른 그룹은 영벌永罰을 받게 된다. 보다 직설적으로 표현하면, 한 그룹은 하나님이 계신 천국으로, 다른 그룹은 하나님이 없는 지옥으로 각각 들어간다.

이 두 그룹을 갈라놓는 기준은 무엇인가? 다시 예수님의 말씀을 들어보자, '선한 일을 행한 자는 생명의 부활로, 악한 일을 행한 자는 심판의 부활로 나오리라.' 선한 일과 악한 일은 사람들이 행하는 행위를 뜻하지 않는데, 어떤 사람도 그의 선행이 그를 천국으로 인도할 만큼 완전하지 않기 때문이다. 죄인들이 하나님 앞으로 인도될 수 있는 유일한 매개는 믿음뿐이다. 그러므로 '선한 일'은 예수 그리스도를 믿은 것이고, '악한 일'는 그분을 거부한 것이다.

예수님은 이처럼 짧은 말씀에서 이처럼 놀라운 삼중적인 부활을 가르치셨다. 그 중 두 번째의 '살아나심'이 가장 중요하다. 왜냐하면 육체적으로 살아나도 언젠가는 다시 죽을 것이기 때문이다. 영적으로 죽은 자들이 거듭나서 영적으로 살아나면, 현재의 삶도 의미 있게 되고, 미래에 '생명의 부활'에 참여하여 하나님과 영원한 행복을 누릴 것이기 때문이다. 그러니까 예수님은 이 가르침에서 과거의 구원과 현재의 구원은 물론 미래의 구원도 말씀하셨다.

5. 결론

예수 그리스도는 진정한 안식일의 의미를 모르고 율법적으로 그리고 육체적으로 안식일을 지키는 이스라엘 백성에게 안식일의 참 의미를 알려주고자 하셨다. 그렇지 않았다면 그분은 안식일에 그렇게 많은 역사를 이루셨을 이유가 없었다. 그분은 태어나면서부터 눈을 못 보는 맹인의 눈을 뜨게 하셨는데, 그날도 안식일이었다 (요 9:14). 이 맹인도 십중팔구 육체적으로는 안식일을 지켰지만, 진정한 안식을 모르던 사람이었다.

한 번은 예수님이 가버나움에 있는 한 회당에서 가르치고 계실 때, 그 회당 안에 있던 귀신들린 사람이 소리를 질렀다. 그는 율법대로 안식일에 회당에 왔으나 진정한 안식일의 의미를 모른 불쌍한 미친 사람이었다. 예수님은 그에게서 귀신을 쫓아내셨고, 그때부터 그는 안식일에 안식을 누릴 수 있게 되었다 (막 1:21-26). 그 외에도 예수님은 안식일에 시몬의 장모도 고치셨고 (막 1:29), 손 마른 자도 고치셨고 (마 12:9), 수종병도 고치셨다 (눅 14:1).

두말할 필요도 없이 예수 그리스도는 그들에게 참 안식일의 의미를 전해주셨다. 진정한 안식을 누릴 수 있도록 안식일에 이런 역사들을 이루셨다. 그렇다! 사람이 안식일을 위하여 존재하는 것이 아니라, 안식일이 사람을 위하여 존재한다. 예수님의 가르침이다, "또 이르시되, 안식일이 사람을 위하여 있는 것이요 사람이 안식일을 위하여 있는 것이 아니니, 이러므로 인자는 안식일에도 주인이니라" (막 2:27-28).

예수 그리스도는 요한복음에서 세 번째 표적을 베푸신 후, 그 사람에게 이렇게 말씀하셨다. "보라 네가 나았으니 더 심한 것이 생기지 않게 다시는 죄를 범하지 말라" (요 5:14). 이 말씀에 의하면, 그의 중병이 죄 때문에 생겼다는 것이다. 그렇다! 죄 때문에 38년이나 중병으로 시름하던 그 사람을 예수님이 고쳐주셨을 뿐 아니라, 죄도 용서해 주셨다. 예수님이 이 세상에 오신 궁극적인 목적은 병을 고치는 표적을 행하시기 위해서가 아니었다.

　그 표적을 통하여 안식의 의미를 모르는 사람들에게 안식을 주시기 위해서였다. 그리고 그 안식을 얻기 위해서는 죄를 용서받아야 한다. 예수님은 죄를 용서하기 위하여 십자가에서 죽으셨다. 죄 때문에 각종의 질병에 시달리는 죄인들을 구원하시기 위해서였다. 육체의 질병, 마음의 질병, 미움의 질병, 탐욕의 질병, 관계의 질병 등 수많은 질병은 하나님을 떠나간 죄 때문에 생겼다. 어떤 질병에 걸렸든지 십자가 앞으로 나오면, 고침을 받을 수 있다.

13장

최초의 설교

1. 서론

오순절 날이 되자 기도하던 120명의 성도들에게 성령이 충만하게 임하셨는데, 이것은 역사를 바꾸어놓은 엄청난 사건이었다. 그런데 이 사건은 뜬구름 없이 갑자기 일어난 것이 아니었다. 왜냐하면 성부 하나님이 선지자들을 통해 누누이 예언하신대로 일어난 사건이었기 때문이다. 오순절에 대한 예언은 절기에 대한 가르침 중에도 나오며 (출 23:16, 레 23:15 이하), 선지서들의 예언에서도 나온다 (렘 31:33, 겔 36:26-27, 욜 2:28-29).

성령의 강림은 성부 하나님만 약속하신 것이 아니라, 성자 하나님이신 예수 그리스도도 예언하셨다. 많은 약속 중 한 곳만 찾아보자: "내가 아버지께 구하겠으니 그가 또 다른 보혜사를 너희에게 주사 영원토록 너희와 함께 있게 하리니, 그는 진리의 영이라! 세상은 능히 그를 받지 못하나니 이는 그를 보지도 못하고 알지도 못함이라. 그러나 너희는 그를 아나니 그는 너희와 함께 거하심이요, 또 너희 속에 계시겠음이라" (요 14:16-17).

오순절 날에 강림한 성령은 우선적으로 교회를 세웠다. 그러니까 120명의 성도들은 역사상 최초의 교회에서 최초의 개척 멤버가 된 셈이었다. 둘째로 그 성령은 연약하고 부족한 성도를 변화시켰다. 연약한 자는 강해지고, 부족한 자는 충만하게 되었다. 그들의 변화는 너무나 커서 자연히 다른 사람들에게 전염되었다. 그렇게 변화된 성도 중에 베드로도 있었는데, 그의 변화와 영향력은 가히 상상을 초월하는 것이었다.

베드로 사도는 그들의 변화를 이해하지 못하는 유대인들과 유대교에 입교한 많은 사람들에게 성령의 능력으로 설교하기 시작했다. 그의 설교는 성령의 강림으로 인하여 세워진 최초의 교회에서 선포된 최초의 설교였다. 그뿐 아니라, 그는 성령으로 충만해서 그리고 성령의 인도를 받으면서 메시지를 전했기에 그 설교는 그 이후에 있을 모든 설교의 본이 되는 너무나도 중요한 설교였다.

2. 변증적 설교 (행 2:14-21)

베드로의 설교는 변증적으로 시작되었는데, 그 이유는 두 가지였다. 첫째는 성령이 충만한 성도가 갈릴리 사람들이라고 천하게 여겨졌기 때문이다. 그 당시 종교와 문화의 중심지가 예루살렘인데 반하여, 갈릴리는 무식한 사람들이 사는 곳이라고 여겨졌다. 그런데 그들이 배운 적도 없는 다른 나라의 언어들로 전도하기 시작했던 것이다. 둘째는 그들이 아침부터 술에 취했다고 비난을 받았기 때문이었다.

베드로는 복음을 전하기 전에 그 사람들의 오해를 풀어주지 않으면 안 되겠다고 생각했던 것 같다. 그렇지 않다면 그는 이렇게 시작하지 않았을 것이다, "때가 제 삼 시니 너희 생각과 같이 이 사람들이 취한 것이 아니라" (행 2:15). '삼 시'는 현재의 시간으로는 아침 아홉 시를 가리키는데, 초대교회의 교인들이 예수님이 상번제常燔祭처럼 십자가에 못 박히신 그 시간을 기억하면서 기도하는 시간이었다. 그런 시간에 술에 취한다는 것은 있을 수 없었다.

베드로는 청중이 유대인들과 유대교에 입교한 경건한 사람들인 것을 잘 알기에 그들이 믿는 구약성경을 인용하면서 변증했다. 이 변증적 설교가 탁월한 이유는 청중의 눈높이에 맞추었기 때문이었다. 그가 인용한 하나님의 말씀은 요엘 선지자가 성령의 강림에 대해 예언한 것이었다. 그런데 놀랍게도 베드로는 미리 설교를 준비한 것도 아닌데, 요엘서를 줄줄이 암송하면서 인용했던 것이다.

베드로는 요엘 2장 28절부터 32절까지를 빠짐없이 인용했을 뿐 아니라, 시대를 꿰뚫어보는 놀라운 해석도 겸했다. 요엘은 '그 후에'라고 시작했는데, 베드로는 그것을 '말세에'로 바꾸었다. 그 이유는 분명했다! 성령의 강림은 구약의 선지자들이 예언한대로 말세의 시작이었기 때문이다. 그렇다! 성령이 오셔서 교회를 세우면서부터 말세가 시작되었고, 그 말세는 예수 그리스도가 재림하실 때까지 계속될 것이다.

베드로는 요엘을 인용하면서 새로운 시대, 곧 말세가 이르렀다는 사실을 선포했다. 그렇다면 말세의 증거는 무엇인가? 요엘 선지자에 의하면, 세 가지였다: 첫째는 만민이 성령을 받을 수 있다는 것이다 (욜 2:28). 이런 예언은 가히 혁명적이었다! 요엘 시대에는 특별한 사람들만 성령을 받았는데, 왕과 제사장과 선지자가 대표적인 사람들이다. 그런데 모든 사람이 성령을 받을 수 있다니! 이것은 문자 그대로 성령의 우주화宇宙化라는 예언이었다.

둘째는 남종과 여종도 성령을 받는다는 예언이었다. 이것도 못지 않게 혁명적인 예언이었는데, 구약시대에는 상상도 하지 못할 일이었다. 어떻게 노예들과 여인들이 성령을 받을 수 있단 말인가? 그런데 그 예언이 문자 그대로 성취되었던 것이다. 성령으로 충만함을 받은 120명의 성도들 중에는 노예 출신도 있었고, 손가락질을 받던

비천한 여인들도 있었다. 그런데 신분의 구분 없이 성령을 받았는데, 이것이 성령의 민주화民主化가 아니면 무엇이란 말인가?

셋째는 구원의 보편화普遍化였다. 요엘 선지자의 예언을 보자, "누구든지 여호와의 이름을 부르는 자는 구원을 얻으리니…!" (욜 2:32). 요엘 선지자가 이 예언을 했을 때, 사람들은 구원을 받기 위하여 율법도 지켜야 했고, 절기를 지키러 성전으로 일 년에 세 번씩 가야했다. 거기다가 죄 문제를 해결하기 위하여 그처럼 많은 양과 소를 제물로 바쳐야 했다. 물론 그렇게 해도 구원은 요원했다. 그런데 성령의 시대에는 주님의 이름만 불러도 구원을 받는다니!

3. 복음적 설교: 예수님의 죽음 (행 2:22-28)

베드로는 변증적 설교를 시작하면서 이렇게 외쳤다, '유대인들과 예루살렘에 사는 모든 사람들아!' (행 2:14). 그렇게 시작된 변증이 끝나자 다음 제목으로 넘어갔는데, 그것은 예수님의 구속적 죽음이었다. 그러니까 변증의 대지를 끝내고 예수님에 대한 대지로 넘어가겠다는 것이다. 그렇게 다른 대지로 넘어가는 연결고리가 바로 '이스라엘 사람들아!'였다 (행 2:22). 베드로는 새로운 대지로 들어갈 적마다 그렇게 청중을 불렀던 것이다.

베드로는 이렇게 새로운 대지를 시작했다, '이스라엘 사람들아, 이 말을 들으라!' 이 표현은 모세가 이스라엘 백성에게 '이스라엘아, 들으라!'라고 하면서 하나님 이외에는 어떤 신도 없다는 너무나 중요한 유일신 사상을 가르쳤다 (신 6:4). 베드로도 '이스라엘 사람들아,

이 말을 들으라!'고 시작한 것은 모세가 그처럼 중요한 사실을 가르친 것처럼, 그도 그 못지않게 중요한 사실을 알려주겠다는 것이다.

그들이 경청해야 할 메시지는 다름 아닌 예수님에 관한 것이었다. 이스라엘 백성이 유일하신 하나님을 아는 것처럼, 예수님도 반드시 알아야 한다는 것이다. 베드로가 소개한 예수님에 대해 알아보자; "하나님께서 나사렛 예수로 큰 권능과 기사와 표적을 너희 가운데서 베푸사 너희 앞에서 그를 증언하셨느니라" (행 2:22). 그분을 '나사렛 예수'라고 소개한 것은 그분이 실제로 나사렛에서 사신 참 인간이었다는 사실을 강조하기 위함이었다.

그런데 그분은 평범한 인간이 아니었다는 것이다. 왜냐하면 하나님이 그분을 통해 '권능과 기사와 표적'을 나타내심으로 친히 증언하셨기 때문이다. 왜 베드로는 하나님의 증언을 이처럼 삼중적--권능, 기사, 표적--으로 증언하셨다고 선포했는가? 그 이유는 구약성경의 가르침을 중시하는 청중에게 삼중적 증언이야말로 모세의 가르침임을 알리기 위해서였다. 두 세 증언이 없으면 아무도 죽일 수 없다는 가르침을 근거로 한 것이었다 (신 19:15).

그런데 나사렛 예수에게는 모세의 가르침대로 세 가지 증언이 있었는데, 곧 권능과 기사와 표적이었다. 그것들은 하나님이 베푸신 증언들이었다. 그런 증언에도 불구하고 이스라엘 백성은 나사렛 예수를 십자가에서 죽게 했던 것이다. 베드로의 선포를 들어보자, '너희가 법 없는 자들의 손을 빌려 못 박아 죽였으나' (행 2:23). 먼저 이스라엘 백성이 나사렛 예수를 정죄했고, 그 후에 하나님의 법이 없는 로마제국 사람들의 손을 빌어 그분을 죽였다는 것이다.

그렇게 죽고 끝났다면 하나님이 손수 '권능과 기사와 표적'으로 증언하실 이유가 없었을 것이다. 나사렛 예수가 그렇게 십자가에 죽으신 것은 결코 그분의 허물 때문이 아니었다. 만일 그분의 허물로 죽었다면 그것으로 모든 것이 끝났을 것이다. 그러나 그분의 죽음은 모든 죄인의 죄와 죽음을 대신하신 대속적 죽음이었다. 그렇지 않았다면 나사렛 예수는 영원히 무덤에 묻혀있었을 것이다.

그러나 그분의 죽음이 대속적인 죽음이었다는 사실을 증명하기 위하여 하나님은 새로운 역사를 일으키셨는데, 곧 죽은 나사렛 예수의 부활이었다. 다시 베드로의 해석을 들어보자; "하나님께서 그를 사망의 고통에서 풀어 살리셨으니, 이는 그가 사망에 매여 있을 수 없었음이라" (행 2:24). 하나님이 나사렛 예수를 '사망의 고통'에서 벗어나게 하셨다는 것은 그분이 확실히 죽었다는 사실을 강조하는 표현이기도 했다. 그렇다! 그분은 확실히 죽으셨다!

위에서 언급한 것처럼, 나사렛 예수는 죽음을 당하셨다. 그 죽음의 고통은 해산의 고통에 비유할 수 있을 것이다. 그런 고통을 통해 그분은 새로운 생명, 곧 부활의 생명을 쟁취하셨기 때문이다. 실제로 '고통'이라는 단어는 헬라어로 오딘(ὠδίν)인데, 그 단어는 해산의 고통을 뜻하기도 한다. 해산의 고통을 통해 새로운 생명이 태어나듯, 나사렛 예수는 죽음의 고통을 통해 새로운 생명, 곧 부활의 생명으로 옮기셨던 것이다.

4. 복음적 설교: 그리스도의 부활 (행 2:29-32)

그러나 나사렛 예수는 죽음으로 끝나지 않았다. 그분은 하나님의 역사로 죽음에서 다시 살아나셨다! 그런데 베드로는 이렇게 그리스도의 부활이라는 새로운 대지로 넘어가면서 또 다시 연결고리로 '형제들아!'라고 청중의 주의를 환기시키면서 시작했다 (행 2:29). 그런데 나사렛 예수가 죽음을 박차고 일어나신 것은 아무 근거도 없이 갑자기 일어난 사건이 아니라는 것이다. 베드로는 그 근거로 청중이 잘 알고 또 존경하는 다윗의 예언을 들었다.

여기에서 베드로의 신앙적 깊이를 다시 엿볼 수 있게 된다. 이미 언급한대로, 그는 요엘서를 인용하면서 그의 첫 설교를 시작했다. 그런데 이번에도 시편 16편을 자유자재로 인용하면서 나사렛 예수의 부활을 증언했는데, 그가 예수님의 제자로 얼마나 하나님의 말씀에 깊이 들어갔는지 알려주는 대목이다. 그가 인용한 시편은 8-10절이었는데, 그 말씀에서 '나'는 일차적으로는 다윗이지만, 베드로의 인용에 의하면 그분이 바로 죽으신 나사렛 예수였다.

베드로의 인용문을 보면서 설명해 보자. "다윗이 그를 가리켜 이르되, '내가 항상 내 앞에 계신 주를 뵈었음이여! 나로 요동하지 않게 하기 위하여 그가 내 우편에 계시도다. 그러므로 내 마음이 기뻐하였고 내 혀도 즐거워하였으며 육체도 희망에 거하리니, 이는 내 영혼을 음부에 버리지 아니하시며 주의 거룩한 자로 썩음을 당하지 않게 하실 것임이로다'" (행 2:25-27). 이렇게 인용하면서 다윗이 '그[예수]'를 가리키면서 노래했다고 베드로는 설명했다.

베드로의 설명에 의하면, 비록 나사렛 예수가 십자가에 못 박혀 죽으셨지만, 그의 우편에 계신 주님을 뵈었기에 조금도 흔들리지 않았다는 것이다. 그뿐 아니라, 그분의 마음이 기뻐하였고 혀로는 즐거운 찬송을 불렀는데, 그 이유는 육체의 부활이라는 희망이 있었기 때문이었다. 한발 더 나아가서 그분의 영혼을 음부에 버리지 않으실 뿐 아니라, 육체는 다른 모든 죽은 자들처럼 썩음을 당하지 않으리라는 사실을 예언했다.

베드로의 설교는 계속되었는데, 위의 인용문은 다윗이 자신에 대한 예언이 아니었다는 것이다. 왜냐하면 다윗은 이미 죽었고, 그의 육체는 무덤에서 벌써 썩어버렸다는 것이다. 그러므로 이 시편은 앞으로 오실 메시야에 대한 예언이었다는 것이다. 베드로의 설명에 의하면, 다윗도 선지자로서 '그 자손 중에서 한 사람을 그 위에 앉게 하리라'는 사실을 알고서 그렇게 예언했다는 것이다.

베드로에 의하면, 다윗은 나사렛 예수가 부활하실 사실을 알았을 뿐 아니라, 이미 보았다는 것이다. 그의 설명을 인용하면서 알아보자; "미리 본 고로 그리스도의 부활을 말하되, 그가 음부에 버림이 되지 않고 그의 육신이 썩음을 당하지 아니하시리라 하더니, 이 예수를 하나님이 살리신지라; 우리가 다 이 일에 증인이로다!" (행 2:31-32). 그러니까 다윗이 본대로 예언한 것은 그리스도의 부활이었다.

다윗이 알고 본대로 그리고 예언한 대로, 하나님이 나사렛 예수를 살리셨던 것이다. 베드로의 선포를 다시 인용해 보자, "이 예수를 하나님이 살리신지라!" 그렇다! 죽은 예수를 살리실 수 있는 분은 하나님밖에 없다. 히브리서 저자도 하나님이 살리셨다고 이렇게 증언했다, "양들의 큰 목자이신 우리 주 예수를 영원한 언약의 피로 죽은 자 가운데서 이끌어 내신 평강의 하나님!" (히 13:20).

베드로는 다시 사신 예수를 더 이상 나사렛 예수라고 부르지 않았다. 그의 선포를 인용하면서 설명하자, "그 자손 중에서 한 사람을 그 위에 앉게 하리라 하심을 알고 미리 본 고로 그리스도의 부활을 말하되, 그가 음부에 버림이 되지 않고 그의 육신이 썩음을 당하지 아니하시리라" (행 2:30-31). 베드로는 이 선포에서 '예수의 부활'이라고 하지 않고 '그리스도의 부활'이라고 하였다. 더 이상 나사렛 예수가 아니라, 부활하신 그리스도였다는 것이다.

그리고 베드로는 이렇게 덧붙였다, "우리가 다 이 일에 증인이로다!" 이 선포에서 '우리'는 사도들을 포함한 120명의 성도들을 가리킨다. 그들은 예수님이 어떻게 십자가에서 죽으셨는지 두 눈으로 똑똑히 보았다. 그뿐만 아니라, 그리스도 예수가 다시 사신 것도 아주 분명히 보고 또 만지기도 했다. 그들은 산 증인이었다! 그들은 예수 그리스도의 죽음과 부활을 증언하기 위하여 생명도 내놓을 만큼 확실히 경험했던 것이다.

5. 복음적 설교: 그리스도의 승천 (행 2:33-36)

사람은 죄로 인하여 죽음으로 치닫고 있다. 만일 죽음으로 모든 것이 끝난다면 많은 사람들, 특히 죄인들은 계속해서 죄악을 범할 것이다. 그러나 인생은 죽음으로 끝나지 않는다. 죽음 너머에는 하나님의 공의로운 심판이 기다리고 있다. 그들은 그들의 모든 행위에 대해서 심판을 받을 뿐 아니라, 그들을 위하여 십자가에서 죽으셨고 그리고 그들을 위하여 다시 사신 예수 그리스도를 거부한 것에 대해서도 심판을 받는다.

그런 이유 때문에 모든 죄인은 복음을 필요로 한다. 다시 말해서 죄인들은 죄를 용서받아야 한다. 그런데 그들이 죄를 용서 받을 수 있는 길이 활짝 열려져있는데, 곧 예수 그리스도께로 나아오면 된다. 왜냐하면 그분이 그들의 죄의 결과인 죽음과 심판을 십자가에서 이미 해결하셨기 때문이다. 그것이 바로 복음福音이다! 그들이 쌍수를 들고 받아들여야 하는 복된 소식이다. 예수 그리스도는 그들을 위하여 죽으셨다가 다시 살아나셨다.

그러니까 베드로 사도는 이미 복음의 핵심인 나사렛 예수의 죽음과 그리스도의 부활을 선포했기에 덧붙일 것이 없었다. 그런데 베드로는 이처럼 복음을 전한 후, 설교를 마치지 않고 계속하면서 그분의 승천과 성령의 강림도 포함시켰다. 왜 그렇게 했을까? 그의 설교는 성령의 강림하신 후, 최초의 교회에서 선포된 최초의 설교였기에, 성령의 강림도 포함시킬 필요가 있었다. 그렇게 하지 않았다면 그 당시의 청중은 성령에 대하여 알지 못했을 것이다.

베드로는 성자 하나님의 시대가 어떻게 성령 하나님의 시대로 옮겨갔는지 이스라엘 사람들이 이해할 수 있도록 잘 설명하였다. 그의 중차대한 설명을 직접 들어보자; "하나님이 오른손으로 예수를 높이시매, 그가 약속하신 성령을 아버지께 받아서 너희가 보고 듣는 이것을 부어 주셨느니라"(행 2:33). 이 말씀에 의하면, 예수님은 하나님의 권능의 손을 통하여 승천하셔서 하나님 우편에 앉으셨던 것이다.

베드로는 이번에도 시편 110편 1절을 인용하면서 그가 평소에 읽고, 암송하고, 묵상하던 하나님의 말씀을 인용했다. 그의 말을 직접 알아보자; "다윗은 하늘에 올라가지 못하였으나 친히 말하여 이르되, '주께서 내 주에게 말씀하시기를 내가 네 원수로 네 발등상이 되게 하기까지 너는 내 우편에 앉아 있으라' 하셨도다" (행 2:34-35). 두말할 필요도 없이 그가 다시 시편을 인용하면서 그리스도의 승천을 선포한 것은 그들도 시편을 믿고 알기 때문이었다.

예수 그리스도가 승천하여 하나님 우편에 앉으셨다는 것은 선지자의 사역을 마치셨다는 뜻이다. 실제로 그분이 이 세상에 계시는 동안 잠시도 쉴 틈이 없으셨다. 마치 성막 안에서 제사장은 절대로 앉을 수 없었던 것처럼 말이다. 그러나 이 세상에서 구속 사역을 완수하셨기에 이제부터는 하나님 우편에 앉으실 수 있었던 것이다. 예수 그리스도는 그렇게 앉으셔서 아무 것도 하지 않으셨는가? 물론 그렇지 않다!

그분은 하나님 우편에서 중보를 하시겠다는 것이다. 지금까지 이 세상에서 선지자의 사역을 하셨다면, 이제부터는 제사장의 사역을 하시겠다는 것이다. 그분은 이 세상에서 하나님 나라의 확장을 위하여 매진하는 그리스도인들을 위하여 중보하시는 것이다. 바울 사도도 그것을 확인하였다. "누가 정죄하리요! 죽으실 뿐 아니라 다시 살아나신 이는 그리스도 예수시니, 그는 하나님 우편에 계신 자요 우리를 위하여 간구하시는 자시니라" (롬 8:34).

베드로는 다음의 말로 그의 설교를 마친다, "그런즉 이스라엘 온 집은 확실히 알지니, 너희가 십자가에 못 박은 이 예수를 하나님이 주와 그리스도가 되게 하셨느니라" (행 2:36). 예수님은 이 세상에 아기로 태어나실 때부터 '주와 그리스도'이시었다 (눅 2:11). 그런데 그분이 '주와 그리스도'라는 사실을 확증한 사건은 그분의 부활과 승천이었다. 이제부터 그분은 한편 죄인을 구원하시는 그리스도이시지만, 또 한편 세상을 다스리시는 주님이시다.

6. 결론

성령으로 충만한 베드로가 이와 같이 위대한 설교를 마치자, 청중 중에 많은 사람들이 이렇게 반응했다, "형제들아 우리가 어찌할꼬?" (행 2:37). 베드로는 그들에게 소극적으로는 회개하고 적극적으로는 믿으라고 했다. 그의 말을 들어보자; "너희가 회개하여 각각 예수 그리스도의 이름으로 세례를 받고 죄 사함을 받으라! 그리하면 성령의 선물을 받으리니" (행 2:38). 이 권면에서 '예수 그리스도의 이름으로 세례를 받고'는 믿음의 행위를 가리킨다.

그러니까 그들이 한편 회개하고 한편 믿을 때, 두 가지 선물을 받는다고 베드로는 힘주어서 말했다. 하나는 죄 사함이고, 또 하나는 성령이다. 이런 이중적인 선물은 유대인들과 유대교에 입교한 사람들이 그처럼 오랫동안 기다렸던 것이다. 그들은 지금까지 그런 선물을 받으려고 인간이 할 수 있는 일은 다 했다. 그들은 율법도 지키려고 피나는 노력을 했고, 지금은 오순절이란 절기를 지키려고 원근 각처에서 모여들었던 것이다.

어떤 노력에도 그들은 죄 사함과 성령을 선물로 받지 못했다. 그런데 회개하고 믿으면 죄 사함과 성령을 선물로 받을 수 있다는 것이다. 당연히 많은 사람들이 그 선물을 받기 위하여 회개하고 예수 그리스도를 자신들의 구주로 받아들였다. 그 숫자는 자그마치 3,000명이나 되었다. 그날 3,000명이 세례를 받았는데, 그 광경은 마치 천국이 이 세상에 재현되는 것과 같이 영광스럽고도 찬란한 것이었다.

그들이 받은 '죄 사함'은 지금까지 지은 모든 죄에서 해방되었다는 뜻이다. 반면에 '성령의 선물'은 앞으로 변화된 삶을 살 수 있게 되었다는 뜻이다. 그들이 구원받는 순간 그들은 모든 과거의 불의와 불법에서 벗어나게 되었다. 그뿐 아니라, 앞으로 그들의 삶은 혼자가 아니라 그들 안에 들어오신 성령과 함께 하는 것이다. 성령의 도움으로 그들은 한편 성결한 삶을 영위하며, 또 한편 능력 있는 삶을 영위하게 되었다.

14장

천국 열쇠

1. 서론

베드로가 빌립보 가이사랴 지방에서 고백한 그의 신앙고백은 너무나 유명하다. "주는 그리스도시요 살아 계신 하나님의 아들이시니이다"라는 고백은 인간적으로는 절대로 불가능한 것이었다 (마 16:16). 같은 시대를 살아갈 뿐 아니라 같은 연령대인 예수님을 메시야이며 동시에 하나님의 아들이라고 어떻게 고백할 수 있었는가? 예수님의 말씀대로, 그것은 인간의 가르침 때문이 아니라 하나님이 알려주셨기에 가능한 고백이었다 (마 16:17).

베드로의 그 고백은 마태복음의 흐름을 완전히 바꾸어 놓기도 했다. 지금까지 예수님은 대중을 위한 사역에 치중하셨으나, 그때부터는 열두 제자에게 집중하셨다. 지금까지 그분은 수많은 기적을 일으키면서 가르치셨으나, 그때부터는 거의 기적을 일으키지 않으시고 제자들을 위한 가르침에 집중하셨다. 그 기간 중 그분이 보여주신 기적은 한두 가지에 불과한데, 귀신 들린 간질 병자를 고쳐주신 것과 물고기 입에 있던 돈 한 세겔을 지적하신 것이 전부였다 (마 17:18, 27).

베드로가 이처럼 놀라운 신앙을 고백하자 예수님은 지금까지 한 번도 언급하지 않으신 새로운 사실들을 제자들에게 가르치셨는데, 하나는 교회이고 또 하나는 천국 열쇠였다. 교회에 대해서는 넘어가고, 곧바로 이 장의 주제인 천국 열쇠에 대해서 알아보자. "내가 천국 열쇠를 네게 주리니 네가 땅에서 무엇이든지 매면 하늘에서도 매일 것이요, 네가 땅에서 무엇이든지 풀면 하늘에서도 풀리리라" (마 16:19).

2. 천국

예수님이 천국에 대하여 집중적으로 언급하신 곳은 마태복음에서이다. 바울 사도가 한 번 언급한 이외에는 (딤후 4:18) 모두 마태복음에서만 나온다. 그 복음서에서 '천국'이란 단어는 37번 나오는데, 그 중 제자들이 '천국에서는 누가 크니이까?'라고 질문했을 때를 제외하고는 (마 18:1), 모두 예수님이 직접 말씀하셨다. 그러니까 예수님은 마태복음에서 '천국'이란 단어를 36번이나 언급하신 셈이다.

예수님은 '천국'과 같은 뜻으로 '하나님의 나라'라는 표현도 즐겨 사용하셨다. '천국'을 구태여 영어로 쓰면 *kingdom of heaven*인데, '하나님의 나라'는 *kingdom of God*이다. 신약성경에서 '하나님의 나라'는 58번이나 나오는데, 그 중 예수님이 사용하신 횟수는 42번이나 된다. 그러니까 '천국'이든 '하나님의 나라'이든 주로 예수님이 사용하셨는데, 그 이유는 분명하다! 그분은 하나님의 통치를 철저하게 받는 삶을 사셨기 때문이다.

'천국'이나 '하나님의 나라'는 같은 내용인데 '왕이신 하나님이 통치하시는 나라'이다. 그리고 하나님의 통치는 언제나 그분의 뜻을 받아들일 뿐만 아니라 실천하는 사람들을 통하여 이루어진다. 하나님의 완전한 통치는 예수님의 재림과 더불어 일어날 것이다. 왜냐하면 그때에는 모든 그리스도인이 하나님을 예배하면서 조건 없이 그분의 뜻을 따를 것이기 때문이다. 그와 같은 절대적인 통치를 묘사한 성경이 바로 요한계시록이다.

그렇다고 하나님의 통치를 경험하기 위하여 예수님의 재림만을 기다려야 하는가? 물론 그분이 재림하시면 하나님의 통치가 완전해지겠지만, 반드시 그때에만 이루어지는 것은 아니다. 하나님의 통치는 이 세상에서 지금도 이루어질 수 있는데, 두말할 필요도 없이 그리스도인들을 통해서이다. 그들이 하나님의 뜻을 조건 없이 따르면 그들을 통하여 하나님은 통치하신다. 그런 이유 때문에 그리스도인들이 많을수록 하나님의 통치는 확대된다.

그러면 그리스도인들이 많으면 그들을 통하여 하나님의 통치가 저절로 이루어지는가? 그렇지 않다! 위에선 언급한 것처럼, 그들이 하나님께 절대로 순종하며 굴복해야 한다. 그리할 때 그들은 성령의 충만을 입어 하나님의 뜻을 이루어드리는 하나님의 도구가 된다. 그리고 그들을 통해서 각계각층에서 하나님이 통치하시면서 선한 영향력을 끼치게 된다. 그런 이유 때문에 그리스도인들은 조건 없이 하나님의 뜻을 따라야 한다.

그 가운데서 불신자들에게 복음을 전하는 것은 분명한 하나님의 뜻이다. 불신자들은 사탄의 영향력 밑에 있기에 하나님의 뜻을 따를 수 없다. 따르기는커녕 하나님의 뜻을 거역한다. 그러나 그들이 복음을 받아들이면 그들도 하나님의 통치를 받기 시작하게 된다. 결국, 그리스도인들이 불신자들을 복음으로 변화시키면 그만큼 하나님의 나라가 확장된다. 계속해서 확장되면 마침내 예수님의 재림과 더불어 온전한 하나님의 통치가 일어날 것이다.

3. 열쇠

하나님의 말씀에 나오는 '열쇠'는 권위와 능력을 상징한다. 하나님이 그 종 엘리아김에게 열쇠를 주시겠다고 하시면서 이렇게 말씀하신 적이 있다. "네 옷을 그에게 입히며 네 띠를 그에게 띠워 힘 있게 하고 네 정권을 그의 손에 맡기리니 그가 예루살렘 주민과 유다의 집의 아버지가 될 것이며, 내가 또 다윗의 집의 열쇠를 그의 어깨에 두리니 그가 열면 닫을 자가 없겠고 닫으면 열 자가 없으리라"(사 22:21-22).

이 약속에서 '열쇠'는 능력을 포함하는데, '네 옷을 그에게 입히며 네 띠를 그에게 띠워 힘 있게 하고'라는 말씀은 능력을 가리킨다. 뿐만 아니라, '열쇠'는 권위도 포함하는데, '정권을 그의 손에 맡기리니, 그가 예루살렘 주민과 유다의 집의 아버지가 될 것이라'는 말씀은 권위를 가리킨다. 엘리아김이 그에게 주어질 '열쇠'를 사용하면, 자동적으로 그에게 권위와 능력이 따르게 된다는 약속이다.

'열쇠'는 이처럼 정치적인 권위와 능력만을 상징하지 않는다. '열쇠'가 다른 것을 상징하는 말씀을 보면서 설명하자. "화 있을진저! 너희 율법교사여, 너희가 지식의 열쇠를 가져가서 너희도 들어가지 않고, 또 들어가고자 하는 자도 막았느니라"(눅 11:52). 이것은 예수님이 하신 말씀인데, 바리새인은 천국으로 들어가는 '지식의 열쇠'를 가지고 있었으나, 본인을 위해서는 물론 다른 사람들을 위해서도 그 '열쇠'로 문을 열지 않았다.

실제로 천국 문의 '열쇠'를 가진 분은 예수 그리스도이셨다. 그분은 다윗의 자손으로 이 세상에 오신, 그래서 '다윗의 열쇠'를 가진 분이셨다. 그분이 빌라델비아 교회에게 말씀하시면서 자신에 대한 묘사를 이렇게 하셨다, "거룩하고 진실하사 다윗의 열쇠를 가지신 이, 곧 열면 닫을 사람이 없고 닫으면 열 사람이 없는 그가 이르시되” (계 3:7). 그분에게 천국 문을 여실 수 있는 권위와 능력이 있다는 말씀이다.

예수 그리스도의 '열쇠'는 천국의 문만 열 수 있는 것이 아니었다. 그 열쇠로 '사망과 음부'의 문도 열 수 있다 (계 1:18). 그뿐 아니라, 그분은 사탄을 쇠사슬로 결박하여 천년동안 가둘 수 있는 무저갱의 문을 열었다가 닫을 수 있는 '열쇠'를 천사에게 주실 것이다. 하나님의 말씀으로 확인하자, “천사가 무저갱의 열쇠와 큰 쇠사슬을 그의 손에 가지고…용을 잡으니…곧 사탄이라…잡아서 천 년 동안 결박하여 무저갱에 던져 넣어” (계 20:1-3).

그분은 그 '열쇠'를 당신만 갖고 있지 않으셨다. 필요하면 그 '열쇠'를 천사에게도 주셨다. 그 '열쇠'를 받은 천사는 그처럼 크고도 무지막지한 역사를 일으켰던 사탄도 가둘 수 있었다. 결국 그 천사가 받은 '열쇠'는 예수 그리스도의 열쇠이기에 그분의 권위와 능력도 함께 받은 것이었다. 예수 그리스도는 이처럼 큰 권위와 능력을 상징하는 '열쇠'를 베드로에게도 주셨는데, 그것이 바로 '천국 열쇠'였다.

4. '매고 풀다'

베드로는 그 '천국 열쇠'로 무엇을 할 수 있었는가? 그것을 알아보기 위하여 예수님이 그에게 열쇠를 주면서 하신 말씀을 다시 인용해 보자. “네가 땅에서 무엇이든지 매면 하늘에서도 매일 것이요, 네가 땅에서 무엇이든지 풀면 하늘에서도 풀리리라.” 이 말씀에 의하면, 베드로는 그 열쇠로 어떤 때는 매고, 어떤 때는 푼다는 것이다.

그렇게 '땅에서 매고 풀' 때, 그 권위와 능력이 얼마나 큰지 하늘에서도 똑같이 '매고 푼다'는 것이다.

그러면 베드로는 무엇을 매고 또 풀란 말인가? 그것을 알아보기 위하여 우선 '매다'의 원뜻를 살펴보자. '매다'는 헬라어로 *데오*($\delta\acute{\epsilon}\omega$)인데, 그 뜻은 다음과 같이 다양하다: '매다', '묶다', '불법이라고 선언하다', '부정하다고 선고하다.' 이처럼 다양한 뜻에서 베드로가 무엇을 '매고 풀어야' 하는지를 알려주는 단서가 숨겨져 있다. 특히 '부정하다고 선고하다'는 유대인인 베드로에게는 중요한 모세의 가르침을 상기시키고도 남았다.

모세의 율법에 의하면, 나병환자는 부정한 사람으로 간주되어 다른 사람들과 섞여 살 수 없었다. 다시 말해서, 그는 가정과 사회로부터 분리되어 동냥으로 연명하면서 쓸쓸하게 죽음을 기다리는 신세가 되었다. 그 사람이 부정한지 아니면 정한지 선고하는 사람은 다름 아닌 제사장이었다. 제사장은 환자를 진찰한 후 '부정하다'고 선고할 수도 있고, '정하다'고 선고할 수도 있다. 그 환자의 운명은 제사장의 선고에 달렸던 것이다.

모세의 율법으로 그 사실을 확인하자: "제사장은 그 피부의 병을 진찰할지니 환부의 털이 희어졌고 환부가 피부보다 우묵하여졌으면 이는 나병의 환부라; 제사장이 그를 진찰하여 그를 부정하다 할 것이요" (레 13:3). 제사장이 이렇게 선고하면, 그 환자는 옷을 찢고 머리를 풀고 '부정하다'고 두 번 반복해서 부르짖어야 했다 (레 13:45). 그런 다음 그는 가정과 사회로부터 쫓겨나서 성 밖에서 비참한 여생을 살아야 했다.

베드로는 주님으로부터 받은 '천국 열쇠'로 이처럼 엄청난 권위와 능력을 행할 수 있었다. 어떤 죄인이든지 그가 전한 복음을 거부하면 그는 영적으로 '부정한 자'로 선고된다. 다시 말해서, 그 죄인은 나병환자처럼 죄 가운데서 쓸쓸하게 살다가, 죄 가운데서 쓸쓸하게 죽을 것이다. 물론 그렇게 죽음으로 끝나지 않는다. 그는 베드로가 전한 복음을 거부한 대가를 치르지 않으면 안 되는데, 그 대가는 심판과 지옥이다.

반면, 제사장이 환자를 진찰한 후, 나병이 아니라 피부병이면 '정하다'고 선고했다. 그렇게 선고된 환자의 기쁨을 상상해 보라! 그의 운명이 제사장의 판단에 달렸기에 제사장이 진찰하는 동안 얼마나 마음을 졸였겠는가? 어떤 때는 그 진찰이 14일이나 걸렸다 (레 13:31-34). 그 기간은 환자에게는 14년 이상으로 길게 느껴졌을 것이다. 그렇게 불안에 떨던 그가 정한 사람으로 선고되어 정상적으로 살게 되다니 얼마나 기뻤겠는가! (레 13:6).

그런데 그 경우보다 수백 배나 큰 기쁨을 누린 사람도 있었다. 어떤 나병환자에게 있었던 나병이 갑자기 없어졌다. 그는 반신반의하면서 제사장에게 그의 몸을 보였다. 제사장은 그를 '정하다'고 선고했으며, 그는 모세의 율법대로 정결의식을 거쳐서 다시 정상적인 가정생활로 돌아가게 되었다 (레 14:2-9). 한 사람의 운명을 결정할 수 있는 제사장의 권위와 능력은 하늘을 찌를 듯 높고 컸다.

예수 그리스도가 베드로에게 주신 권위와 능력도 제사장 못지않게 높고 큰 것이었다. 그는 죄인들에게 예수님의 죽음과 부활을 근거로 용서를 선언할 수 있었다. 예수님이 부활하신 후, 베드로에게 주신 천국 열쇠의 기능을 부연 설명을 하듯이 이렇게 말씀하신 적이 있었다. "너희가 누구의 죄든지 사하면 사하여질 것이요, 누구의 죄든지 그대로 두면 그대로 있으리라" (요 20:23). 베드로에게 주어진 권위와 능력은 죄의 용서까지 포함할 만큼 큰 것이었다.

5. 전개

베드로 사도는 그에게 주어진 '천국 열쇠'로 그 문을 열고 많은 죄인들을 천국으로 인도하였다. 다른 어떤 선지자나 사도도 해내지 못한 엄청난 일을 해냈던 것이다. 천국 백성이 되기 위해서는 무엇보다도 예수님을 통하여 죄를 용서받고 거듭나야 한다. 그런데 베드로를 통해 거듭난 사람들이 많았지만, 그 중에서 세 부류만 제시하겠다. 그 이유는 세 부류, 곧 유대인과 이방인과 그 중간의 사람들인 사마리아인은 모든 인류를 대표하기 때문이다.

먼저, 베드로가 어떻게 유대인들을 거듭나도록 인도했는지 알아보자. 오순절에 성령이 강림하셔서 베드로를 포함해서 기도하던 120명의 성도들을 성령으로 충만하게 하셨다. 그들이 성령으로 충만하게 되자 각기 다른 언어들로 말하기 시작했다. 이런 현상은 성령의 역사가 아니면 일어날 수 없는 것이었다. 어떻게 다른 나라 언어를 배운 적이 없는 무식한 사람들이 다른 나라의 언어들로 말할 수 있었겠는가?

바벨탑의 사건으로 언어가 혼잡하게 되어 민족마다 다른 언어를 구사하면서 서로 자유롭게 의사소통을 하지 못하다가 (창 11:7), 갑자기 그 언어의 혼잡을 초월하여 한 언어를 사용하듯 자유롭게 의사소통을 하게 한 역사가 오순절에 일어났다. 어떤 사람들은 이런 성령의 역사를 이해하지 못하고 대낮부터 '새 술에 취하였다'고 비난했다 (행 2:13). 그런 비난을 떨쳐버리기라도 하듯 베드로는 다른 사도들과 함께 일어서서 복음을 전하기 시작했다.

베드로는 그가 받은 '열쇠'로 유대인들을 위하여 천국의 문을 활짝 열었다. 어떤 유대인이든 베드로가 선포한 복음을 받아들이면, 베드로는 그들도 죄를 용서받고 천국 백성이 될 수 있다고 선언했다. 그의 선언을 들어보자, "너희가 회개하여 각각 예수 그리스도의 이름으로 세례를 받고 죄 사함을 받으라! 그리하면 성령의 선물을 받으리라" (행 2:38). 그가 선고한 죄 사함의 소식을 듣고 받아들인 사람이 3,000명이나 되었다 (행 2:41).

이렇게 베드로 사도를 통해 죄 사함을 받아 깨끗해진 사람들은 모두 유대인이었다. 놀라운 사실은 3,000명으로 끝난 것이 아니었다. 그 후에 죄를 용서받아 정하게 된 유대인 남자들의 수가 자그마치 5,000명이나 되었다 (행 4:4). 남자의 수만 계산했으니, 여자와 자녀들까지 포함시키면 그 숫자는 몇 만 명도 될 수 있었다. 베드로 사도가 열쇠로 활짝 연 문을 통하여 그렇게 많은 유대인들이 천국 백성이 되었던 것이다.

그 다음, 베드로 사도가 어떻게 사마리아인들을 위하여 천국 문을 열었는지 알아보자. 왜 사마리아인들이 중요한가? 베드로는 유대인이었기에 유대인들을 위해 천국 문을 열 수 있었다. 그러나 그 직후에 이방인들에게로 들어갈 수 없었는데, 그 이유는 모세의 법이 그것을 금했기 때문이다 (신 7:1-6). 그러니까 베드로는 유대인에게서 이방인으로 건너갈 수 있는 징검다리가 필요했는데, 사마리아인들이 징검다리의 역할을 한 셈이다.

이스라엘은 북과 남으로 갈라졌는데, 북은 이스라엘이라 불렸고 남은 유다라 불렸다. 북쪽 이스라엘이 주전 722년에 앗수르에 의하여 멸망되었는데, 앗수르는 혼혈정책을 사용해서 이스라엘 남자는 이방인 여자, 여자는 이방인 남자와 결합하게 하였다. 그 결과 사마리아인들은 이스라엘의 피와 이방인의 피가 섞인 혼혈인이 되었다. 비록 유대인들은 사마리아인들과 상종하지 않았지만 (요 4:9), 그래도 그들은 유대인과 이방인의 징검다리가 될 수 있었다.

일곱 집사 중 빌립이 사마리아에 가서 복음을 전한 결과 많은 사람들이 예수를 믿고 세례를 받았다. 그러나 그들은 성령을 받지 못하여 거듭나지 못했다. 그 소식을 들은 예루살렘교회가 베드로와 요한을 보냈고, 그들은 사마리아에서 예수를 믿은 사람들을 위하여 기도하였다. 그 결과 성령이 그들에게 임하는 역사가 있었다 (행 8:14-17). 베드로는 사마리아 사람들을 위하여 다시 한 번 열쇠로 천국 문을 열었던 것이다.

마지막으로, 이방인들이 어떻게 천국으로 들어왔는지 알아보자. 원래 하나님은 유대인과 이방인의 구별 없이 모든 사람을 사랑하셨다. 그 사실을 잘 보여주는 하나님의 말씀은 창세기 1~11장의 내용이다. 그곳에서 하나님은 모든 사람을 직접 대하시고 다루셨으나, 그들의 반항이 갈수록 커지자 하나님은 그들로부터 아브라함을 불러내셨다. 그 목적은 아브라함과 그 후손을 통하여 이방인을 구원하시기 위함이었다.

그러나 불행하게도 아브라함의 후손인 이스라엘 백성은 하나님의 선민이라는 교만 때문에 이방인들을 무시하면서 개돼지처럼 취급했다. 이미 언급한 것처럼, 그들은 이방인들과 상종조차 하지 않았다. 비록 그들이 이방인들을 그처럼 무시했지만, 하나님은 조금도 변함없이 이방인들을 사랑하셨고, 또 천국 백성으로 삼기 원하셨다. 그런 뜻이 구체적으로 표출된 것이 바로 베드로에게 '천국 열쇠'를 맡기신 것이었다.

그러나 '천국 열쇠'로 이방인들을 위해서도 천국 문을 열어야 된다는 사실을 베드로는 몰랐다. 실제로 그는 이방인들에게 다가가서 복음을 전할 생각도 하지 못했다. 그런데 하나님은 인간의 생각과 계획을 뛰어넘는 역사를 시작하셨는데, 베드로에게 주어진 '열쇠'로 이방인들을 위해서도 천국 문을 열라는 것이었다. 사도행전에 기록된 최초의 이방인 회심자는 고넬료 가족이었는데, 그는 로마제국의 백부장이었다. 이방인 중 이방인이었다는 말이다.

베드로는 유대인과 이방인 사이에 있는 높고도 두터운 장벽을 어떻게 뛰어넘었는가? 우선 성령이 고넬료에게 찾아와서 베드로를 초청하라는 말씀을 주셨다. 동시에 같은 성령은 고넬료에게 가기를 주저하지 말라는 환상을 베드로에게 보여주셨다. 베드로는 성령을 통하여 주신 하나님의 명령을 민족적이고 종교적인 장벽보다 훨씬 무겁게 받아들였다. 그렇지 않았다면 그는 결코 고넬료에게 가지 못했을 것이다.

베드로 사도가 고넬료의 집에 모인 그의 친척들과 친구들에게 복음을 전하기 시작했는데, 그 메시지의 핵심은 예수 그리스도의 죽음과 부활을 통하여 그들도 죄를 용서받고 하나님의 자녀가 될 수 있다는 것이었다. 그의 전도 중 일부만 인용해 보자, "그를 믿는 사람들이 다 그의 이름을 힘입어 죄 사함을 받는다 하니라" (행 10:43). 그에게 위임된 열쇠로 천국 문을 여는 말씀이었다.

베드로의 전도에는 권위와 능력이 넘쳐났는데, 그 이유는 예수 그리스도가 주신 '천국 열쇠'로 문을 열었기 때문이었다. 거기에 있던 모든 사람에게 성령이 임하시면서 방언도 하고 하나님을 높이기 시작했다 (행 10:44-46). 이처럼 놀라운 역사는 하나님이 선택하신 베드로를 통하지 않으면 이루어질 수 없었다. 그 역사를 가능하게 하기 위하여 베드로의 주님이신 예수 그리스도가 그에게 '천국 열쇠'를 주셨던 것이다.

베드로에게 주어진 사역은 '천국 열쇠'로 문을 여는 것이었다. 그는 충성스럽게 그 사역을 이행하였다. 위에서 언급한 것처럼, 베드로는 유대인들을 위하여 그 열쇠로 천국 문을 열었을 뿐 아니라, 사마리아인들을 위해서도 문을 열었다. 한발 더 나아가서, 그는 어떤 유대인도 뛰어넘을 수 없는 장벽을 넘어서 이방인들에게 문을 활짝 열어주었다. 그렇게 '천국 열쇠'로 인류 전체를 대표하는 세 종류의 사람들에게 천국의 문을 열어주는 사역을 감당했다.

6. 결론

'천국 열쇠'로 천국의 문을 활짝 연 사람은 베드로 사도였다. 그가 문을 활짝 열자 유대인들과 사마리아인들은 물론 이방인들까지 복음을 받아들이고 천국 백성이 되었다. 그렇다! 베드로 사도는 무엇보다도 복음으로 천국 문을 여는데 가장 우선권을 두었다. 그렇지 않았다면 어떻게 초대교회가 이루어졌겠으며, 그 교회가 어떻게 그렇게 빨리 확장될 수 있었겠는가?

그렇다면 베드로 사도는 그 '천국 열쇠'로 복음을 전하는 문만 열었는가? 그렇지 않다! 그는 교회가 문제에 봉착할 적마다 그 열쇠를 사용하여 문을 열었다. 헬라파 과부들과 히브리파 과부들의 갈등도 해결해주었고 (행 6장), 그리스도인들도 할례를 받아야 한다는 잘못된 가르침도 바로 잡았다 (행 15장). 물론 다른 사도들과 함께 했지만, 그래도 베드로의 역할이 컸다. 확실히 베드로는 주님으로부터 '천국 열쇠'를 받아서 신실하게 사용한 사도였다.

15장

하나님의 영광

1. 서론

예수 그리스도가 어린 나귀를 타고 예루살렘에 입성하신 후, 십자가의 죽음을 목전에 두고 이렇게 기도하셨다, "아버지여, 아버지의 이름을 영광스럽게 하옵소서!" 아버지에게 올린 그 기도가 얼마나 절박했던지, 아버지도 즉각적으로 그 기도에 이렇게 응답하셨다, "내가 이미 영광스럽게 하였고, 또다시 영광스럽게 하리라" (요 12:28). 이 기도와 응답에는 '영광'이라는 표현에 세 번씩 나오는데, 그 이유는 무엇인가?

예수님은 이제부터 말할 수 없는 고통을 당하실 뿐 아니라, 마침내 죽음에 이르실 것이다. 그분은 이런 기도로 죽음도 껴안겠다고 하셨다, "그러나 내가 이를 위하여 이 때에 왔나이다!" (요 12:27). 그분의 생애는 태어나면서부터 죽는 순간까지 한 가지 목적만을 위해서 호흡하시고, 사고하시고, 행동하셨는데, 곧 아버지 하나님의 영광을 드러내는 것이다. 앞으로 닥칠 모든 고난과 죽음도 변함없이 아버지의 영광을 위해 감수하시겠다는 기도였다.

하나님 아버지의 응답은 이중적인 '영광'이었다. 첫 번째 나오는 '내가 이미 영광스럽게 하였다"는 것은 지금까지 예수님이 가르치시고, 기적을 행하신 일체의 사역을 통하여 영광을 받으셨다는 것이다. 그런데 가장 최근에 일구신 가르침과 역사는 역시 죽은 나사로를 살리시면서 가르치신 내용이었다. "나는 부활이요 생명이니 나를 믿는 자는 죽어도 살겠고, 무릇 살아서 나를 믿는 자는 영원히 죽지 아니하리라" (요 11:25-26).

특히 나사로의 부활이라는 기적을 통하여 하나님 아버지가 이미 영광을 받으셨다는 것이다. 12장 28절에 나오는 '또다시 영광스럽게 하리라'는 응답은 앞으로 예수님의 사역을 통하여 영광을 받으시겠다는 것이다. 그 사역은 엄청난 고난과 죽음을 통과하신 후, 아주 놀라운 사건을 통하여 영광을 받으시겠다는 것이다. 물론 그 사건은 그리스도 예수의 부활과 승천인데, 그런 전대미문前代未聞의 사건을 통하여 영광을 받으시겠다는 것이다.

2. 영광의 어원

신약성경에 나오는 '영광'은 헬라어에서 한 가지 뿐인데, 곧 독싸 (δόξα)이다. 독싸라는 명사는 167번 나오고, 동사형인 독싸조 (δοξάζω)도 62번 나온다. 그러니까 도합 229번이나 나오는 셈이다. 그 의미는 '공경', '명성', '영광' 등이다. 특히 이 단어를 '하나님' 과 같이 사용해서 '하나님의 영광'이라고 하면, 하나님의 속성을 나타낸다. 다시 말해서, 하나님이 임재하신 사실을 인간이 감지한다는 의미이다.

구약성경에 나오는 '영광'은 그렇게 단순하지 않다. 신약성경의 독싸에 해당하는 히브리어는 카보드(כָּבוֹד)인데, 200번이나 나온다. 이 단어는 '공경,' '위엄,' '풍요,' '부유,' '광채,' '명성,' '영광' 등의 뜻을 갖는다. 그런데 이 단어를 '하나님'과 같이 사용하면 언제나 예외 없이 '하나님의 영광'을 의미한다. 실례를 들어보자; "아론이 이스라엘 자손의 온 회중에게 말하매 그들이 광야를 바라보니, 여호와의 영광이 구름 속에 나타나더라" (출 16:10).

구약성경에서 두 번째 나오는 '영광'은 티파라(הִפְאָרָה)이다. 이 단어는 51번 나오는데, '아름다움,' '높은 지위,' '상급,' '명성,' '영광' 등의 뜻을 지닌다. 이 단어가 '하나님'과 같이 사용되면, '하나님의 지위, 명성' 등의 뜻이다. 실례를 들어보자, "여호와여, 위대하심과 권능과 영광과 승리와 위엄이 다 주께 속하였사오니 천지에 있는 것이 다 주의 것이로소이다. 여호와여, 주권도 주께 속하였사오니 주는 높으사 만물의 머리이심이니이다" (대상 29:11).

구약성경에 세 번째 나오는 '영광'은 하다르(הָהָר)인데, 30번 나온다. 이 단어의 뜻은 '장식품,' '공경,' '광채,' '위엄,' '영광' 등인데, 특히 '하나님'과 함께 사용하면 '영광'이 된다. 실례를 들어보자, "사람들이 암혈과 토굴로 들어가서 여호와께서 땅을 진동시키려고 일어나실 때에, 그의 위엄과 그 광대하심의 영광을 피할 것이라" (사 2:19). 이 말씀은 마지막 때에 심판자로서 이 땅에 임하실 하나님을 가리킨다.

구약성경에 네 번째 나오는 '영광'은 체비(צְבִי)인데, '아름다움,' '공경,' '훈장' 등의 뜻이다. 이 단어는 8번 나오는데, 한 번을 제외하고는 모두 이사야에서 나온다 (삼하 1:19). 성경을 인용하면서 설명해 보자. "그 날에 만군의 여호와께서 자기 백성의 남은 자에게 영화로운 면류관이 되시며 아름다운 화관이 되실 것이라" (사 28:5). 이 말씀에서 '그 날'은 마지막 때를 가리키는데, 이사야에 나오는 '영광'은 모두 마지막 때의 심판과 연관되어 사용되었다.

구약성경에서 다섯 번째 나오는 '영광'은 예카라(יְקָר)인데, 7번 나오는 이 단어는 다니엘에서만 볼 수 있다. 그 뜻은 '공경,' '명예,' '영광' 등인데, 특히 위임받은 '영광'을 강조한다. 느부갓네살 왕도 그의 '영광'을 하나님에게서 받았고, 또 신하들의 '영광'은 그 왕이 준 것이었다. "왕이여 지극히 높으신 하나님이 왕의 부친 느부갓네살에게 나라와 큰 권세와 영광과 위엄을 주셨고…그의 왕위가 폐한 바 되며 그의 영광을 빼앗기고" (단 5:18, 20).

3. 영광의 삼중적 의미

'하나님의 영광'은 세 가지 뜻을 갖는다. 첫째는 하나님 자체가 영광이시다. 하나님 자신과 영광은 같은 뜻이라는 말이다. 그러니까 '하나님'이 곧 '영광'이며, '영광'이 곧 '하나님'이라는 말이다. 이런 영광을 전문적인 용어로는 "본질적 영광^{essential glory}"이라고 한다. 이 표현은 하나님의 존재 자체가 영광이라는 뜻이다. 다시 말해서, 하나님이 변화하지 않으시는 것처럼 영광도 변화되지 않으며, 따라서 소멸되지 않고 감소되지도 않는다.

하나님의 피조물인 인간은 이런 하나님을 지각할 수도 없고 볼 수도 없다. 하나님은 일찍이 당신을 보여 달라는 모세의 간청에 대하여 이렇게 말씀하신 적이 있다. "네가 내 얼굴을 보지 못하리니, 나를 보고 살 자가 없음이니라" (출 33:20). 인간이 피조물인 태양을 직접 보아도 죽는데, 영광이신 창조주 하나님을 직접 보면서 어떻게 살겠는가? 이런 영광의 하나님은 절대자이시며, 인간이 넘볼 수 없는 초월의 하나님이시다.

두 번째 '하나님의 영광'은 방사적^{放射的} 영광^{radiative glory}이다. '방사'는 어떤 본체에서 빛이 사방으로 퍼져나간다는 뜻이다. 방사적 영광에서 본체는 두말할 필요도 없이 하나님의 영광, 곧 하나님 자신이다. 그런데 그 하나님을 반사해서 사방으로 퍼져나가는 영광을 가리켜서 방사적 영광이라고 한다. 그러니까 인간이 하나님의 본질적 영광은 느끼거나 볼 수 없지만, 그 본질에서 흘러나오는 하나님의 영광, 곧 방사적 영광을 느끼거나 볼 수는 있다.

다시 모세의 요청을 실례로 들면서 설명해 보자. 모세는 "주의 영광을 내게 보이소서!"라고 요청했다 (출 33:18). 하나님은 은혜와 긍휼을 베푸셔서 그 요청을 일부 들어주시면서 이렇게 말씀하셨다; "내 영광이 지나갈 때에 내가 너를 반석 틈에 두고 내가 지나도록 내 손으로 너를 덮었다가, 손을 거두리니 네가 내 등을 볼 것이요 얼굴은 보지 못하리라" (출 33:32-33). 하나님은 모세의 요청을 들어주셨지만, 상당히 제한적이었다.

모세는 반석 틈에서 하나님의 등을 살짝 보았다. 그래도 모세는 부분적이긴 해도 하나님의 영광을 보았다. 하나님이 그 시간과 그 장소에 임하셔서 등을 보여주셨다. 실제로 하나님은 종종 당신의 종들에게 부분적으로 당신의 영광을 보여주시기 위하여 그들에게 임하셨다. 그런 임재를 히브리어로 쉐키나(שכינה)라고 하는데, 방사적 영광에서 '하나님의 임재'는 너무나 중요하다. 하나님이 임재하지 않으시면 아무도 하나님의 영광을 볼 수 없기 때문이다.

세 번째 하나님의 영광은 반사된 영광reflective glory이다. 이 영광은 인간이 하나님의 방사적 영광을 경험한 결과, 그 영광을 다시 다른 사람들에게 반사해서 드러내는 것을 뜻한다. 모세의 예를 들면서 설명해 보자. 모세는 시내산으로 올라가서 40일 동안 하나님과 영교靈交한 후, 십계명이 기록된 두 돌판을 가지고 내려왔다. 그런데 모세는 자신도 알지 못하는 광채가 그의 얼굴에 나타났다 (출 34:29).

이스라엘 백성이 광채가 난 모세를 직접 보기를 두려워해서 모세는 얼굴에 수건을 썼다. 하나님의 말씀에서 확인하자, "모세가 그들에게 말하기를 마치고 수건으로 자기 얼굴을 가렸더라"(출 34:33). 모세는 부분적인 하나님의 영광을 보았지만, 그래도 그 영광을 이스라엘 백성에게 반사했던 것이다. 하나님을 만난 사람들은 그 영광을 반사해야 하는데, 그 정도는 사람에 따라 다르다.

어떤 사람은 하나님의 영광을 사람들에게 많이 드러내는가 하면, 또 어떤 사람은 조금만 드러낸다. 그런가 하면 어떤 사람은 하나님의 영광을 가리면서 하나님의 이름을 모독한다. 그러니까 하나님의 방사적 영광을 경험하고도 그 영광을 나타내는 정도는 사람에 따라 다르다. 그런 이유 때문에 반사된 영광을 가변적 영광variable glory이라고도 한다. 사람에 따라 드러내는 하나님의 영광이 클 수도 있고, 작을 수도 있기 때문이다.

4. 하나님의 현현顯現

하나님은 시시때때로 인간에게 임하셔서 영광을 나타내셨다. 이미 언급한 것처럼, 그렇게 보여주신 영광은 방사적 영광이다. 그러니까 하나님의 임재와 영광은 절대로 분리해서 생각할 수 없는 현상이다. 그런 이유 때문에 유대인들은 하나님의 임재를 가리키는 *쉐키나*를 빈번하게 사용했는데, 그 단어는 성경에서는 나오지 않는다. 그들은 이렇게 보여주신 영광을 *쉐키나* 영광이라고도 했다.

하나님의 말씀에서 이런 *쉐키나* 영광은 쉽게 찾아볼 수가 있다. 이스라엘 백성이 출애굽 후에 광야를 지나면서 양식이 없음을 인하여 모세와 아론을 원망한 적이 있었다. 그때 하나님이 영광 중에 나타나셔서 그들의 양식을 공급하시겠다고 하셨다. 우선 하나님의 *쉐키나* 영광을 보자. "아론이 이스라엘 자손의 온 회중에게 말하매, 그들이 광야를 바라보니 여호와의 영광이 구름 속에 나타나더라" (출 16:10).

그렇게 나타나신 하나님은 이스라엘 백성에게 아침마다 임하셔서 그들에게 만나를 공급하시겠다고 말씀하셨다. 그 말씀도 보자, "내가 너희를 위하여 하늘에서 양식을 비 같이 내리리니 백성이 나가서 일용할 것을 날마다 거둘 것이라···아침에는 너희가 여호와의 영광을 보리니···" (출 16:4, 7). 그 이후 이스라엘 백성은 아침마다 만나를 거두면서 하나님의 *쉐키나* 영광을 보았다. 하나님은 이스라엘 백성에게 임하셔서 그들의 필요를 채워주셨다.

하나님의 *쉐키나* 영광은 그 후에도 종종 나타났다. 모세가 시내산에서 하나님과 대면할 때도 이스라엘 백성은 하나님의 영광을 보았다 (출 24:17). 모세가 아론과 그 아들들을 제사장으로 임명했을 때도 하나님의 영광이 나타났다 (레 9:6, 23). 이스라엘 백성이 광야에 있을 때, 고라와 그 일당이 모세를 대적하려고 들고 일어났을 때도 하나님의 *쉐키나* 영광이 나타나서 그 일당을 심판하셨다 (민 16:19).

하나님은 당신이 애굽에서 구원해내신 이스라엘 백성과 중단 없는 대화를 나누시기 위하여 그들 가운데 상존하셨다. 그 상존의 장소가 바로 성막 안에 있는 지성소였다. 그들이 성막을 완성하자 하나님의 *쉐키나* 영광이 그 성막에 가득히 임했다. "구름이 회막에 덮이고 여호와의 영광이 성막에 충만하매 모세가 회막에 들어갈 수 없었으니, 이는 구름이 회막 위에 덮이고 여호와의 영광이 성막에 충만함이었더라" (출 40:34-35).

세월이 흘러서 이스라엘 백성은 마침내 가나안 땅에 정착하여 나라를 세웠는데, 그 나라가 크게 번성하였다. 솔로몬 왕은 성막 대신에 크고도 장엄한 성전을 7년에 걸쳐서 완성했다. 솔로몬이 그 성전을 봉헌하면서 기도를 마쳤을 때, 하나님의 *쉐키나* 영광이 그 성전에 충만하게 임했던 것이다. 모세가 지은 성막에 임하셨던 하나님은 솔로몬이 지은 성전에도 똑같이 임하셔서 그 영광을 보여주셨다. 그 사실을 말씀을 통해 알아보자.

> "솔로몬이 기도를 마치매 불이 하늘에서부터 내려와서 그 번제물과 제물들을 사르고 여호와의 영광이 그 성전에 가득하니, 여호와의 영광이 여호와의 전에 가득하므로 제사장들이 여호와의 전으로 능히 들어가지 못하였고, 이스라엘 모든 자손은 불이 내리는 것과 여호와의 영광이 성전 위에 있는 것을 보고 돌을 깐 땅에 엎드려 경배하며 여호와께 감사하여 이르되, '선하시도다, 그의 인자하심이 영원하도다' 하니라" (대하 7:1-3).

그러나 세월이 지나면서 성전에 임하셨던 하나님의 영광이 그 성전을 떠나는 비극을 맞았다. 그 이유는 이스라엘 백성의 세 가지 죄 때문이었는데, 곧 우상숭배와 안식일의 파괴와 성적 타락이었다. 그들의 죄 때문에 하나님은 더 이상 그렇게 더럽혀진 성전에 좌정하실 수 없게 되었다. 따라서 하나님의 영광이 지성소를 떠나, 문지방을 거쳐 성전 동문으로 퇴각하셨다가 마침내 그 성읍을 떠났던 것이다 (겔 8:4, 10:4, 18, 19, 11:23).

5. 예수 그리스도

이처럼 죄악 때문에 인간을 떠난 하나님의 영광은 회복될 수 있는가? 하나님이 다시 그 죄인들 가운데 *쉐키나* 영광으로 찾아오실 수 있는가? 인간적으로 생각하면 가능하지 않아 보이는 상황에서, 하나님은 이사야 선지자를 통해 하나님의 영광에 관한 약속을 하셨다. 그 선지자의 입술을 통해 확인하자. "그 날에 이새의 뿌리에서 한 싹이 나서 만민의 기치로 설 것이요, 열방이 그에게로 돌아오리니 그가 거한 곳이 영화로우리라" (사 11:10).

어느 날, 하나님이 이새의 뿌리에서 난 싹이 하나님의 영광을 나타내겠다는 것이다. 이 말씀에서 '이새의 뿌리'는 다윗의 자손인 예수 그리스도를 가리킨다. 왜냐하면 이새의 아들이 다윗이고, 그 후손이 예수님이기 때문이다. 위의 말씀을 좀 더 풀어보면, 예수 그리스도가 거하신 곳이 하나님의 영광이 된다는 것이다. 달리 표현하면, 그분은 하나님의 영광을 드러내는 *쉐키나* 영광이라는 것이다.

이런 하나님의 영광을 염두에 두고 사도 요한은 예수 그리스도의 탄생을 이렇게 묘사했다. "말씀이 육신이 되어 우리 가운데 거하시매, 우리가 그의 영광을 보니 아버지의 독생자의 영광이요 은혜와 진리가 충만하더라" (요 1:14). 실제로 그분이 탄생하실 때, 들에서 양떼를 지키던 목자들에게 하나님의 영광이 그들을 비추었다. 다시 말씀에서 이것을 확인하자. "…주의 영광이 그들을 두루 비추매 크게 무서워하는지라"(눅 2:9).

'주의 영광이 그들을 비추었다'는 것은 주님이 그들 가운데 임하셨다는 뜻이다. 그렇게 임한 주의 사자가 그들에게 이렇게 말했다: "너희가 가서 강보에 싸여 구유에 뉘어 있는 아기를 보리니 이것이 너희에게 표적이니라 하더니, 홀연히 수많은 천군이 그 천사들과 함께 하나님을 찬송하여 이르되, '지극히 높은 곳에서는 하나님께 영광이요, 땅에서는 하나님이 기뻐하신 사람들 중에 평화로다' 하니라"(눅 2:12-14).

그렇다! 예수 그리스도가 죄 많은 인간 속에 *쉐키나* 영광으로 찾아오신 것이다. 이미 언급한 것처럼, 어떤 사람도 하나님을 느낄 수도 그리고 볼 수도 없다. 그런데 그 하나님이 당신의 아들을 죄인들 가운데 보내신 것은 하나님의 영광을 드러내기 위한 긍휼과 은혜이다. 예수님은 본질적 영광인 하나님을 반사하는 방사적 영광이었다. *쉐키나* 영광인 그분을 통하여 간접적으로나마 하나님을 느끼고 보게 하신 것이다!

예수 그리스도의 탄생은 하나님의 *쉐키나* 영광이었다. 그렇다면 그분의 영광은 태어나면서부터 주어졌는가? 그렇지 않다! 그분은 창세 전부터 본질적 영광이신 하나님과 함께 하신 분이다. 그러므로 그분은 이 세상에 탄생하기 전부터 하나님의 영광이었다. 그렇지 않다면 그분은 이렇게 기도하지 않으셨을 것이다. "아버지여 창세 전에 내가 아버지와 함께 가졌던 영화로써 지금도 아버지와 함께 나를 영화롭게 하옵소서!"(요 17:5).

서론에서 이미 언급한 것처럼, 예수 그리스도는 많은 가르침과 많은 기적을 통하여 하나님의 영광을 드러내셨다. 특히 그분이 이루신 기적들은 하나님이 임하지 않으셨다면 일어날 수 없었던 것들이었다. 다른 말로 하면, 그분이 기적을 행하실 때마다 하나님의 *쉐키나* 영광이 나타났던 것이다. 그런 이유 때문에 하나님은 그 아들 예수에게 이렇게 말씀하셨다; "내가 이미 영광스럽게 하였고 또다시 영광스럽게 하리라" (요 12:28b).

'또다시 영광스럽게 하리라'는 말씀을 좀 더 살펴보자. 한 번은 예수님이 세 제자들을 데리고 변화산으로 올라가서 기도를 하실 때, 갑자기 모세와 엘리야가 영광 중에 나타나서 "장차 예수께서 예루살렘에서 별세하실 것을 말했다" (눅 9:31). 모세와 엘리야는 예수님이 죽으실 것을 예언하였는데, 그것도 영광 중에서 한 예언이었다. 그 말은 예수님이 십자가에서 죽으시는 것이 바로 하나님의 뜻이자 하나님의 영광이라는 것이다.

그리스도가 엠마오로 가던 두 제자에게 이렇게 말씀하신 적이 있었다. "그리스도가 이런 고난을 받고 자기의 영광에 들어가야 할 것이 아니냐?" (눅 24:26). 이 말씀도 그분의 죽음과 부활이 하나님의 뜻이자 하나님의 영광이라는 설명이었다. 그분은 죽기 전날 "아버지여, 때가 이르렀사오니 아들을 영화롭게 하사 아들로 아버지를 영화롭게 하옵소서"라고 기도하셨는데, 역시 십자가의 죽음이 하나님의 영광이라는 기도이다 (요 17:1).

예수님의 죽음이 하나님의 영광인 이유가 분명하다. 그분이 세상 죄를 짊어지고 심판을 받으신 것이 하나님의 뜻이기 때문이다. 그뿐 아니라, 그렇게 심판을 받으심으로 죄인들이 용서를 받을 수 있는 길이 열렸기 때문에 하나님의 뜻이었고, 동시에 하나님의 영광이었다. 한발 더 나아가서, 그분이 죽은 지 삼일 만에 다시 사신 것도 하나님의 *쉐키나* 영광이 없었다면 절대로 불가능한 역사였다.

확실히 예수 그리스도는 하나님의 *쉐키나* 영광이었다. 그분이 인간에게 또 한 번 영광을 드러내실 터인데, 곧 재림하실 때이다. 그분의 재림을 하나님의 영광으로 묘사한 제자는 누가였다. 그의 말을 직접 들어보자, "그 때에 사람들이 인자가 구름을 타고 능력과 큰 영광으로 오는 것을 보리라" (눅 21:27). 예수 그리스도의 재림이 하나님의 영광인 것은 너무나 분명한데, 그때부터 그분이 천년왕국의 통치자가 되시기 때문이다.

모든 그리스도인도 그분처럼 완전한 몸으로 변화되는 영광을 갖게 될 것이다. 다시 하나님의 말씀을 보자. "그가 만물을 자기에게 복종하게 하실 수 있는 자의 역사로 우리의 낮은 몸을 자기 영광의 몸의 형체와 같이 변하게 하시리라" (빌 3:21). 그렇게 변화된 몸을 가지고 그리스도인들은 주님과 더불어 재림하게 된다. 다시 말씀에서 확인하자, "우리 생명이신 그리스도께서 나타나실 그 때에 너희도 그와 함께 영광 중에 나타나리라" (골 3:4).

6. 결론

그리스도인들은 하나님의 영광을 위해 사는 사람들이다. 하나님의 말씀으로 그것을 확인하자, "그런즉 너희가 먹든지 마시든지 무엇을 하든지 다 하나님의 영광을 위하여 하라" (고전 10:31). 그렇다면 어떻게 하나님의 영광을 위해 살 수 있는지 세 가지만 제안해 보자. 첫째, 하나님의 영광을 보아야 한다. 하나님의 영광을 보지 않고 그분의 영광을 위하여 어떻게 느끼고, 생각하고, 말하고, 행동하면서 살 수 있다고 하겠는가?

바울 사도의 권면이다: "우리가 다 수건을 벗은 얼굴로 거울을 보는 것 같이 주의 영광을 보매 그와 같은 형상으로 변화하여 영광에서 영광에 이르니, 곧 주의 영으로 말미암음이니라" (고후 3:18). 하나님의 영광은 하나님의 임재, 곧 *쉐키나* 영광이라고 누누이 언급하였다. 그런 영광을 보기 위하여 그리스도인들은 영적 부흥을 경험해야 하는데, 부흥이란 하나님의 강한 임재를 뜻하기 때문이다.

부흥을 경험하려면, 그리스도인들은 둘째로 하나님의 영광을 위해 꾸준히 하나님의 말씀을 읽으면서 그 말씀에 내포된 하나님의 뜻을 조건 없이 받들어야 한다. 그뿐 아니라, 그 말씀에 따른 기도를 심도 있게 해야 한다. 말씀과 기도가 따르지 않는 그리스도인들은 부흥을 경험할 수도 없고, 하나님의 영광을 볼 수도 없다. 그뿐 아니라, 그리스도인들은 다른 그리스도인들과 투명한 교제를 나눌 수 있어야 한다. 가장 이상적인 교제의 장소는 물론 지역 교회이다.

하나님의 영광을 위하여 사는 셋째 방법은 잃어버린 영혼들에게 복음을 전하는 것이다. 하나님은 그 아들을 통하여 당신의 영광을 드러내게 하셨는데, 그 영광을 위하여 그 아들은 십자가에서 죽으셨다. 그분의 죽음 때문에 거듭나서 그리스도인이 되었는데, 어떻게 그분의 대속적 죽음을 불신자들에게 전하지 않을 수 있겠는가? 그들에게 복음을 전하지 않는데 어떻게 하나님의 영광을 위해서 산다고 할 수 있겠는가?

16장

하나님의 징계

1. 서론

그리스도인은 자신의 일상의 삶에서 잘못된 일이 일어나면, 혹시 하나님의 징계가 아닌가라는 두려움을 갖는다. 이런 두려움은 징계에 대한 오해 때문에 생기는 경우가 대부분이다. 그런 이유 때문에 하나님의 징계에 대하여 성경은 무엇이라고 하는지 정확히 알고 삶에 적용하는 것이 중요하다. 그런데 신약성경에서 히브리서만큼 하나님의 징계에 대하여 상세히 다룬 책은 없다. 그러면 히브리서는 징계에 대하여 어떻게 가르치고 있는지 알아보는 것이 순서일 것이다.

"또 아들들에게 권하는 것 같이 너희에게 권면하신 말씀도 잊었도다. 일렀으되, 내 아들아 주의 징계하심을 경히 여기지 말며, 그에게 꾸지람을 받을 때에 낙심하지 말라. 주께서 그 사랑하시는 자를 징계하시고 그가 받아들이시는 아들마다 채찍질하심이라 하였으니, 너희가 참음은 징계를 받기 위함이라. 하나님이 아들과 같이 너희를 대우하시나니, 어찌 아버지가 징계하지 않는 아들이 있으리요. 징계는 다 받는 것이거늘 너희에게 없으면 사생자요 친아들이 아니니라. 또 우리 육신의 아버지가 우리를 징계하여도 공경하였거든, 하물며 모든 영의 아버지께 더욱 복종하며 살려 하지 않겠느냐? 그들은 잠시 자기의 뜻대로 우리를 징계하였거니와 오직 하나님은 우리의 유익을 위하여 그의 거룩하심에 참여하게 하시느니라. 무릇 징계가 당시에는 즐거워 보이지 않고 슬퍼보이나,

후에 그로 말미암아 연단 받은 자들은 의와 평강의 열매를 맺느니라"(히 12:5–11).

2. 징계의 원뜻

위의 인용문에서 8번씩이나 나오는 징계는 신약성경 전체에 나오는 징계 중 거의 절반이나 된다. 징계를 이해하는데 위의 인용문이 그만큼 중요하다는 말이다. 헬라어 신약성경에서 징계는 명사형과 동사형을 포함해서 모두 20번 나오는데, 6번 나오는 명사형은 파이데이아(παιδεία)이고 14번 나오는 동사형은 파이듀오(παιδεύω)이다. 그런데 이 단어들이 한글성경에서는 문맥에 따라 여러 가지로 번역되었다.

신약성경에서 그 번역을 보면 다음과 같다: '때리다'(눅 23:16, 22), '배우다'(행 7:22), '교훈을 받다'(행 22:3), '훈계를 받다'(딤전 1:20, 딤후 2:25), '양육하다'(딛 2:12), '교훈'(엡 6:4, 딤후 3:16). 이 단어가 '징계'로 번역된 곳은 히브리서 이외에 고린도전서 (11:32), 고린도후서 (6:9), 요한계시록 (3:19)에 기록되어 있다. 이렇게 다양하게 번역된 것은 징계라는 이 단어가 가지는 원뜻 때문인데, 부모가 자녀들을 성숙한 인물로 만들기 위하여 훈계하는 행위가 다양하기 때문이다.

위의 인용문 중 5–6절은 잠언 3장 11–12절을 인용한 것인데, 그 잠언을 인용해 보자. "내 아들아, 여호와의 징계를 경히 여기지 말라; 그 꾸지람을 싫어하지 말라; 대저 여호와께서 그 사랑하시는 자를 징계하시기를, 마치 아비가 그 기뻐하는 아들을 징계함 같이 하시느니라." 이 잠언의 말씀에서 '징계'가 11절에서 한 번, 그리고 12절에서 두 번 나온다. 그런데 히브리어 성경에서는 12절의 '징계'도 11절에서처럼 한 번만 나온다.

한글성경에서는 11절의 '징계'와 12절의 '징계'가 같은 단어이지만, 히브리어 성경에서는 같은 단어가 아니라, 완전히 다른 두 개의 단어이다. 잠언 3장 11절의 '징계'는 무샤르(מוּסָר)인데, 12절의 '징계'는 야카흐(יכח)이다. 무샤르는 행동을 강조하는 단어이나, 야카흐는 언어를 강조하는 단어이다. 그러니까 자녀들을 양육할 때 잘못된 것을 언어로 고쳐줄 뿐 아니라, 필요할 경우 회초리를 사용하는 행위로도 고쳐주어야 한다는 것이다.

히브리서 저자는 이처럼 다른 두 단어를 인용하면서 같은 헬라어 단어로 번역해서 인용했다. 무슨 이유 때문에 히브리서 저자는 두 개의 다른 단어를 한 단어로 사용했는가? 그 이유를 찾기란 어렵지 않다. 자녀를 키우면서 '징계'할 때, 어떤 때는 말로 하고, 또 어떤 때는 행동으로 해야 하기 때문이다. 그러니까 이와 같은 부모가 언어와 행위로 징계하는 것처럼, 하나님도 그리스도인들을 다루실 때, 언어와 행위로 징계하신다는 것이다.

3. 징계의 사례

하나님은 구체적으로 그리스도인들을 어떻게 징계하시는지 궁금하지 않을 수 없다. 그분은 자녀들인 그리스도인들이 죄를 짓거나 성경을 읽지 않는 것은 물론 기도도 하지 않으면, 손수 회초리로 그들을 때리시는가? 예를 들면, 자동차의 바퀴가 주행 중 갑자기 튀어나간다든지, 사업상에 큰 손해를 입는다든지, 아니면 갑자기 병에 걸린다든지 할 때, 그것이 하나님의 징계인가? 그런 실례를 들자면 끝이 없을 정도로 많을 것이다.

바울 사도는 그리스도인들이 당한 어려움을 징계와 연관시켜서 언급한 적이 있는데, 고린도 교인들이 성만찬에 참예하는 자세를 논하면서이다. 그의 말을 직접 인용해 보자. "그러므로 너희 중에 약한 자와 병든 자가 많고 잠자는 자도 적지 아니하니, 우리가 우리를 살폈으면 판단을 받지 아니하려니와, 우리가 판단을 받는 것은 주께 징계를 받는 것이니, 이는 우리로 세상과 함께 정죄함을 받지 않게 하려 하심이라" (고전 11:30-32).

성찬식은 '나를 기념하라'고 말씀하시는 예수 그리스도의 몸과 피를 상징하는 기독교의 중요한 예식이다. 그런데 어떤 그리스도인들이 자신들을 살피지 않을 뿐만 아니라, '주의 몸을 분별하지 못하고 먹고 마시므로' 죄를 지었다 (고전 11:29). 그처럼 거룩한 성찬식을 그처럼 경솔하게 그리고 죄를 지으면서 참예한 그리스도인들은 판단을 받았다. 그 판단의 결과 '약한 자와 병든 자가 많고 잠자는 자도 적지 아니했다'는 것이다. 이 말씀에서 '잠자는 자'는 죽은 자를 가리킨다.

얼마나 끔찍한 판단인가! 그리스도인들이 성찬식에 경거망동하게 참예하였다고 해서 혹자는 몸이 약해지고 혹자는 병이 들고 혹자는 죽었다니, 참으로 끔찍한 판단이 아닐 수 없다. 그렇다면 이들이 성찬식에 불경하게 참예한 즉시 하나님이 직접 그들을 치셨단 말인가? 물론 그렇지 않다! 하나님은 그리스도인들이 죄를 지을 적마다 손수 회초리로 치시면서 몸이 약하게 하시거나, 병들게 하시거나, 죽게 하시는 분이 아니시다.

야고보는 하나님을 이렇게 묘사했다, "온갖 좋은 은사와 온전한 선물이 다 위로부터 빛들의 아버지께로부터 내려오나니, 그는 변함도 없으시고 회전하는 그림자도 없으시니라"(약 1:17). 이 말씀에 의하면, 하나님은 자녀들이 잘못할 적마다 매를 치시는 분이 아니다. 그 반대로 하나님은 자녀들에게 좋은 선물을 안겨주기를 원하시는 분이시다. 그렇다면 왜 성찬식에 잘못 참예한 그리스도인들 중 약해지고 병들고 죽기까지 했는가?

그들이 병들거나 죽게 한 것은 하나님이 손수 그렇게 하신 것이 아니다. 물론 하나님은 전능하신 분이기에 그런 불행한 일을 직접 일으키실 수도 있고, 또 반대로 그런 일이 일어나지 않도록 막으실 수 있다. 그러나 하나님은 그렇게 일일이 개입하지 않으신다. 그렇지만 하나님은 전지의 하나님이시기에 그런 것을 다 아신다. 아시면서도 그처럼 불행한 일이 일어나는 것을 허용하셨는데, 그 말은 그대로 두고 보신다는 뜻이다.

바울 사도에 의하면, 그렇게 판단 받는 것이 하나님의 징계이다. 다시 말해서, 육체적으로 약해진 그리스도인들과 병든 자들과 죽은 자들은 육체적으로 심판을 받았는데, 그 심판이 징계가 되었다. 만일 그 심판이 심판으로 끝났다면 징계가 아니다. 그런데 심판으로 끝나지 않고, 그 심판을 통하여 그리스도인들이 자신을 돌아볼 수 있게 되었다. 그 결과 잘못을 시인하고 회개함으로써 정결하게 되어 영원한 심판을 면하게 되었던 것이다.

4. 징계의 도구

그러면 하나님은 잘못된 자세로 성찬식에 참예한 고린도 교인들을 직접 심판하셨는가? 위에서 언급한 것처럼, 하나님은 그런 잘못에 손수 매를 치시는 분이 아니시다. 그렇다면 누가 어떻게 그들을 징계했기에 몸도 약해지고, 병도 생기고, 심지어는 죽기까지 했는가? 이 질문에 대한 해답을 찾기 위하여 다윗 왕의 실례를 들어보자. 다윗은 국내는 물론 국외에서도 승승장구하는 강력한 왕이었다.

그렇게 잘 나가던 중 그에게 문제가 생겼는데, 곧 우리아의 아내인 밧세바와 간음했던 것이다. 그의 간음으로 밧세바가 임신하자 그 사실을 숨기기 위해 많은 사람들을 속였을 뿐만 아니라, 밧세바의 남편을 죽게 했다. 다윗은 그의 강간을 속이기 위하여 거짓 증언과 살인도 주저하지 않았다. 그렇게 세 가지 죄를 포장하던 다윗에게 선지자 나단이 나타나서 그의 죄악을 일일이 폭로했다.

다윗은 심히 통곡하면서 그의 죄악을 회개했다. 그의 회개 때문에 죽음은 면했지만, 그 대신 하나님으로부터 혹독한 징계를 다음과 같이 받았다: "칼이 네 집에서 영원토록 떠나지 아니하리라…보라 내가 너와 네 집에 재앙을 일으키고, 내가 네 눈앞에서 네 아내를 빼앗아 네 이웃들에게 주리니 그 사람들이 네 아내들과 더불어 백주에 동침하리라. 너는 은밀히 행하였으나 나는 온 이스라엘 앞에서 백주에 이 일을 행하리라"(삼하 12:10-12).

하나님의 징계는 그것으로 끝나지 않았다. 선지자 나단을 통해서 더해진 징계를 보자, "당신이 낳은 아이가 반드시 죽으리이다"(삼하 12:14). 우선, 아이의 죽음에 대해 알아보자. 성경은 이렇게 묘사했다, "우리아의 아내가 다윗에게 낳은 아이를 여호와께서 치시매 심히 앓는지라" (삼하 12:15). 그렇게 한 주간 앓다가 마침내 죽었는데, 그 원인은 '여호와께서 치셨기' 때문이었다.

'여호와께서 치셨다'는 표현에 대해 더 알아보자. 만일 하나님이 직접 치셨다면 당장에 죽었을 것이다. 전능하신 하나님이 어린아이를 쳐서 죽이는데 일주일씩이나 걸릴 이유가 없었다. 이 말씀에서 '여호와께서 치셨다'는 표현은 하나님이 허용하셨다는 것이다. 물론 전능하신 하나님은 그 아이를 살리실 수도 있었다. 그러나 그렇게 하시지 않고 죽도록 내버려두셨기에 그 아이는 마침내 죽었던 것이다.

다윗에게 전해진 징계를 더 보면, 하나님의 허용적인 뜻이 확연히 드러날 것이다. '칼이 네 집에서 영원토록 떠나지 아니하리라!' 이 말씀대로 다윗은 죽을 때까지 전쟁에 시달리는 삶을 살았는데, 칼을 휘두르면서 다윗을 징계한 것은 하나님이 직접 하신 것이 아니라 여러 종류의 사람들을 통해서였다. 이런 사람 저런 사람이 일어나서 다윗을 대적했는데, 그렇게 칼이 임하도록 허용하신 분이 바로 하나님이시었다.

선지자 나단이 전해준 징계에 의하면, 사람들이 대낮에 다윗의 아내들과 동침하게 하시겠다는 것이다. 그 경고대로 다윗의 아들 압살롬이 반란을 일으킨 후, 많은 사람들이 보는 앞에서 다윗의 아내들과 동침했다 (삼하 16:22). 이런 징계는 참으로 처절한 것이었다. 다윗의 친 아들이 아비의 아내들과 동침하다니, 그것도 대낮에 왕궁의 옥상에서 동침하다니 있을 수 없는 일이었다. 이번에도 전능하신 하나님은 막으실 수 있었지만, 내버려두셨던 것이다.

그렇다! 하나님의 징계가 때로는 가혹할 수 있으나, 하나님이 손수 매를 드시는 경우는 거의 없다. 하나님은 잘못된 그리스도인들을 징계하실 때, 도구를 사용하신다. 그 도구에는 다윗의 인구조사를 충동시킨 사탄일 수 있다. 그러나 대부분 그 도구는 압살롬과 같은 사람이다. 하나님이 다윗과 언약을 맺으시면서 이렇게 말씀하신 적이 있다; "…그는 내게 아들이 되리니, 그가 만일 죄를 범하면 내가 사람의 매와 인생의 채찍으로 징계하리라" (삼하 7:14).

5. 징계의 목적

위에서 언급한 것처럼, 하나님은 그리스도인들을 징계하실 때, 여러 가지 도구를 사용하신다. 그 도구가 사탄일 수도 있고, 다른 사람일 수도 있다. 그 도구는 환경일 수도 있다. 환경적으로 미세먼지나 바이러스가 너무 심하면 몸이 약해질 수 있기 때문이다. 그뿐 아니라, 징계의 도구는 징계를 받는 당사자일 수도 있다. 그가 어떤 일에 몰두한 나머지 며칠씩 잠도 설치고 밥도 제대로 먹지 않았다면 십중팔구 병에 걸릴 수 있다.

하나님이 징계를 위하여 어떤 도구를 사용하시든 그 이유는 그들이 하나님의 자녀이기 때문이다. 육신의 부모가 사랑하기에 그 자녀를 징계하는 것과 같다. 부모는 사랑 때문에 어떤 때는 언어로, 어떤 때는 회초리로 자녀를 징계한다. 마찬가지로 하나님이 그리스도인들을 그렇게 징계하지 않으신다면, 그들은 하나님의 자녀가 아니다. 히브리서 저자의 말이다, "징계는 다 받는 것이거늘, 너희에게 없으면 사생자요 친아들이 아니니라" (히 12:8).

그러면 하나님이 자녀들을 징계하실 때, 어떤 특별한 목적이라도 있는가? 물론 있다! 히브리서 저자는 징계의 목적을 세 가지로 언급하는데, 첫 번째는 '우리의 유익을 위하여'이다 (히 12:10b). 하나님은 징계라는 수단을 통하여 그 자녀들이 멸망의 길에서 벗어나게 하신다 (히 12:4). 만일 자녀들이 잘못된 방향으로 가는데도 그대로 내버려두면 결국엔 멸망의 구렁텅이에 빠지게 될 것을 미리 막기를 원하신다. 그 방법이 바로 징계이다.

징계의 두 번째 목적은 자녀들로 하여금 '그의 거룩하심에 참여하게 하기' 위함이다 (히 12:10c). 하나님은 거룩하신 분이시며, 따라서 그분은 그 자녀들도 아버지처럼 거룩하게 되기를 원하신다. 그렇지 않다면 베드로 사도는 이렇게 말하지 않았을 것이다; "오직 너희를 부르신 거룩한 이처럼 너희도 모든 행실에 거룩한 자가 되라. 기록되었으되, '내가 거룩하니 너희도 거룩할지어다' 하셨느니라" (벧전 1:15-16).

히브리서 저자도 징계를 언급한 후, 자녀들이 하나님 아버지처럼 거룩하게 되어야 할 이유를 너무나 분명하게 표현하고 있다. "모든 사람과 더불어 화평함과 거룩함을 따르라; 이것이 없이는 아무도 주를 보지 못하리라" (히 12:14). 그렇다! 하나님의 자녀라면 마땅히 사람들과 화평하도록 최선을 다해야 할 것이며, 한발 더 나아가서 반드시 거룩해야 한다. 왜냐하면 거룩함이 없으면 어떤 사람도 하나님을 보지 못할 것이기 때문이다.

징계의 세 번째 목적은 자녀들이 '의와 평강의 열매를 맺게' 하기 위해서이다 (히 12:11). 징계는 당장에는 반갑지 않은 회초리일수 있으나, 그것을 통해 연단을 받으면 '의와 평강의 열매'를 맺는다는 것이다. 다시 말씀에서 확인하자, "무릇 징계가 당시에는 즐거워 보이지 않고 슬퍼 보이나, 후에 그로 말미암아 연단 받은 자들은 의와 평강의 열매를 맺느니라" (히 12:11). 그렇다! 징계가 당장은 괴롭지만, 훗날에 놀라운 열매를 맺게 한다.

6. 징계와 심판

징계는 심판이 아니다! '심판'은 인간의 죄에 대한 하나님의 진노가 표출된 것이다. 그렇게 심판하시는 하나님께는 공의가 있을 뿐이다. 다시 말해서 하나님은 재판관으로서 잘잘못을 따져서 그 잘못에 대하여 판단하신다. 예를 들면, 고핫의 손자인 고라와 르우벤의 자손들이 작당하여 하나님과 모세를 대적하자, 하나님은 가차 없이 그들을 심판하셨다. 땅이 갈라져서 그들을 산채로 파묻어버리셨다 (민 16:31–33). 이것은 심판이다!

그러나 징계는 다르다! 위에서 언급한 것처럼, 징계의 동기는 사랑이다. 하나님은 그 자녀들을 말할 수 없이 사랑하신다. 그 사랑 때문에 하나님은 그들이 죄를 범해도 방치해두지 않으시고 개입하신다. 뿐만 아니라, 하나님은 그 사랑 때문에 그들이 멋대로 살도록 내버려두지 않으신다. 하나님은 그 자녀들의 성숙을 위하여 가장 적절하게 언어로 교훈하시며, 때때로 행동으로도 양육하신다.

그런 이유 때문에 하나님의 자녀들은 그분의 징계를 가볍게 여기지 말아야 하고, 그렇다고 그 징계 때문에 포기해서도 안 된다. 히브리서 저자는 이렇게 권면한다, "…내 아들아! 주의 징계하심을 경히 여기지 말며, 그에게 꾸지람을 받을 때에 낙심하지 말라" (히 12:5). 하나님의 자녀들은 징계를 받을 때, 그 징계 때문에 실족하거나 자포자기하지 말아야 한다. 오히려 하나님이 사랑 때문에 징계하신다는 사실에 감사하면서 나아가야 한다.

단순히 감사하면서 나아가는 것이 아니라, 복종하면서 나아가야 한다. 다시 히브리서 저자의 권면을 귀담아 듣자. "또 우리 육신의 아버지가 우리를 징계하여도 공경하였거든, 하물며 모든 영의 아버지께 더욱 복종하며 살려 하지 않겠느냐?" (히 12:9). 물론 '복종'은 반항의 반대말이다. 하나님의 징계에 대하여 불평하거나 반항하면서 대들지 말고, 굴복해야 한다. 왜냐하면 하나님은 그들을 위하여 징계하시기 때문이다.

그렇게 굴복하면서 하나님의 징계를 받아들일 때, 하나님의 자녀들은 그들의 잘못을 인정하게 된다. 그리고 그 잘못에서 돌이키게 되어 신앙적으로 그리고 인격적으로 한 단계 올라간다. 히브리서 저자는 이렇게도 권면한다, "너희 발을 위하여 곧은 길을 만들어 저는 다리로 하여금 어그러지지 않고 고침을 받게 하라" (히 12:13). 그렇다! 하나님의 자녀들은 사랑의 징계를 통해 잘못된 길에서 벗어날 뿐 아니라, 그들의 행실이 고침을 받게 된다.

히브리서 저자에 의하면, 하나님의 징계를 달게 감수해야 되는 이유가 두 가지나 더 있다. 첫 번째 이유는 지금까지 신앙의 삶을 영위한 신앙의 선배들의 본보기이다. 히브리서 11장에는 그런 신앙의 선배들이 어떻게 갖가지 징계 때문에 좌절하지 않고, 오히려 그것을 디딤돌로 삼아 도약했는지 보여준다. 하나님의 자녀들은 그런 신앙의 영웅들의 본을 따라 징계를 디딤돌로 삼아 독수리처럼 위로 올라가야 한다 (히 12:1).

하나님의 징계를 가볍게 여기지 말아야 하는 두 번째 이유는 예수 그리스도가 보여주신 본보기 때문이다. 비록 그분의 처형에 연루된 많은 사람들 때문에 고통을 당하셨지만, '그 앞에 있는 기쁨을 위하여' 감내하셨다 (히 12:2). 그분이 십자가를 전후로 보여주신 자세를 보면서 하나님의 자녀들도 징계를 감내해야 된다. 예수 그리스도가 궁극적으로 승리하셔서 하나님 우편에 앉으신 것처럼, 그들도 징계 후에 놀라운 승리를 누리게 될 것이다.

7. 결론

유다 사람들이 하나님께 범죄하자, 하나님은 바벨론이라는 인생 막대기와 채찍으로 이스라엘을 치셨다. 그들은 나라를 잃으면서 모든 것을 잃었다. 가족과 친구도 잃었고, 가옥과 전토도 잃었다. 한발 더 나아가서 그들은 그들이 그처럼 무시했던 이방인들의 종이 되었다. 그것은 하나님의 철저한 심판이었다. 하나님은 그들에게 이런 심판으로 거듭거듭 경고하셨지만, 그들은 그 경고에 전혀 귀를 기울이지 않았다.

하나님의 심판에는 긍휼도 없었고, 사랑도 찾아볼 수 없었다. 유다 백성은 그처럼 철저하게 심판을 받으면서 오랜 세월을 이방인들에게 시달리면서 지냈다. 그런데 2,500여년이 지나자 하나님은 심판을 거두시고 1948년 이스라엘의 독립으로 그들을 회복시키셨다. 이런 역사적 사건을 통해서 심판과 징계의 관계를 엿볼 수 있는데, 유다가 망한 것은 하나님의 심판이었다. 그러나 마침내 그들이 다시 회복된 사실을 볼 때, 하나님의 심판은 마치 징계와 같았다.

유다가 바벨론에 의하여 멸망을 당했을 때는 하나님의 심판이었다. 달리 해석할 수 없는 철저한 심판이었다. 그러나 인간이 상상할 수 없을 만큼 긴 세월이 지나자 하나님은 다시 사랑으로 유다를 만져주기 시작하셨다. 그 이유는 간단하다! 하나님은 유다를 사랑하시기 때문이었다. 그런 관점에서 보면 하나님의 심판은 그 결과에 따라 심판으로 끝날 수도 있고, 아니면 징계로 바꿔질 수도 있다. 왜냐하면 하나님은 근본적으로 사랑이시기 때문이다.

17장

하나님의 장막

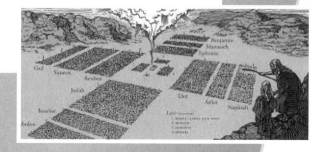

1. 서론

하나님은 사람과 사랑의 교제를 갖기 원하셨는데, 그렇게 하기 위해서는 함께 시간을 보내지 않으면 가능하지 않았다. 함께 있는 시간이 많으면 많을수록 그만큼 교제가 깊어지기 때문이다. 하나님은 그런 교제를 위하여 사람을 창조하셨고, 그리고 그 사람과 함께 하셨다. 하나님이 사람과 함께 하실 수 있는 방법은 많지만, 그 중에서도 가장 가깝게 교제할 수 있는 방법을 택하셨다. 그 방법은 바로 하나님이 사람 속에 내주內住하시는 것이었다.

어떻게 하나님이 사람 속에 내주하셨는가? 하나님은 그 영을 사람 속에 불어넣어주셨다 (창 2:7). 그렇게 내주하시면서 하나님은 사람과 사랑의 교제를 만끽하셨다. 이것보다 더 가까운 교제는 있을 수 없다. 그러나 불행하게도 아담이 불순종하여 범죄함으로 그 교제가 깨졌다. 왜냐하면 아담 안에 내주하던 하나님의 영이 그를 떠났기 때문이다. 그 결과는 너무나도 참혹했는데, 본인은 물론 모든 사람이 하나님과 교제할 수 없게 되었기 때문이다.

2. 성막

하나님과의 교제를 잃은 사람은 진흙땅에 던져진 삶을 산다. 사람은 태어나면서부터 죽음을 향해 한 걸음씩 나아가는 한계 있는 삶을 살아간다. 그렇다면 그 한계 있는 삶은 만족스러운가? 물론 그렇지 않다! 만족하다면 왜 사람은 그처럼 많은 갈등을 안고 사는가?

왜 그처럼 다른 사람과 조화롭지 못한 삶을 사는가? 왜 그처럼 자연을 누리는 대신 착취하는 삶을 사는가? 왜 그처럼 죽음 너머에 있는 영원에 대해 두려워하면서 사는가?

하나님은 그렇게 살아가는 사람들과 교제를 회복하기 원하셨다. 다시 말해서 사람 속에 들어오시기를 원하셨다. 아담이 범죄한 후, 하나님은 시시때때로 사람을 찾아오셨지만, 결코 지속적인 교제는 일어나지 않았다. 왜냐하면 지속적인 교제가 일어나기 위해서는 하나님이 사람 가운데 들어오셔서 함께 지내셔야 가능하기 때문이다. 그래서 하나님이 다시 사람 가운데로 들어오기로 작정하셨다. 사람이 하나님께로 갈 수 없기에 그 방법을 택하셨다.

아담이 범죄한 이후, 하나님이 사람 속에 들어오셔서 함께 지내게 된 첫 번째 경우는 모세가 하나님의 지시에 따라 성막을 지었을 때였다. 그 사실을 하나님의 말씀에서 찾아보자; "거기서 내가 너와 만나고, 속죄소 위 곧 증거궤 위에 있는 두 그룹 사이에서 내가 이스라엘 자손을 위하여 네게 명령할 모든 일을 네게 이르리라" (출 25:22). 이 말씀에서 '거기서'는 '속죄소 위에 있는 두 그룹 사이'를 가리킨다.

하나님의 지시를 받은 모세는 성막을 지었다. 그 성막 안에는 지성소가 있는데, 그 지성소에 하나님이 임하셔서 거하시겠다는 것이다. 아담이 범죄한 후, 하나님은 노아와 요셉에게 임하신 적이 있었으나, 늘 함께 하지는 않으셨다. 모세에게도 시시때때로 찾아오신 적이 있었지만, 그런 만남도 역시 한시적이었다. 그런데 아담 이후 처음으로 하나님이 속죄소 위에 항상 거하시고 또 사람과 대화하면서 교제를 나누겠다고 하신 것이다.

그 약속대로 하나님은 그 성막에 영광 가운데 임하셨고, 그리고 거하시면서 사람과 교제를 나누기 시작하셨다 (출 40:34). 이것만큼 하나님과 사람 사이의 관계를 변화시킨 사건은 그때까지 전혀 없었던 놀라운 사건이었다. 거룩하신 하나님이 범죄한 사람 가운데 들어오셔서 교제를 나누시다니, 인간적으로는 전혀 이해할 수 없는 하나님의 긍휼이요 은혜였다. 그때부터 사람은 하나님과 지속적인 교제를 나눌 수 있게 되었다.

3. 성전

하나님이 사람 속에 들어오셔서 함께 지내시게 된 두 번째 경우는 솔로몬이 성전을 지었을 때였다. 솔로몬이 성전을 지은 이유는 그의 아비 다윗 때문이었다. 다윗은 휘장 가운데 거하시는 하나님께 죄송한 마음을 갖게 되었는데, 그의 마음을 이렇게 표현하였다, "나는 백향목 궁에 살거늘 하나님의 궤는 휘장 가운데에 있도다" (삼하 7:2). 그런 마음 때문에 다윗은 성전 건축을 계획했고, 그 계획에 따라 그의 아들 솔로몬이 성전을 건축했다.

솔로몬이 성전을 완성하고 하나님께 그 성전을 바치면서 기도를 마치자, 하나님은 전에 성막에 임하셨던 것처럼 그 성전에도 임하셨다. 하나님의 말씀으로 확인하자, "솔로몬이 기도를 마치매, 불이 하늘에서부터 내려와서 그 번제물과 제물들을 사르고 여호와의 영광이 그 성전에 가득하니" (대하 7:1). 하나님이 영광 중에 성전에 임하신 목적도 성막에 임하신 목적과 똑같았는데, 그곳에 거하시면서 이스라엘 백성과 교제를 나누시겠다는 것이었다.

솔로몬의 성전은 언제나 같은 장소에 있기에 이스라엘 백성이 하나님과 교제를 나누면서 사랑을 받기가 훨씬 용이해졌다. 하나님이 성막에 거하실 때는 그 성막이 시시때때로 이동했기에 이스라엘 백성이 그분을 뵙고 교제를 나누기 위해서는 그 성막이 있는 곳으로 찾아가야 했다. 그러나 이제부터는 더 이상 그렇게 할 필요가 없어졌는데, 성전이 한 곳에 자리하고 있기 때문이었다.

성전은, 곧 하나님이라고도 할 수 있다. 왜냐하면 이스라엘 백성이 성전에 오는 목적은 그 지성소에 거하시는 하나님과 교제를 나누기 위해서였기 때문이다. 어떤 때는 그들의 죄를 용서받기 위하여, 어떤 때는 이웃과의 문제를 해결하기 위하여, 어떤 때는 그들의 마음을 표현하기 위하여, 그들은 성전에 왔다. 그리고 하나님은 그들의 죄도 용서하시고, 문제도 풀어주시고, 그들의 헌신도 받아주셨다. 얼마나 놀라운 교제인가!

그런데 이스라엘 백성이 하나님 앞에서 범죄하자 하나님은 교제를 거부하셨다. 그 거부의 표시가 성전의 파괴였다. 하나님은 바벨론이라는 채찍으로 그들을 치셨고, 바벨론으로 하여금 성전을 헐어 버리게 하셨다. 두말할 필요도 없이 하나님도 그 성전을 떠나셨다. 아담이 범죄하자 하나님과의 교제가 깨진 것처럼, 이스라엘 백성이 범죄하자 그들도 하나님과 더 이상 교제를 나눌 수 없게 되었다. 이스라엘의 역사에서 가장 큰 비극이 일어난 것이다.

그러나 하나님은 여전히 사람과 사랑의 교제를 나누기를 원하셨다. 그런 마음이 또 한 번 표출되었는데, 그것은 이스라엘 백성이 바벨론 포로에서 돌아왔을 때였다. 바벨론이 메데와 바사에게 멸망당하자, 하나님은 메데와 바사 왕인 고레스를 통하여 이스라엘 백성이 본국으로 돌아가서 다시 성전을 건축하게 하셨다. 그 목적은 두말할 필요도 없이 성전을 통해서 하나님이 사람과 다시 교제를 나누시기 위해서였다.

비록 그 성전 건축에 많은 난관이 있었지만, 그래도 그렇게 건축된 성전은 하나님이 사람 속에 들어오셔서 교제를 나누신 세 번째 경우이다. 다시 하나님의 말씀에서 스룹바벨 성전에 대해서 알아보자, "…성전을 건축하며 일을 끝내되, 다리오 왕 제육년 아달월 삼일에 성전 일을 끝내니라. 이스라엘 자손과 제사장들과 레위 사람들과 기타 사로잡혔던 자의 자손이 즐거이 하나님의 성전 봉헌식을 행하니" (스 6:14-16).

이스라엘 백성은 다시 그 성전을 중심으로 하나님 앞으로 나아와서 교제를 나누게 되었다. 스룹바벨의 성전이 완성된 이후 이스라엘 백성의 삶은 가난과 갈등의 연속이었지만, 그래도 그 성전을 중심으로 삶이 이루어졌다. 그래서 그 성전은 그들에게 신앙적으로나 사회적으로 중요한 버팀목이 되었으나 그것도 무너졌는데, 로마제국이 이스라엘을 점령하면서 그 성전을 헐어버렸기 때문이다.

헤롯 왕은 유대인들에 대한 유화정책으로 스룹바벨 성전보다 훨씬 장엄한 성전을 지었다. 그때부터 그 성전은 다시 이스라엘 백성의 신앙생활을 위한 중심지가 되었다. 그러므로 헤롯 성전은 하나님이 이스라엘 백성과 사귐을 나누신 네 번째 경우가 되었다. 그들은 그 성전에서 제물도 드리며 기도를 하는 등 하나님과의 교제를 누릴 수 있었다. 예수님도 그 성전을 가리켜서 '내 집'이라고 말씀하셨다 (마 21:13).

4. 예수 그리스도

성막과 성전은 모두 인간이 만든 것이었다. 그래도 그 가운데 거하신 하나님 때문에 성전이라고 하였다. 그런데 그 성막과 성전은 모두 영구적이지 않았다. 하나님은 더 이상 인간이 만든 성전이 아니라, 직접 만드신 성전을 원하셨다. 그 성전에 거하시면서 사람과 깊은 사랑의 교제를 나누기 원하셨기 때문이다. 그렇게 이루어진 성전이 예수 그리스도였는데, 하나님이 사람과 교제를 나누시기 위하여 사람 가운데로 들어오신 다섯 번째 경우이다.

사도 요한은 예수 그리스도를 가리키면서 이렇게 묘사한 적이 있었다, "말씀이 육신이 되어 우리 가운데 거하시매, 우리가 그의 영광을 보니 아버지의 독생자의 영광이요 은혜와 진리가 충만하더라" (요 1:14). 이 묘사에서 '거하시매'란 표현은 참으로 중요하다. 왜냐하면 그 표현은 아담이 범죄한 이후 최초로 사람과 교제를 회복하기 위하여 만들게 하신 성막을 상기시키기 때문이다.

위에서 언급한 것처럼, 성막의 목적은 하나님이 사람과 사랑의 교제를 하시겠다는 의지의 표현이었다. 그 성막에서 하나님은 사람을 만나주시고, 그의 갈 길도 인도하시고, 그리고 그가 할 일을 알려주시겠다고 하신 바 있었다. 그러니까 성막은 거룩하신 하나님과 죄를 범한 사람이 교제를 하면서 사랑을 나누는 곳이었다. 그런데 그 성막의 역할을 예수 그리스도가 하시겠다는 것이다. 그 사실을 어떻게 알 수 있는가?

'거하다'는 동사는 헬라어로 스캐누(σκηνόω)인데, 그 단어를 직역하면 '성막이 되다,' '장막이 되다'의 뜻이 포함되어 있다. 그렇다!

모세가 광야에서 성막을 완성했을 때, 하나님의 영광이 그 성막 위에 임했다. 그리고 솔로몬이 성전을 완성하고 봉헌했을 때도 역시 하나님의 영광이 그 성전 위에 임했다. 마침내 그 성막과 성전의 성취인 예수 그리스도가 오셨을 때도 '아버지의 독생자의 영광'이라고 묘사되었다.

왜 성막과 성전의 완성이 하나님의 영광이며, 예수 그리스도의 탄생이 그분의 영광인가? 그 이유는 분명하다! 그것이 성막이든, 성전이든, 예수 그리스도이든, 똑같은 목적 때문이었다. 그 목적은 하나님과 사람 사이의 일어나는 교제 때문이었다. 이 교제는 하나님이 아담을 창조하실 때부터 품고 계셨던 목적이었다. 비록 그 목적이 아담의 범죄로 깨졌지만 말이다. 그러나 하나님은 그 교제를 회복하시기 위하여 부단히 사람을 찾아오셨던 것이다.

그런데 마침내 예수 그리스도가 '말씀이 육신이 되어 우리 가운데 거하시게' 되었다. 더 이상 인간이 만든 성막이나 성전을 통해서가 아니라, 하나님이 직접 보내신 독생자를 통하여 사랑의 교제를 회복하시겠다는 마음의 표현이었다. 얼마나 사람과 사랑의 교제를 나누시기를 원하셨으면, 당신의 독생자까지도 보내셨단 말인가! 그런데 그 아들 예수 그리스도를 통한 교제는 성막이나 성전을 통한 교제와는 비교도 되지 않을 만큼 깊고도 친밀한 것이었다.

성막이나 성전은 인간이 만든 건축물이나, 예수 그리스도는 인격자이시다. 그러므로 그분은 사람과 사랑의 교제를 인격적으로 나누셨다. 그분의 사랑은 관념적인 것이 아니라 관계적이었다. 다시 말해서, 그분은 사람의 희로애락을 함께 나누시는 교제를 일구셨다. 그분은 나사로 가족과 친구의 관계를 맺으시고, 그 친구 나사로가 죽자 누이들과 같이 눈물을 흘리셨다. 이런 사랑의 교제는 인격적이며 동시에 관계에서 우러나는 진정한 교제였던 것이다.

5. 그리스도인들

예수 그리스도를 통한 교제는 참으로 사랑에 근거한 인격적인 것이었다. 그럼에도 불구하고 그 교제도 역시 시간과 공간이라는 한계를 가지고 있었다. 그분이 계신 곳에서 그리고 그분이 만나는 사람들만이 교제를 즐길 수 있었다. 그분은 한 번에 한 곳에만 계셨기에 다른 곳에 있는 다른 사람들은 그분과의 교제를 누릴 수 없었다. 시간적으로도 제한이 있는 교제였다. 왜냐하면 그분은 시간을 초월해서 언제나 계신 분이 아니었기 때문이다.

그런 한계를 극복하기 위하여 하나님은 또 다른 획기적인 방법을 고안해내셨는데, 곧 그리스도인들이었다. 예수 그리스도가 지상 사역을 마치고 승천하신 후, 약속대로 성령이 강림하셨다. 그 성령은 예수 그리스도를 통한 교제보다도 더 획기적인 사랑의 교제를 일으켰다. 어떻게 했기에 예수님을 통한 교제보다도 더 획기적이었는가? 그 방법은 성령이 그리스도인들의 삶 속에 들어가신 것이었다.

모든 인간은 죄인이기에 거룩한 영인 성령은 그들 안에 들어갈 수 없다. 길이 있다면 그들이 예수 그리스도처럼 깨끗해져야 한다. 그런데 그들이 죄를 회개하고 예수 그리스도의 대속적 죽음과 부활을 받아들이면, 그들도 예수님처럼 깨끗해진다. 그분이 십자가에서 흘리신 피로 그들의 죄를 씻어주시기 때문이다. 그렇게 깨끗하게 된 그들의 삶 속에 성령이 들어가신다. 그리스도인들 안에 있는 성령 때문에 그들이 '성전'이 된 것이다.

바울 사도의 증언을 들어보자, "너희 몸은 너희가 하나님께로부터 받은 바 너희 가운데 계신 성령의 전인 줄을 알지 못하느냐? 너희는 너희 자신의 것이 아니라" (고전 6:19). 그리스도인들이 성령이 내주하는 성전이란 말이다. 그들 안에 내주하시는 성령을 통하여 그리스도인들은 하나님과 깊고도 깊은 사랑의 교제를 나눌 수 있게 되었다. 이 영적 교제는 하나님이 사람 속에 오셔서 일으킨 여섯 번째 경우이다.

예수님도 이런 교제를 살아생전에 이렇게 말씀하신 적이 있었다; "그 날에는 내가 아버지 안에, 너희가 내 안에, 내가 너희 안에 있는 것을 너희가 알리라" (요 14:20). 이 말씀에서 '그 날'은 성령이 이 세상에 강림하신 날을 가리킨다. 이 말씀에 의하면, 성령이 강림하신 이후 누구든지 예수 그리스도를 통하여 구원받으면, 성령이 내주하셔서 그들로 하여금 하나님 안에 거하면서 그분과 교제를 하게 하신다.

인간적으로 이처럼 가까운 교제는 가능하지 않다. 그리스도인들이 그리스도 예수 안에 있고, 그분은 그리스도인들과 함께 하나님 안에 있다는 것이다. 다시 말해서, 그리스도인들이 하나님 안에 있으면서 하나님과 교제를 나눈다는 것이다. 이런 교제는 부부 간의 교제보다도 더 가깝고, 더 밀착되고, 더 하나가 되는 교제이다. 그리스도인들이 어느 곳에 있든지 하나님과 사랑의 교제를 나눌 수 있게 된 초자연적인 교제이다.

그리스도인들이 이처럼 시간과 장소를 초월해서 하나님과 사랑의 교제를 나눌 수 있다는 사실은 그들에게 크나큰 축복이 아닐 수 없다. 사우디아라비아에서 예수를 구세주로 믿었기에 감옥에서 6 개월을 산 그리스도인이 있었다. 그 감방은 움직일 수도 없는 아주 좁은 곳이었다. 그 그리스도인은 그곳에서 전혀 움직이지 못하고 6 개월을 지냈는데, 그 기간 중 하나님과 깊은 영적 교제를 나누면서 승리를 만끽했다. 얼마나 놀라운 사랑의 교제인가!

6. '하나님의 장막'

그리스도인들이 성령의 전이 되어 하나님과 친밀한 교제를 나눈다는 것은 말할 수 없는 축복이다. 그런데 그런 놀라운 교제를 방해하는 요소가 존재하는데, 그것은 그리스도인들이다. 다시 말해서, 하나님과의 교제를 방해하는 요소는 다름 아닌 자신들이다. 하나님이 그처럼 원하시는 교제를 누리기 위해 그들도 하나님과의 교제를 원해야 한다. 그러나 불행하게도 그리스도인들은 시시때때로 그런 교제를 원하지 않는다.

그리스도인들이 그처럼 놀라운 교제를 원하지 않는 이유는 다양하다. 어떤 때는 마음으로 하나님과의 교제를 원하지만, 육신 안에 있는 죄성 때문에 교제를 나누지 못한다. 어떤 때는 하나님의 뜻에 반하는 죄를 짓게 되어서 교제에 금이 간다. 어떤 때는 하나님이 알려주신 뜻을 뻔히 알면서도 거부하므로 교제가 서먹해진다. 어떤 때는 같은 하나님을 아버지로 모시고 있는 다른 그리스도인들과 갈등을 갖게 됨으로써 교제를 나누지 못한다.

원인이 무엇이든 간에 그리스도인들이 하나님과 정겨운 교제를 나누지 못하게 되면, 가장 마음 아파하는 분은 그들이 아니라 하나님이시다. 하나님은 사람과 교제를 일구시기 위하여 당신의 아들까지 희생시키셨는데, 그 교제가 방해를 받거나 중단되다니…. 말도 되지 않는 일이 벌어진 것이다. 그런데 불행하게도 그렇게 교제가 방해를 받거나 중단되는 경우가 너무나 빈번하다. 그래서 하나님이 고안하신 또 다른 차원의 교제가 제시되었다.

그 교제는 하나님이 직접 사람들 가운데 들어오시는 것이다. 그렇게 하려면 그들 안에 내재하는 죄성이 제거되어야 한다. 물론 죄성을 제거한다는 것은 인간으로는 할 수 없다. 그러나 하나님께는 그렇게 하실 수 있는 사랑과 능력이 있다. 그분은 그리스도인들을 괴롭히는 육신을 변화시키실 터인데, 바울 사도는 그 변화를 이렇게 말했다, "이 썩을 것이 반드시 썩지 아니할 것을 입겠고, 이 죽을 것이 죽지 아니함을 입으리로다" (고전 15:53).

그리스도인들의 죄성이 제거되면 그들도 예수님처럼 변화되어 깨끗하고 완전한 사람으로 변화될 것이다. 그 사실을 사도 요한은 이렇게 묘사했다, "사랑하는 자들아, 우리가 지금은 하나님의 자녀라! 장래에 어떻게 될지는 아직 나타나지 아니하였으나, 그가 나타나시면 우리가 그와 같을 줄을 아는 것은 그의 참모습 그대로 볼 것이기 때문이라" (요일 3:2). 그들이 이처럼 변화되면 하나님은 그들 가운데 오셔서 새로운 차원의 교제를 나누실 것이다.

사도 요한은 그리스도인들 가운데 임하신 하나님을 '하나님의 장막'이라고 했는데, 그의 말을 직접 인용해 보자, "…보라 하나님의 장막이 사람들과 함께 있으매 하나님이 그들과 함께 계시리니, 그들은 하나님의 백성이 되고 하나님은 친히 그들과 함께 계셔서, 모든 눈물을 그 눈에서 닦아 주시니, 다시는 사망이 없고 애통하는 것이나 곡하는 것이나 아픈 것이 다시 있지 아니하리니 처음 것들이 다 지나갔음이러라" (계 21:3-4).

'하나님의 장막'은 '하나님의 성막'과 똑같은 표현이다. 헬라어로는 같은 단어인데, 한글로는 강조점이 약간 다르다. '성막'은 하나님이 거하시는 거룩한 천막을 강조하고, '장막'은 하나님이 거하시는 거처를 강조한다. 그러니까 '하나님의 장막이 사람들과 함께 있으매'라는 표현은 하나님이 사람들 가운데서 거처를 정하신다는 뜻이다. 마침내 하나님 자신이 사람들 속에 들어오셔서 어떤 제한도 없는 교제를 누리기 시작하신다는 것이다.

그 교제에서 하나님이 제일 먼저 그리스도인들의 '모든 눈물을 그 눈에서 닦아 주신다.' 얼마나 가까운 교제인가! 얼마나 인격적인 교제인가! 얼마나 사랑이 넘치는 교제인가! 하나님이 그렇게 간절히 원하셨던 사람과의 교제가 마침내 성취된 것이다. 위의 말씀에서, 하나님이 사람과 '함께 계시다'는 표현이 세 번씩 연거푸 나오는 것도 의미심장하다. 왜냐하면 하나님은 인간을 창조하실 때부터 그 인간과 '함께 하시기'를 원하셨기 때문이다.

세 번씩 반복되는 '함께 계시다'를 더 보자. 첫 번째 '함께 계시다'는 '하나님의 장막이 사람들과 함께 있다'인데, 하나님이 거처를 그리스도인들 가운데 두시겠다는 뜻이다. 두 번째 '함께 계시다'는 하나님이 거처만 사람들 가운데 두시는 것이 아니라, 하나님 자신이 그들과 함께 계시겠다는 뜻이다. 세 번째 '함께 계시다'는 그리스도인들과 사랑의 교제를 나누신다는 뜻이다. 그렇지 않다면 하나님이 손수 그들의 눈물을 닦아주실 이유가 없을 것이다.

마침내 성취된 완전한 교제는 인격적 관계에서 나오는 것이다. 그런 이유 때문에 사도 요한은 이렇게 표현했다, '그들은 하나님의 백성이 되고!' 그리스도인들이 하나님의 백성이 되었다! 이 세상에서는 이스라엘 백성이 하나님의 백성이라고 불렸는데, 이제부터는 그리스도인들이 하나님의 백성이 된 것이다. 이제부터 그들은 이스라엘 백성이 가졌던 특권을 누릴 뿐 아니라, 그 위에 하나님과 끊임없는 교제를 나누는 특권을 갖게 되었다는 것이다.

7. 결론

사람과 사랑의 교제를 원하신 하나님은 다정다감한 분이시다. 그뿐 아니라, 그분은 그런 교제가 완전히 이루어지기를 오래 기다리신 인내의 하나님이시다. 아담으로 시작된 교제가, 성막과 성전을 거쳤을 뿐 아니라, 다시 예수 그리스도와 그리스도인들을 거쳤다. 그렇게 점진적으로 그리고 갈수록 깊어진 교제를 거쳐서, 마침내 '하나님의 장막'이 사람들과 함께 하시면서 완전한 교제를 이루신다. 이 교제는 하나님이 사람과 함께 하신 일곱 번째 경우이다.

하나님은 그런 사랑의 교제를 성취하시기 위하여 엄청난 대가를 지불하셨는데, 곧 그 아들의 희생이었다. 그분의 아들이신 예수 그리스도가 십자가에서 죽으셨다 다시 살지 않으셨다면, 어떻게 죄인이 거룩하신 하나님과 사랑의 교제를 나눌 수 있겠는가? 하나님과 끊임없는 사랑의 교제를 맛보기 위해서 죄인이 거쳐야 할 것이 있는데, 곧 그가 죄인임을 고백하고, 그에게 사랑의 교제를 주기 위하여 십자가에서 죽으신 예수님을 구주로 믿고 받아들여야 한다.

18장

유대인의 절기

1. 서론

하나님이 이스라엘 백성을 애굽에서 구원해내신 목적 중 하나는 그들의 구원자이신 하나님을 닮게 하기 위함이다. 모세와 이스라엘 백성이 하나님의 구원을 찬송하면서 하나님을 이렇게 묘사하였다. "여호와여, 신 중에 주와 같은 자가 누구니이까? 주와 같이 거룩함으로 영광스러우며 찬송할 만한 위엄이 있으며 기이한 일을 행하는 자가 누구니이까?" (출 15:11). 이 찬송에는 하나님이 '거룩함으로 영광스럽다'는 표현이 포함되어 있다.

모세와 이스라엘 백성은 하나님이 거룩하시다는 사실을 어떻게 알게 되었는가? 그 시발점은 틀림없이 모세였을 것이다. 왜냐하면 하나님이 모세를 처음 부르셨을 때, '거룩'이라는 용어를 직접 사용하셨기 때문이다. 그 말씀을 보자, "하나님이 이르시되, 이리로 가까이 오지 말라; 네가 선 곳은 거룩한 땅이니 네 발에서 신을 벗으라" (출 3:5). 이 말씀에서 '거룩한'은 '다른', '신성한' 등의 뜻을 갖는 단어로 히브리어로는 코데쉬(קֹדֶשׁ)이다.

이 단어는 창세기에서 한 번 나온다. "하나님이 그 일곱째 날을 복되게 하사 거룩하게 하셨으니, 이는 하나님이 그 창조하시며 만드시던 모든 일을 마치시고 그 날에 안식하셨음이니라" (창 2:3). 그런데 구원받은 백성이 거룩하신 하나님을 닮게 하기 위해서 출애굽기에서 60번, 레위기에서 65번이나 나온다. 하나님이 이렇게 명령하셨다, "…너희를 애굽 땅에서 인도하여 낸 여호와라; 내가 거룩하니 너희도 거룩할지어다" (레 11:45).

2. 거룩의 방편인 세 절기

하나님은 거룩한 백성이 되라고 하신 후, 곧바로 거룩해지는 방법을 알려주셨는데, 곧 십계명과 율법이다 (출 20-24). 출애굽을 경험한 이스라엘 백성에게 주어진 십계명과 율법은 하나님의 속성을 드러내는 방편이다. 그들이 십계명과 율법을 지킬 때, 하나님처럼 거룩해지며, 따라서 하나님을 대리해서 그 하나님을 전할 수 있게 된다. 그런데 그 율법에는 절기가 들어있다. 그러니까 절기도 거룩해지는 방편 중 하나이다. 율법에 포함된 절기를 보자.

> "너는 매년 세 번 내게 절기를 지킬지니라. 너는 무교병의 절기를 지키라! 내가 네게 명령한 대로 아빕월의 정한 때에 이레 동안 무교병을 먹을지니 이는 그 달에 네가 애굽에서 나왔음이라…맥추절을 지키라! 이는 네가 수고하여 밭에 뿌린 것의 첫 열매를 거둠이니라. 수장절을 지키라! 이는 네가 수고하여 이룬 것을 연말에 밭에서부터 거두어 저장함이니라. 네 모든 남자는 매년 세 번씩 주 여호와께 보일지니라" (출 23:14-17).

하나님이 이스라엘 백성에게 주신 절기는 셋인데, 곧 무교병의 절기, 맥추절 및 수장절이다. 무교병의 절기는 아빕월, 곧 유대의 종교력으로 1월에 해당하는데, 그때에 보리를 추수한다. 맥추절은 밀을 수확하는 늦은 봄 내지 초여름의 절기이다. 그리고 수장절은 모든 곡물들과 과일들을 수확해서 겨울을 준비하기 위해 저장하는

가을 절기이다. 이것을 도표로 그리면 다음과 같다:

유대력	1월	3월	7월
양력	3-4월 (무교절)	5-6월 (맥추절)	9-10월 (수장절)

이 세 절기는 강조점에 따라 그 이름이 달라지기도 한다. 무교병의 절기는 누룩이 없는 떡을 먹는 절기인데, 그 시발점은 유월절이다. 그러므로 유대인들은 출애굽의 역사를 강조할 때는 유월절이라고 하며, 그때에 무교병을 먹는 일주일간의 기간을 강조할 때는 무교절이라고 한다. 그런 이유 때문에 무교절과 유월절은 교차적으로도 사용되며, 또 어떤 때는 혼용하기도 한다. 실례를 하나 들어보자, "유월절이라 하는 무교절이 다가오매"(눅 22:1).

맥추절은 위에서 언급한 것처럼 밀 추수를 강조한다. 그런데 그 절기는 유월절 후, 삼 일째 되는 첫 이삭의 제물을 가져온 날부터 7주 후에 찾아오기에 칠칠절이라고도 하며, 또 오순절이라고도 한다. 왜냐하면 7주가 지난 다음 날, 곧 50일째 되는 날이 맥추절이기 때문이다. 다섯 오五에 열 순旬을 합쳐서 오순절이다. 또한 봄이 지난 후에 거둬드리는 첫 번째 수확이기에 초실절初實節이라고도 한다.

수장절은 가을에 모든 곡물과 과실을 수확하여 저장하는 절기이다. 그렇게 수장을 마친 후, 이스라엘 백성은 풍성한 수확을 허락하신 하나님께 감사하기 위하여 성전으로 간다. 거기에서 일주일 간 지내면서 하나님께 예배와 찬송을 올리며 잔치를 한다. 그런데 그렇게 많은 사람들이 잘 곳이 없으므로, 그들은 나무와 나뭇잎으로 얼기설기 임시 처소를 마련하고 거기에서 숙식을 해결했다. 그런 임시 장막을 강조한 표현이 초막절이다.

이스라엘 백성이 출애굽하여 가나안 땅에 들어갔을 때는 주로 농사가 생업이었다. 그런 까닭에 하나님은 농경사회를 이루고 있는 그 백성에게 농사의 때를 맞추어서 절기를 제정하셨다. 실제로 긴 겨울을 지나면서 춘궁기에 들어간 그들에게 보리 수확은 생명의 연장이나 마찬가지였다. 그리고 그 보리가 떨어질 즈음 밀로 연명하다가 가을의 풍성한 수확을 거둬들였다. 자연스럽게 그들은 양식이 주어질 적마다 하나님께 감사함으로 절기를 지켰다.

이상의 세 절기는 이스라엘 백성이 거룩한 삶을 살 수 있는 중요한 방편이기에, 출애굽하여 광야를 지나면서 성장한 제2세대에게도 하나님은 세 절기를 지키라고 명령하셨다. "너의 가운데 모든 남자는 일 년에 세 번 곧 무교절과 칠칠절과 초막절에 네 하나님 여호와께서 택하신 곳에서 여호와를 뵈옵되 빈손으로 여호와를 뵈옵지 말고, 각 사람이 네 하나님 여호와께서 주신 복을 따라 그 힘대로 드릴지니라"(신 16:16-17).

3. 세 절기의 확대

위에서 본 것처럼, 유대의 세 절기는 출애굽기 23장과 신명기 16장에 명시되어 있다. 그런데 이 세 절기는 일곱 절기로 확대되었는데, 곧 레위기 23장과 민수기 28-29장에서이다. 레위기에서의 강조점은 모든 백성이 일곱 절기를 지켜야 된다는 명령인데 반하여, 민수기에서의 강조점은 매 절기마다 하나님에게 드리는 제물들이 무엇인지를 알려준다. 그런데 일곱 절기는 유월절, 무교절, 첫 이삭절기, 오순절, 나팔절, 속죄일 및 초막절이다.

그렇다면 왜 출애굽기와 신명기에서는 세 절기만을 명시하는데, 레위기와 민수기에서는 일곱 절기로 확대되었는가? 성경에 모순이라도 있는가? 세 절기와 일곱 절기를 세심하게 들여다보면, 상호간에 아무런 모순도 없다. 왜냐하면 봄 절기인 유월절과 가을 절기인 초막절 안에는 다른 두 절기가 각각 포함되었기 때문이다. 다시 말해서, 유월절 안에는 유월절과 무교절 및 첫 이삭절기가 들어있다.

그리고 초막절 안에는 나팔절과 속죄일 및 초막절이 들어있다. 그러니까 유대의 절기가 셋이냐 일곱이냐 하는 질문은 넓게 보느냐 아니면 세부적으로 보느냐에 따라 다르다. 넓게 보면 유대에는 3대 절기가 있으나, 세부적으로 보면 7대 절기가 있다. 이런 사실을 다시 도해로 알아보자:

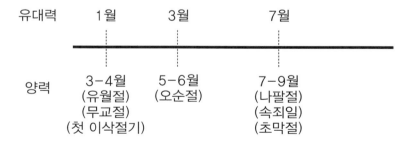

이미 언급한대로, 유대의 절기는 봄의 절기와 초여름의 절기와 가을의 절기가 있다. 그리고 봄의 절기와 가을의 절기를 연결해주

는 다리는 오순절이다. 유대의 20세 이상 된 남자는 모두 이 세 절기에 의무적으로 참여해야 한다. 물론 유대인이라면 누구를 막론하고 절기에 자유롭게 참여할 수 있다. 그뿐 아니라 유대교에 입교한 사람들도 참여할 수 있는데, 그 중에는 구레네 사람 시몬이 두드러진 인물이었다 (막 15:21).

4. 유대 절기와 기독교

구약성경의 가르침 가운데 신약 시대로 접어들면서 많은 것들이 폐지되었다. 예를 들면, 양을 잡아서 제물로 바친 율례라든지 안식일을 어기면 돌로 쳐 죽이는 규례는 철폐되었다 (민 15:32-36). 이런 원리를 불연속의 원리principle of discontinuity라고 한다. 반면, 구약성경의 가르침 가운데 신약 시대에는 물론 기독교로 연결된 것들도 있다. 예를 들면, 십계명이라든지 유대의 절기가 그렇다. 이런 것을 연속의 원리principle of continuity라고 한다.

1) 봄의 절기

유월절은 신약성경에서 예수님의 죽음과 연결되었다. 이스라엘이 출애굽할 때, 그들의 장자 대신 일 년 된 어린 양을 죽인 것은 너무나 유명하다. 아무 흠도 없는 수컷 양의 피를 문의 양쪽 기둥과 인방에 뿌리고, 그 가족은 집안에서 양의 고기를 불에 구어서 먹었다. 그날 밤, 죽음의 천사가 애굽의 모든 장자와 짐승의 첫 새끼를 죽였지만, 이스라엘 백성의 집은 문에 뿌려진 피를 보고 넘어갔다.

어린 양이 이스라엘 백성의 장자를 대신해서 죽은 것처럼, 신약 시대에 들어와서 예수 그리스도가 모든 사람의 죽음을 대신 짊어지고 십자가에서 죽으셨다. 모든 사람의 죗값으로 죽으신 대속의 죽음이었다. 이런 사실을 처음부터 직시한 세례 요한은 그분을 가리키면서 이렇게 말했다, "보라! 세상 죄를 지고 가는 하나님의 어린 양이로다" (요 1:29). 이 말씀에서 '어린 양'은 유월절에 죽임을 당한 양을 뜻한다.

바울 사도도 예수 그리스도를 '우리의 유월절 양'이라고 표현함으로, 그분이 우리들의 죄를 위하여 피를 뿌리며 죽으신 구주이심을 분명히 알려주었다. 그의 말을 인용해 보자, "너희는 누룩 없는 자인데 새 덩어리가 되기 위하여 묵은 누룩을 내버리라; 우리의 유월절 양 곧 그리스도께서 희생되셨느니라" (고전 5:7). 사도 요한도 그분을 만주의 주이시며 만왕의 왕으로 묘사한 요한계시록에서 어린 양이라고 자그마치 31번이나 사용했다.

그러면 왜 유월절 다음에 무교절이 나오는가? 무교절은 누룩이 없는 떡을 먹는 절기이다. 이스라엘 백성이 유월절에 무교병을 먹는 이유는 그들이 애굽에서 급히 나왔기 때문이다. 모세의 말을 인용해 보자, "유교병을 그것과 함께 먹지 말고 이레 동안은 무교병 곧 고난의 떡을 그것과 함께 먹으라; 이는 네가 애굽 땅에서 급히 나왔음이니, 이같이 행하여 네 평생에 항상 네가 애굽 땅에서 나온 날을 기억할 것이니라" (신 16:3).

유월절은 유대력으로 1월 14일이나, 무교절은 15일부터 21일까지 7일 동안 누룩이 없는 떡을 먹으면서 이스라엘 백성은 그들의 조상이 겪은 고난을 기억했다. 그뿐 아니라, 그 7일 동안만이라도 그들은 죄를 짓지 않고 거룩하게 살아야 했다. 그들은 애굽에서 구원하신 하나님의 깊은 사랑과 능력을 기리면서 7일 동안 그분을 묵상했다. 그리고 누룩 없는 떡을 먹으면서 거룩하게 지내야 했는데, 그것이 바로 무교절이다.

그런데 그 무교절이 신약 시대에는 어떻게 이루어졌는가? 예수 그리스도가 유월절 양으로 십자가에서 죽음을 당하셨다. 그 전후를 생각해 보면, 그분은 유월절의 양이실 뿐 아니라, 무교절의 주인공이시었다. 그분은 밤새도록 산헤드린에서 재판을 받으셨다. 그뿐 아니라, 온 몸이 채찍에 맞아서 피투성이가 되어 십자가를 짊어지고 골고다로 한걸음씩 옮기셨다. 그리고 십자가에 달려서 처참하게 여섯 시간이나 고통을 당하셨다.

그분이 그렇게 온갖 고통을 맛보시고 마침내 십자가에서 죽으신 후, 그분의 몸은 무덤에 던져졌다. 그리고 그분의 영은 옥에까지 내려갔다. 베드로 사도의 말을 빌려보자, "그가 또한 영으로 가서 옥에 있는 영들에게 선포하시니라" (벧전 3:19). 이 말씀은 노아의 경고를 거부하고 죽은 영혼들이 있는 곳에 가셨다는 말이다. 그리고 노아의 경고가 진실이었다는 사실을 선포하셨던 것이다.

그렇다! 예수 그리스도는 확실히 누룩 없는 무교병이시었다. 저 금요일 오후 3시에 그분은 운명하셨다. 그렇게 그분의 찢기고 찔리고 상처 난 몸은 금요일과 토요일에 차가운 굴속에 놓여있었다. 그것이 전부가 아니었다! 그분의 영은 하나님께로 가지 못하고 위에서 언급한 것처럼 옥으로 갔다. 왜냐하면 십자가의 죽음조차도 그분의 구속 사역을 다 마친 것이 아니었기 때문이다.

그렇다면 무교절 다음에 나오는 첫 이삭절기는 무엇을 뜻하는가? 우선 하나님의 말씀에서 첫 이삭절기에 대하여 알아보자. "너희는 내가 너희에게 주는 땅에 들어가서 너희의 곡물을 거둘 때에 너희의 곡물의 첫 이삭 한 단을 제사장에게로 가져갈 것이요, 제사장은 너희를 위하여 그 단을 여호와 앞에 기쁘게 받으심이 되도록 흔들되 안식일 이튿날에 흔들 것이며" (레 23:10-11).

이스라엘 백성은 유월절과 무교절은 애굽에서 이미 지켰으나, 첫 이삭은 애굽 땅이 아니라 가나안 땅에서 보리 한 단, 곧 한 오멜을 드리라는 것이다. 그리고 그 단을 흔들어서 드릴 때 안식일 이튿날, 곧 주일에 드리라는 것이다. 그러니까 1월 14일에 유월절 양이 죽었고, 1월 15일에 무교병을 먹었는데, 그날은 안식일이었다. 그리고 안식일 다음 날, 첫 이삭을 흔들어드리면서 첫 이삭절기를 지키라는 것이다.

첫 이삭절기는 예수 그리스도의 부활을 가리킨다. 그분은 금요일에 돌아가셨다가 토요일, 곧 안식일에 옥으로 내려가셨다. 그리고 그 이튿날, 그러니까 죽은 지 삼일 째 되는 주일에 다시 살아나셨다. 바울 사도는 그렇게 부활하신 주님을 첫 열매라고 하였는데, 구약의 보릿단 대신 열매라고 한 것이다. 그의 말을 인용해 보자, "그러나 이제 그리스도께서 죽은 자 가운데서 다시 살아나사 잠자는 자들의 첫 열매가 되셨도다" (고전 15:20).

결국, 봄의 세 절기--유월절, 무교절 및 첫 이삭절기--는 예수 그리스도의 구속적 죽음을 강조하는 절기이다. 그리고 봄의 3대 절기는 3일간의 역사를 묘사한 것이다. 그런 이유 때문에 3일간에 일어난 세 가지 역사를 하나로 묶으면 유월절이라고 하나, 세분하면 유월절과 무교절과 첫 이삭절기이다. 모세는 출애굽기와 신명기에서 이 세 절기를 하나로 언급한 반면, 레위기와 민수기에서는 일곱 절기로 세분해서 언급했던 것이다.

2) 초여름의 절기

초여름의 절기는 밀을 수확하는 맥추절인데, 첫 이삭을 드린 후 50일째 날에 지키는 절기이다. "안식일 이튿날 곧 너희가 요제로 곡식단을 가져온 날부터 세어서 일곱 안식일의 수효를 채우고, 일곱 안식일 이튿날까지 합하여 오십 일을 계수하여 새 소제를 여호와께 드리되, 너희의 처소에서 십분의 이 에바로 만든 떡 두 개를 가져다가 흔들지니, 이는 고운 가루에 누룩을 넣어서 구운 것이요; 이는 첫 요제로 여호와께 드리는 것이며" (레 23:15-17).

이 말씀에 의하면, 오순절의 시발점은 첫 이삭절기이다. 그날부터 세어서 50일째 되는 날 지키는 절기이기 때문이다. 앞에서 본 것처럼, 첫 이삭절기는 예수 그리스도의 부활을 가리켰다. 그러니까 오순절은 그분이 부활하신 후 50일째 되는 날이라는 것이다. 그분은 부활하셔서 40일 동안 제자들을 10번이나 만나셨는데, 그 중 5번째에는 저 유명한 지상명령을 주셨다. 그리고 그분은 제자들이 보는 앞에서 승천하셨다.

그분이 승천하신 후, 10일이 더 지나갔다. 그분이 부활하신 후 꼭 50일째 되는 날이다. 그날 마가의 다락방에서 기도하던 120명의 제자들에게 성령이 강림하셨다. 베드로 사도는 그분의 부활과 연결해서 오순절을 이렇게 설명했다, "이 예수를 하나님이 살리신

지라! 우리가 다 이 일에 증인이로다. 하나님이 오른손으로 예수를 높이시매, 그가 약속하신 성령을 아버지께 받아서 너희가 보고 듣는 이것을 부어 주셨느니라"(행 2:32-33).

오순절은 유대인에게 너무나 중요한데, 그 이유는 다음과 같다: 첫째 밀의 수확, 둘째 초여름의 첫 수확, 셋째 *토라*를 받은 날, 넷째 다윗이 탄생한 날이자 죽은 날. 이런 네 가지 이유 때문에 유대인은 오순절을 이렇게 지켰다, "너와 네 자녀와 노비와 네 성중에 있는 레위인과 및 너희 중에 있는 객과 고아와 과부가 함께 네 하나님 여호와께서 자기의 이름을 두시려고 택하신 곳에서 네 하나님 여호와 앞에서 즐거워할지니라"(신 16:11).

이 말씀에 의하면, 적어도 오순절에는 유대인과 자녀, 흑수저인 노비와 금수저인 레위인, 그리고 비참한 나그네와 고아와 과부가 모두 하나님 앞에서 동등해진다는 것이다. 신약성경에서도 마찬가지이다! 성령으로 거듭난 모든 그리스도인은 목사와 평신도, 부자와 빈자, 내국인과 외국인, 그리고 남자와 여자의 차별이 전혀 없어진다. 똑같이 예수 그리스도의 피로 구원받았고, 똑같이 성령의 내주하심을 경험했기 때문이다.

그뿐 아니라, 성령으로 거듭난 그리스도인들은 도움을 필요로 하는 이웃에게 손을 뻗쳐서 물질적으로 그리고 영적으로 도움을 주어야 한다. 이처럼 도움의 손길을 가장 잘 뻗친 교회는 초대교회였다. 그들은 하루에 3,000명씩, 5,000명씩 그리스도 앞으로 인도했을 뿐만 아니라, 서로의 물질적 필요를 채워주기 위하여 논밭과 집을 팔기도 했다. 그와 같이 성령에 사로잡힌 경험을 지금처럼 필요로 한 때는 또 없을 것이다.

3) 가을의 절기

오순절에 성령의 강림으로 성령의 시대로 접어들었다. 그 성령은 교회를 일구었기에 그때부터 교회의 시대라고도 한다. 그리고 교회를 일군 주된 사람들은 이방인이기에 이방인의 시대라고도 하고, 은혜의 시대라고도 한다. 율법도 모르고 하나님도 알지 못하던 개돼지 같던 이방인들이 구원을 받아 교회를 일구다니, 하나님의 은혜가 아닐 수 없다. 그리고 그 시대가 끝나면 주님이 재림하시기에, 성령의 시대를 '말세'라고도 한다.

오순절 이후 제법 긴 여름이 지나면 가을의 절기가 도래하는데, 이 가을의 절기는 주님의 재림과 깊은 관계가 있다. 위에서 언급한 것처럼, 가을의 절기에는 나팔절과 속죄일 및 초막절이 있다. 먼저, 나팔절을 보자. "이스라엘 자손에게 말하여 이르라; 일곱째 달곧 그 달 첫 날은 너희에게 쉬는 날이 될지니, 이는 나팔을 불어 기념할 날이요 성회라" (레 23:24). 이 말씀에서 일곱째 달은 유대력에 의한 것이나, 이스라엘의 민력民曆으로는 새해의 첫 달이다.

나팔절, 곧 7월 1일이 되었다는 신호로 나팔소리가 울려 퍼지면, 이스라엘 백성은 두 가지 의식을 행했다. 첫째 의식은 지난해의 잘못을 회개하고 용서를 받는 의식이다. 둘째 의식은 새해를 하나님께 의탁하는 의식이다. 그들은 하나님이 그날 천지를 창조하셨다고 믿기에 7월 1일은 중요했다. 그러니까 그날은 과거와 미래의 분기점인데, 과거의 창조주 하나님이 새해에도 그들을 인도하시고 복주시기를 위해 기도했다.

이스라엘 백성에게 7월은 너무나 중요하다. 안식일인 1일에는 나팔절로 지킨다. 10일에는 속죄일(욤 키푸르)로 지키며, 1일부터 10일까지는 '경외의 날들the days of awe'로 지킨다. 이스라엘 백성은 이 10일 동안 한편 하나님을 경외하며 또 한편 두려워하면서 지낸다. 왜냐하면 그 기간 중에 앞으로 있을 하나님의 심판을 염두에 두고 자신을 돌아보며 회개하는 마음을 갖기 때문이다. 그리고 그 절정은 10일, 곧 속죄일이다.

이스라엘 백성은 닷새가 지난 후, 15일부터 21일까지는 초막절로 지키며, 22일에는 모든 절기를 마무리하는 절기 끝 날이다. 7월이 이처럼 중요한 이유는 7번째 달이기 때문이다. 7이라는 수가 중요하기에 7일째는 안식일이고, 7년마다 안식년이고, 7년이 7번 겹치면 희년이 되고, 첫 이삭절기 후 7주간이 지나면 오순절이 온다. 무교절에도 7일간 절기를 지키고, 초막절에도 7일간 절기를 지킨다. 이처럼 하나님의 수인 7번째 달은 이스라엘 백성에게 너무나 중요하다.

나팔절 다음에 오는 절기는 속죄일이다. "일곱째 달 열흘날은 속죄일이니, 너희는 성회를 열고 스스로 괴롭게 하며 여호와께 화제를 드리고, 이 날에는 어떤 일도 하지 말 것은 너희를 위하여 너희 하나님 여호와 앞에 속죄할 속죄일이 됨이니라" (레 23:27-28). 이스라엘 백성이 나팔절로부터 10일 간이나 계속한 회개가 속죄일에 절정을 이룬다. 회개의 절정은 '너희는 성회를 열고 스스로 괴롭게 하며'에 드러낸다.

대제사장은 1년에 한 번 찾아오는 속죄일에 염소의 피를 지성소에 있는 언약궤의 뚜껑 위에 7번 뿌린다. 이스라엘 백성의 죄를 덮는 의식이다. 죄를 덮는다는 의미를 강조하기 위하여 그 뚜껑은 '속죄소'로도 번역되었다. 아래에서 언약궤 안에 있는 십계명의 정죄와 위에서 두 그룹^{cherubim} 사이에 좌정하신 하나님의 진노를 피할 수 있는 이스라엘 백성이 있겠는가? 물론 없다! 그들이 1년 동안 지은 모든 죄를 위하여 뿌려진 피가 아니면 말이다.

그런데 속죄소인 뚜껑은 히브리어로 *카포렛*(כפ֫רֶת)인데, 헬라어 신약성경에서 *힐라스테리온*(ίλαστήριον), 곧 화목제물로 번역되었다. 왜 그렇게 번역되었는가? 예수 그리스도가 화목제물이시기 때문이다. 바울 사도의 선포를 보자, "이 예수를 하나님이 그의 피로써 믿음으로 말미암는 화목제물로 세우셨으니…" (롬 3:25). 사도 요한도 같은 말을 하였다, "그는 우리 죄를 위한 화목제물이니 우리만 위할 뿐 아니요 온 세상의 죄를 위하심이라" (요일 2:2).

이스라엘 백성은 속죄일에 1년 동안 지은 죄를 속죄소 위에 뿌려진 피를 통하여 용서받았다. 반면, 신약성경의 성도는 예수 그리스도가 십자가에서 화목제물이 되어 쏟으신 피를 통하여 용서를 받는데, 1년간 지은 죄가 아니라 지금까지 지은 모든 죄를 용서받는다. 히브리서 저자는 이 두 가지의 피를 비유하면서 이렇게 말했다, "염소와 송아지의 피로 하지 아니하고, 오직 자기의 피로 영원한 속죄를 이루사 단번에 성소에 들어가셨느니라" (히 9:12).

속죄일의 예식과 의미는 일차적으로 예수 그리스도의 죽음을 통하여 성취되었다. 이스라엘 백성은 1년에 한 번씩 그들이 지은 죄를 용서받아야 했다. 그러나 성도는 단번에 모든 죄를 용서받았다. 이스라엘 백성은 직접 성소에 들어가지 못하고 대제사장이 대신 들어갔다. 그러나 성도는 직접 지성소에 들어가서 하나님으로부터 용서를 받는다. 그들은 짐승을 의지했으나, 성도는 예수 그리스도를 의지한다. 그러나 이차적인 성취는 마지막 때에 일어날 것이다.

속죄일 다음에 오는 절기는 초막절로 한 해의 마지막 절기이다. 하나님의 말씀에서 초막절에 대해 알아보자. "이스라엘 자손에게 말하여 이르라, 일곱째 달 열닷새 날은 초막절이니 여호와를 위하여 이레 동안 지킬 것이라" (레 23:34). 이스라엘 백성은 속죄일이 끝난 후부터 5일 동안 성전 주변에 초막들을 만들었다. 그리고 가을 추수를 저장한 후, 초막들에 거하면서 일주일 동안 초막절을 지켰다.

초막절을 지키면서 이스라엘 백성은 다음과 같이 세 가지를 행했다. 첫째, 초막에서 지내면서 하나님 앞에서 즐거워했다 (레 23:40). 단순히 즐거워하는 것이 아니라 다른 사람들, 곧 자녀, 레위인, 객, 고아, 과부 등과 함께 즐거워했다 (신 16:14-15). 둘째, 그렇게 즐거워하면서 그들은 매일 하나님께 많은 제물을 올렸다 (민 29:12-39). 셋째, 안식년에는 그 기간 중에 공개적으로 율법을 읽었다 (신 31:10-13).

초막절 기간 중에 대제사장은 매일 실로암 못에서 물을 떠와 그 물을 부었는데, 그때 군중은 이렇게 외쳤다, "여호와여, 구하옵나니 이제 구원하소서!" (시 118:25). 그러면 그들은 구원을 받았는가? 물론 받지 못했다! 초막절 마지막 날까지 구원을 상징하는 물이 부어졌지만, 구원은 요원하기만 했다. 그때 나귀를 타고 예루살렘으로 입성하신 예수 그리스도가 목마른 군중을 향해 구원을 제시하셨는데, 그날은 초막절의 마지막 날이었다.

예수님이 제시하신 물은 초막절의 일차적인 성취였다. "명절 끝날 곧 큰 날에 예수께서 서서 외쳐 이르시되 누구든지 목마르거든 내게로 와서 마시라! 나를 믿는 자는 성경에 이름과 같이 그 배에서 생수의 강이 흘러나오리라" (요 7:37−38). 예수님이 제공하시는 물은 이스라엘 백성에게 기쁨을 줄 것이다. 그들은 나팔절부터 회개했고, 속죄일을 통하여 속죄의 의미를 깨달았다. 이제 속죄의 주인이신 그분을 받아들이기만 하면 주어지는 기쁨이다.

4) 가을의 절기와 종말

하나님이 시내산에 강림하실 때, 나팔이 울려 퍼졌다. "시내산에 연기가 자욱하니 여호와께서 불 가운데서 거기 강림하심이라…나팔 소리가 점점 커질 때에…여호와께서 시내산 곧 그 산 꼭대기에 강림하시고…" (출 19:18−20). 그런데 주님이 재림하실 때도 역시 나팔 소리가 울릴 것이다. 주님의 재림을 묘사한 예언을 보자, "여호와께서 그들 위에 나타나서…주 여호와께서 나팔을 불게 하시며 남방 회오리바람을 타고 가실 것이라" (슥 9:14).

마지막 때, 나팔 소리가 울려 퍼질 때 주님은 재림하시며, 그때 죽은 그리스도인들이 부활하게 될 것이다. 그렇지 않다면 바울 사도가 나팔 소리와 성도의 부활을 이렇게 연결시키지 않았을 것이다, "보라 내가 너희에게 비밀을 말하노니, 우리가 다 잠 잘 것이 아니요 마지막 나팔에 순식간에 홀연히 다 변화되리니, 나팔 소리가 나매 죽은 자들이 썩지 아니할 것으로 다시 살아나고 우리도 변화되리라" (고전 15:51−52).

주님은 그리스도인들의 몸을 변화시키신 후, 그들을 공중으로 끌어 올리시는데, 그 현상을 '휴거携擧'라고 한다. 그 장면을 바울 사도는 이렇게 묘사했다, "주께서 호령과 천사장의 소리와 하나님의 나팔 소리로 친히 하늘로부터 강림하시리니 그리스도 안에서 죽은 자들이 먼저 일어나고, 그 후에 우리 살아 남은 자들도 그들과 함께 구름 속으로 끌어 올려 공중에서 주를 영접하게 하시리니, 그리하여 우리가 항상 주와 함께 있으리라" (살전 4:16-17).

그렇다! 유대의 나팔절은 주님이 재림하심으로 완성된다. 나팔이 울려 퍼지면서 주님이 공중에 오실 때, 그리스도인들은 세 과정을 거치게 된다. 첫째는 그들도 불 심판을 통과하면서 잘못된 행실에 대하여 정화가 된다 (고전 3:12-15). 둘째는 그들의 공력에 대하여 심판을 받는다 (고후 5:10). 셋째는 각자가 그의 일을 직고한다 (롬 14:12). 물론 이런 과정은 구원을 잃게 되는 심판이 아니라, 주님을 만나 뵐 수 있도록 깨끗하게 하기 위함이다.

그렇다면 나팔절 후에 오는 속죄일은 어떻게 성취되는가? 위에서 언급한대로 속죄일의 일차적인 성취는 십자가에서 이루어졌다. 이차적인 성취는 예수 그리스도가 재림하실 때 이루어지는데, 그 과정을 보면 이렇다. 나팔 소리와 함께 휴거된 그리스도인들은 그분과 혼인 잔치를 치루지만 (계 19:7-9), 땅에서는 대환난이 시작된다. 그리스도인들의 휴거와 더불어 성령도 이 세상에서 떠나가신다. 그때에 나타난 작자가 바로 적그리스도이다.

적그리스도는 유대인과 거짓 평화조약을 맺고 세계를 정치적으로, 경제적으로, 군사적으로 통치하기 시작할 것이다. 그렇게 3년 6개월 만에 세계를 완전히 손아귀에 넣은 적그리스도는 평화조약을 깨고, 예루살렘의 성전과 제사를 폐할 것이다 (단 7:25, 12:7, 계 12:14). 그때부터 유대인은 말할 수 없는 고통과 박해를 당할 것이다. 유대인들은 하나님의 약속, 특히 스가랴 12장을 의지하면서 적그리스도에 대항하는 결사대를 일으킬 것이다.

스가랴의 약속을 읽어보자, "그 날에 내가 유다 지도자들을 나무 가운데에 화로 같게 하며 곡식단 사이에 횃불 같게 하리니, 그들이 그 좌우에 에워싼 모든 민족들을 불사를 것이요, 예루살렘 사람들은 다시 그 본 곳 예루살렘에 살게 되리라" (슥 12:6). 이런 약속을 허락하신 하나님을 믿고 일어난 결사대는 적그리스도와 전쟁을 일으키는데, 그 결전지가 바로 저 유명한 아마겟돈이다 (계 16:16).

그러나 유대인들이 믿은 하나님은 그들을 도와주지 않으셨다. 그 이유는 간단하다! 그들은 하나님의 말씀을 그들이 원하는 대로 읽고 적용했기 때문이다. 성령의 감동으로 기록된 하나님의 말씀은 성령의 조명을 통해서만이 옳게 깨달을 수 있다. 그리고 그렇게 옳게 깨달아야 그 말씀을 옳게 적용할 수 있다. 그런데도 유대인들은 원망과 증오로 가득해서 아전인수 격으로 하나님의 말씀을 읽었고, 또 인위적으로 적용했다.

하나님은 스가랴 선지자를 통해 그들의 패배를 이렇게 예언하신 바 있었다, "여호와의 날이 이르리라. 그 날에 네 재물이 약탈되어 네 가운데에서 나누이리라. 내가 이방 나라들을 모아 예루살렘과 싸우게 하리니 성읍이 함락되며 가옥이 약탈되며 부녀가 욕을 당하며 성읍 백성이 절반이나 사로잡혀 가려니와, 남은 백성은 성읍에서 끊어지지 아니하리라" (슥 14:1-2). 유대인들은 완전히 패배하였다!

유대인들이 통곡하면서 하나님께 나아올 때, 하나님은 그들이 오래 전 죽인 예수 그리스도가 그들의 메시야라는 사실을 깨닫게 하실 것이다. 그렇게 깨닫게 된 그들은 통곡하면서 회개할 것이다. 그 예언을 보자, "내가 다윗의 집과 예루살렘 주민에게 은총과 간구하는 심령을 부어 주리니, 그들이 그 찌른 바 그를 바라보고 그를 위하여 애통하기를 독자를 위하여 애통하듯 하며 그를 위하여 통곡하기를 장자를 위하여 통곡하듯 하리로다" (슥 12:10).

그렇게 회개하고 깨닫자 다시 하나님은 유대인들을 위하여 이런 역사를 이루실 것이다. "그 때에 여호와께서 나가사 그 이방 나라들을 치시되, 이왕의 전쟁 날에 싸운 것 같이 하시리라" (슥 14:3). 마침내 아마겟돈 전쟁은 하나님의 개입으로 그리고 유대인들의 변화를 통하여 막을 내릴 것이다. 이런 결말을 통하여 이스라엘 백성은 다시 국가를 회복할 뿐 아니라, 진정한 의미에서 '제사장 나라'가 될 것이다.

이처럼 민족적인 회개와 회복을 경험할 때, 속죄일이 진정으로 완성될 것이다. 그들이 율법적으로 1년에 한 번씩 모여서 속죄일의 절기를 지키며 회개했는데, 그런 회개는 그들을 진정으로 변화시키지 못했다. 그러나 7년 대환난 끝에 유대인들의 패배와 회개를 통하여 그들은 민족적으로 죄를 용서받을 뿐만 아니라, 그들의 구주이신 예수 그리스도를 깨닫게 될 것이다. 이것이 진정한 속죄일이 아니면 무엇이겠는가?

속죄일의 또 하나의 놀라운 역사는 이스라엘이 그렇게 회복되는 순간 공중에서 혼인 잔치를 마친 신랑인 예수 그리스도와 신부인 교회가 지상으로 내려올 것이다. 그때 예수 그리스도는 '만주의 주시요 만왕의 왕'으로 세상을 다스리실 것인데 (계 17:14, 19:16), 그 기간은 천년이 될 것이다. 그 기간 중 사탄은 결박되어 무저갱으로 던져질 것이다 (계 20:2-3). 이렇게 주님이 다스리시는 왕국이 바로 천년왕국千年王國이다.

천년왕국은 유대의 절기에서 초막절에 해당된다. 스가랴 선지자는 주님의 지상 재림과 초막절을 연관시켰는데, 우선 그분의 재림에 관한 말씀을 인용해 보자, "그 날에 그의 발이 예루살렘 앞 곧 동쪽 감람산에 서실 것이요…하나님 여호와께서 임하실 것이요, 모든 거룩한 자들이 주와 함께 하리라" (슥 14:4-5). '모든 거룩한 자들'은 일차적으로는 교회를 이룬 성도를 뜻하며, 이차적으로는 회개하고 변화된 유대인들을 뜻한다.

스가랴는 계속해서 이렇게 예언하였다, "예루살렘을 치러 왔던 이방 나라들 중에 남은 자가 해마다 올라와서 그 왕 만군의 여호와께 경배하며 초막절을 지킬 것이라…여호와께서 초막절을 지키러 올라오지 아니하는 이방 나라들의 사람을 치시는 재앙을 그에게 내리실 것이라…애굽 사람이나 이방 나라 사람이나 초막절을 지키러 올라오지 아니하는 자가 받을 벌이 그러하니라" (슥 14:16, 18-19).

과거에 이스라엘 백성이 초막절에 객과 고아와 과부와 더불어 즐거워했던 것처럼, 그들은 '제사장 나라'가 되어 세계 방방곡곡을 다니면서 세상의 구주이신 예수 그리스도를 열심히 전할 것이다. 출애굽기 19장 4-6절의 언약이 구체적으로 성취될 것이다. 그들이 그렇게 전도와 선교에 열심일 때, 그리스도인들은 무엇을 하는가? 그들은 '왕'의 신분으로 변화되어 그들의 구주이신 예수 그리스도와 더불어 세상을 통치하게 될 것이다.

이스라엘 백성이 초막절을 끝내고 긴 겨울을 맞이하듯, 천년왕국에도 끝이 있을 것이다. 사탄이 무저갱을 탈출하여 곡과 마곡을 충동할 것이다. 사도 요한의 예언을 보자, "천 년이 차매 사탄이 그 옥에서 놓여나와서, 땅의 사방 백성 곧 곡과 마곡을 미혹하고 모아 싸움을 붙이리니 그 수가 바다의 모래 같으리라"(계 20:7-8). 이 전쟁은 사탄이 하나님을 대적하는 마지막 전쟁이 될 것인데, 이번에도 하나님이 개입하실 것이다.

사도 요한의 예언을 다시 보자, "그들이 지면에 널리 퍼져 성도들의 진과 사랑하시는 성을 두르매 하늘에서 불이 내려와 그들을 태워버리고, 또 그들을 미혹하는 마귀가 불과 유황 못에 던져지니, 거기는 그 짐승과 거짓 선지자도 있어 세세토록 밤낮 괴로움을 받으리라"(계 20:9-10). 그렇게 사탄과 그 세력은 지옥으로 떨어져서 영원한 심판을 받게 될 것이다. 그뿐 아니라, 예수 그리스도를 거부한 모든 영혼도 심판을 받고 지옥으로 떨어질 것이다.

초막절, 곧 천년왕국이 끝날 때, 모든 불신자들이 부활할 것이다. 그리고 하나님의 백보좌 심판대 앞에서 두 가지 죄목에 대하여 심판을 받고 지옥으로 던져질 것이다. 하나는 그들이 세상의 구주이신 예수 그리스도를 거부한 죄이고, 또 하나는 그들이 행한 모든 범죄 행위이다. 사도 요한의 예언이다, "…각 사람이 자기의 행위대로 심판을 받고, 사망과 음부도 불못에 던져지니 이것은 둘째 사망 곧 불못이라"(계 20:13-14).

가을의 절기와 종말에 대하여 도해해 보자:

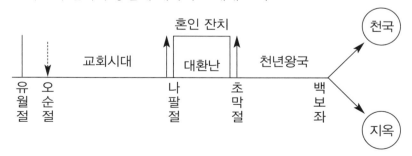

5. 결론

   유대인의 삼대 절기, 곧 유월절, 오순절 및 초막절은 기독교에서
세 가지 뼈대가 된다. 그 세 가지 뼈대는 예수님의 죽음과 성령의
임재와 그리스도 예수의 재림이다. 예수님의 죽음은 믿음을 통한
구원을 일으키며, 성령의 임재는 믿는 자들로 하여금 서로 사랑하
게 한다. 그리스도 예수의 재림은 그리스도인들의 소망으로, 그 소
망 때문에 어려움을 인내로 이기게 한다. 결국, 유대인의 삼대 절기
는 그리스도인들에게 "믿음, 사랑, 소망"으로 귀결된다.

   바울 사도가 말한 대로이다. "그런즉 믿음, 소망, 사랑, 이 세 가
지는 항상 있을 것인데 그 중의 제일은 사랑이라" (고전 13:13). 그
리스도인들에게 현재에 서로 사랑하는 것이 가장 중요하다는 가르
침이다. 하나님의 말씀인 성경은 참으로 깊고도 오묘하다. 유대인
의 삼대 절기가 기독교의 삼대 뼈대로 연결되고, 마침내 그리스도
인들에게 "믿음과 사랑과 소망"이라는 중요한 가르침으로 연결되는
말씀의 가르침을 받아들이자.

19장

면류관

1. 서론

왕이 정복^{正服}을 하면서 쓰는 왕관을 '면류관'이라고 한다. 신약성경에서 '면류관'이란 표현이 종종 나오는데, 한글성경에서는 이 왕관이 '면류관' 내지 '관'으로 번역되었다. 그래서 구태여 영어로 명기하면 *crown*이며, 헬라어로는 *스테파노스*(στέφανός)이다. 신약성경에서 *crown* 내지 스테파노스는 20번 나오는데, 한글성경에서는 '면류관'으로 번역된 곳은 7번이나 (빌 4:1, 살전 2:19, 딤후 4:8, 약 1:12, 계 3:11, 6:2, 14:14)되고, 나머지 13번은 모두 '관'으로 번역되었다.

신약성경에서 '면류관' 내지 '관'을 쓴 사람들은 다양하다. 두말할 필요도 없이 이 '면류관'을 쓰시기에 합당한 분은 예수 그리스도이시다. 그분이 쓰신 '면류관'은 그분의 권위와 통치를 뜻한다 (계 14:14). 그런데 일시적이지만 권위와 통치를 부여 받은 사람들도 그분처럼 '관'을 썼다. 하나님의 보좌에 둘려있는 보좌들 위에 앉은 24장로들도 '관'을 썼고 (계 4:4, 10), 해를 옷 입은 여자도 '열두 별의 관'을 썼다 (계12:1).

두 번째로 '관'을 쓴 자는 예수 그리스도를 모방하면서도 그분을 대적하는 적그리스도이다. 그도 역시 일시적인 통치의 권세를 가졌는데, 곧 흰 말을 탄자이다 (계 6:2). 그리고 그 적그리스도로부터 권세를 받은 황충들, 곧 귀신들도 '관'을 썼다 (계 9:7). 비록 적그리스도나 귀신들이 권세와 능력을 부여 받았지만, 그것은 어디까지나 일시적인 권세와 능력이었다. 그런 한시적인 권세를 묘사하기 위하여 그들도 '관'을 썼던 것이다.

2. 그리스도의 '면류관'

앞에서 언급한 것처럼, 예수 그리스도만이 영원한 권세와 통치권을 가지신 분이다. 당연히 그분만이 '면류관'을 쓰실 수 있다. 그분은 7년 대환난 끝에 심판의 주로서 지상으로 재림하실 때, '면류관'을 쓰고 오신다. 그에 대한 묘사를 하나님의 말씀에서 찾아보자: "또 내가 보니 흰 구름이 있고 구름 위에 인자와 같은 이가 앉으셨는데, 그 머리에는 금 면류관이 있고 그 손에는 예리한 낫을 가졌더라"(계 14:14).

이 말씀에서 '금 면류관'을 쓰고 재림한다는 묘사는 마침내 예수 그리스도가 전권을 가지고 세상을 통치하시겠다는 뜻이 담겨있다. 그런 이유 때문에 그분의 '손에는 예리한 낫'이 들려져 있다고 한다. 그분은 그 낫으로 한편 그를 대적한 사람들을 심판하시지만, 또 한편 그분을 따르느라고 고통과 박해를 감수한 그리스도인들을 거두어들이시겠다는 뜻이다. 그리고 그리스도인들은 그분과 더불어 이 세상을 통치하게 될 것이다.

그런데 그분이 이처럼 세상을 심판하시기 위하여 재림 주로 금 '면류관'을 쓰고 오시지만, 그 이전에는 다른 종류의 '면류관'을 쓰지 않으시면 안 되었다. 바로 그 '면류관'은 고난과 죽음의 '면류관'이었다. 히브리서의 말씀을 인용해 보자, "오직 우리가 천사들보다 잠시 동안 못하게 하심을 입은 자 곧 죽음의 고난 받으심으로 말미암아 영광과 존귀로 관을 쓰신 예수를 보니, 이를 행하심은 하나님의 은혜로 말미암아 모든 사람을 위하여 죽음을 맛보려 하심이라"(히 2:9).

이 말씀은 그분의 구속적 죽음을 묘사하는데, 그처럼 처절한 죽음을 '영광과 존귀로 관을 쓰신 예수'라고 표현했다. 왜 수치와 저주의 죽음이 '영광과 존귀의 관'인가? 그 이유는 분명하다! 만일 그분이 당신의 허물과 죄 때문에 죽으셨다면, 그것은 당연히 수치와 저주의 죽음이었을 것이다. 그러나 그분이 십자가에서 쓰신 관은 모든 죄인의 구원을 위한 대속적 죽음이었다. 과연 그 죽음은 '영광과 존귀의 관', 곧 '면류관'임에 틀림없다.

예수 그리스도의 죽음을 '영광과 존귀의 관'으로 묘사한 것처럼, 실제로도 십자가를 지면서 '면류관'을 쓰셨는데, 그것은 금 면류관이 아니라 가시 면류관이었다. "군인들이 가시나무로 관을 엮어 그의 머리에 씌우고 자색 옷을 입히고, 앞에 가서 이르되 '유대인의 왕이여 평안할지어다' 하며 손으로 때리더라" (요 19:2, 5; 마 27:29, 막 15:17 참고). 비록 군인들이 그분에게 고통을 더하려고 가시 면류관을 씌웠지만, 그 관은 '영광과 존귀의 관'이었다.

3. 사람들의 '면류관'

신약성경에서 면류관을 쓴 사람들은 예수 그리스도와 그분의 추종자들, 그리고 적그리스도와 그의 추종자들이 각각 '면류관'을 썼지만, 이 두 경우를 제외하고는 '면류관'을 쓴 사람들은 모두 그리스도인들이다. 그들이 '면류관'을 쓴 것은 크게 두 가지 이유 때문인데, 첫째 이유는 그리스도인들도 '만왕의 왕'이신 예수 그리스도처럼 왕이 되어 함께 왕 노릇 할 사실 때문이다 (계 17:14, 19:16). '만왕의 왕'에서 '만왕'은 바로 그리스도인들을 가리킨다. 그분이 천년 왕국을 세우신 후, 그리스도인들도 왕이 되어 그분과 함께 통치할 사실 때문이다.

그렇지 않다면 베드로 사도는 그리스도인들을 '왕 같은 제사장'이라고 부르지 않았을 것이다. 그의 말을 인용해 보자, "그러나 너희는 택하신 족속이요 왕 같은 제사장들이요 거룩한 나라요 그의 소유가 된 백성이니, 이는 너희를 어두운 데서 불러내어 그의 기이한 빛에 들어가게 하신 이의 아름다운 덕을 선포하게 하려 하심이라" (벧전 2:9). 이처럼 엄청난 칭호를 그리스도인들에게 주신 목적은 그들이 복음을 전하게 하기 위함이었다.

그리스도인들이 복음을 전할 때, 그들의 선포는 왕의 권위를 포함한다. 불신자들이 그들의 선포를 받아들이면 영생을 얻지만, 거부하면 영벌을 받게 된다. 결국, 불신자들의 운명은 그리스도인들의 복음 선포를 받아들이느냐 거부하느냐에 달려 있다. 불신자들의 이생에 결정적인 영향을 줄 뿐 아니라, 내세에도 천국과 지옥을 가름하는 절대적인 영향을 준다. 그리스도인들에게 주어진 이런 권위야말로 왕권이 아니면 무엇이겠는가?

그리스도인들이 '면류관'을 쓰는 둘째 이유는 그들이 누릴 영광 때문이다. 그리스도인들은 주님이 재림하실 때, 그분과 함께 있게 될 것도 크나큰 영광임에 틀림없다. 그러나 그들이 어떻게 순종하는 삶을 영위했는가에 따라 받을 영광도 있는데, 하나님의 말씀은 그 영광을 '면류관'이라고 묘사한다. 물론 그들이 받을 '면류관'에는 여러 종류가 있는데, 그리스도인들의 삶에 따라 주어질 '면류관'이 다르기 때문이다.

1) '기쁨의 면류관'

순종의 삶을 산 그리스도인들이 받을 면류관 가운데는 '기쁨의 면류관'이 있다. 하나님의 말씀에서 그 면류관을 찾아보자, "우리의 소망이나 기쁨이나 자랑의 면류관이 무엇이냐? 그가 강림하실 때 우리 주 예수 앞에 너희가 아니냐?" (살전 2:19). 이 말씀에서 '면류관'이 세 가지 수식어를 달고 있는데, 곧 '소망', '기쁨' 및 '자랑'이다. 그런데 '소망'과 '자랑'은 바울 사도의 신앙의 표현이지 영광이 될 수는 없기에, '기쁨의 면류관'이 된다.

그리스도인들은 거듭나는 순간부터 '기쁨'을 누리기 시작하는데, '기쁨'은 그리스도인들의 표지 중 하나이기 때문이다. 그들은 거듭 났기에 기쁘고, 환난 가운데서도 주님의 임재와 도우심 때문에 기쁘고, 주님이 다시 오실 때 그분을 만나기에 기쁘다. 그러니까 그리스도인들은 과거에 거듭났을 때부터, 현재의 삶에서, 그리고 미래에 주님을 만날 때까지 '기쁨'으로 점철된다. 바울 사도는 이런 삼중적인 '기쁨'을 로마서 5장 2절, 3절, 11절에서 언급했다.

기쁨을 누리는 그리스도인들은 그들의 기쁨을 불신자들과 나누려고 애쓴다. 그렇게 전도하는 중 어떤 사람이 회개와 믿음을 구사해서 거듭나면, 그 전도자는 큰 '기쁨'을 누리게 된다. 그 전도자만 기뻐하는 것이 아니라, 하늘에 계신 주님과 뭇 천사들도 기뻐한다. 주님이 직접 하신 말씀이다, "내가 너희에게 이르노니, 이와 같이 죄인 한 사람이 회개하면 하늘에서는 회개할 것 없는 의인 아흔아홉으로 말미암아 기뻐하는 것보다 더하리라" (눅 15:7).

왜 그렇게 기뻐하는가? 그 이유는 두 가지인데, 하나는 그 사람도 참 기쁨이 없는 이 세상에서 진정한 '기쁨'을 누리게 되었기 때문이다. 둘째 이유는 그 사람도 지옥으로 떨어지지 않고, 함께 주님이 계신 천국으로 가게 되었기 때문이다. 주님이 다시 오실 때를 생각해 보자. 그 사람이 주님 앞에서 저 전도자 때문에 이곳에 오게 되었다고 간증할 때, 그 사람을 위하여 십자가의 고난을 마다하지 않으신 주님은 얼마나 기뻐하시겠는가?

주님은 기뻐하시면서 그 전도자에게 영광을 주실 터인데, 그것이 바로 '기쁨의 면류관'이다. 한 영혼을 구원으로 인도하기 위하여 흘린 많은 눈물을 주님은 씻어주시면서 대신 '기쁨'으로 채워주신다 (계 7:17, 21:4). 실제로 그리스도인들이 이 짧은 인생의 여정에서 주님을 위하여 바친 가장 위대한 순종이 바로 복음전도이다. 그 순종만이 예수 그리스도의 구속적 죽음과 부활을 구체적으로 삶에 드러내기 때문이다.

2) '썩지 않는 면류관'

순종의 삶을 영위하는 그리스도인들에게 주어지는 두 번째 면류관은 '썩지 않는 면류관'이다. 다시 하나님의 말씀에서 그 면류관을 찾아보자, "이기기를 다투는 자마다 모든 일에 절제하나니, 그들은 썩을 승리자의 관을 얻고자 하되 우리는 썩지 아니할 것을 얻고자 하노라" (고전 9:25). 이 말씀에서 썩을 면류관과 썩지 않을 면류관이 대조적으로 나온다. 썩을 면류관은 마라토너가 받는 것으로, 올리브, 월계수, 셀러리, 솔잎 등으로 엮어서 만든 것이다.

그러나 그런 면류관은 얼마 지나지 않아 시들다가 썩어버린다. 그러나 그리스도인들이 받을 면류관은 썩지 않는 영원한 것이다. 그렇다면 어떻게 순종한 그리스도인들이 '썩지 않는 면류관'을 받게 되는가? 위의 말씀에 의하면 '절제'의 삶을 사는 그리스도인들이 받는다. '절제'는 타인에 의하여 억지로 강요되는 것이 아니라, 스스로 어떤 목적을 위하여 조절하여, 적절하게 생각하고 행동하는 것이다.

그렇다면 어떤 목적을 위하여 '절제'해야 하는가? 물론 그리스도인들은 매사에 절제해야 하지만, 앞의 말씀에서처럼 복음전도의 목적을 위하여 절제해야 한다는 것이다. 바울 사도의 고백을 들어보자, "약한 자들에게 내가 약한 자와 같이 된 것은 약한 자들을 얻고자 함이요, 내가 여러 사람에게 여러 모습이 된 것은 아무쪼록 몇 사람이라도 구원하고자 함이니, 내가 복음을 위하여 모든 것을 행함은 복음에 참여하고자 함이라" (고전 9:22-23).

바울 사도가 절제하지 않았다면, 연약한 사람처럼 될 수 있었겠는가? 물론 없다! 그는 자유인이나 때때로 종처럼 되기도 했고 (9:19), 율법의 선생이었던 그가 율법 없는 자들처럼 된 것도 율법 없는 자들을 구원하기 위함이었다 (9:21). 그렇게 스스로 절제한 목적은 그처럼 고귀한 영혼들을 구원하기 위해서였다. 그렇다! 바울 사도는 영혼들을 구원하기 위하여 절제하며, 또 절제했다. 그 결과 그를 통하여 그렇게 많은 사람들이 구원을 받았던 것이다.

그리스도인들도 마찬가지이다! 잃어버린 영혼들의 구원을 위하여 절제해야 한다. 그들을 위한 끊임없는 중보기도, 그들의 신뢰를 얻기 위한 희생적 섬김, 그들의 필요를 채워주기 위한 경제적 절제, 그들을 찾아가기 위한 시간의 절제, 그들로부터 인정받을 수 있는 삶의 절제--이런 절제를 통하여 그리스도인들은 '몇 사람이라도 구원할' 수 있게 된다. 실제로 그렇게 절제의 삶을 살 때, 성령도 그들을 도우셔서 영혼들을 허락하실 것이다 (갈 5:23).

3) '생명의 면류관'

순종의 삶을 사는 그리스도인들에게 주어지는 세 번째 면류관은 '생명의 면류관'이다. 다시 하나님의 말씀을 통해 알아보자: "시험을 참는 자는 복이 있나니, 이는 시련을 견디어 낸 자가 주께서 자기를 사랑하는 자들에게 약속하신 생명의 면류관을 얻을 것이기 때문이라" (약 1:12). 이 말씀에 의하면 '시험'을 참고 견디어낸 그리스도인들에게 면류관이 기다리고 있는데, 바로 '생명의 면류관'이다.

그리스도인들은 여러 가지 이유 때문에 '시험'을 당하는데, 그 중세 가지만 언급해 보자. 첫째 이유는 그들이 믿지 않는 사람들에게 복음을 전하기 때문이다. 복음전도는 쉽게 말해서 불신자들의 인생관과 세계관이 잘못되었다고 지적하면서, 그들의 관점을 바꾸라는 도전으로 여겨질 수도 있다. 도대체 어떤 불신자가 이런 도전을 기쁘게 받아들이겠는가? 그들은 그 도전을 거부하면서 전도자들을 대적하고 또 여러 가지로 시험을 안겨준다.

둘째 이유는 그리스도인들이 세속을 초월하여 경건하게 살기 때문이다. 바울 사도의 말을 빌려보자, "무릇 그리스도 예수 안에서 경건하게 살고자 하는 자는 박해를 받으리라" (딤후 3:12). 경건한 그리스도인들을 박해하는 사람들은 물론 불신자들이다. 그런데 때로는 경건하게 살지 못하는 그리스도인들도 박해한다. 왜냐하면 사람은 근본적으로 도전을 싫어하기 때문이다. 그들의 경건한 삶은 불신자에게는 물론 미숙한 그리스도인들에게도 도전이 될 수 있다.

셋째 이유는 마귀의 장난 때문이다. 마귀는 가능한 한 그리스도인들을 넘어지게 하여 그들을 통한 복음전도를 방해한다. 하나님의 말씀에서 그 사실을 찾아보자, "너는 장차 받을 고난을 두려워하지 말라. 볼지어다! 마귀가 장차 너희 가운데에서 몇 사람을 옥에 던져 시험을 받게 하리니, 너희가 십 일 동안 환난을 받으리라. 네가 죽도록 충성하라! 그리하면 내가 생명의 관을 네게 주리라"(계 2:10).

이상의 세 가지 이유 중에서 복음을 전하는 그리스도인들이 받는 시험은 참으로 심각하다. 바울 사도도 복음을 전하다가 투옥되기도 했고, 무수히 채찍에 맞기도 했다. 심지어는 목숨까지도 잃을 뻔 했었다. 그러나 생명을 살리기 위하여 생명을 초개같이 불태운 바울 사도는 물론, 그처럼 복음을 전하다가 '시험'을 당하는 수많은 그리스도인들에게 주님이 약속하신 것은 다름 아닌 '생명의 면류관'이다.

4) '의의 면류관'

복음을 전하다가 시험을 당하는 그리스도인들은 당연히 참고 견뎌야 한다. 어떻게 참고 견디란 말인가? 그들을 데리러 오실 예수 그리스도의 재림을 기대하면서 견뎌야 한다. 다시 하나님의 말씀에서 그 기대를 찾아보자, "이제 후로는 나를 위하여 의의 면류관이 예비되었으므로, 주 곧 의로우신 재판장이 그 날에 내게 주실 것이며 내게만 아니라 주의 나타나심을 사모하는 모든 자에게도니라"(딤후 4:8).

바울 사도는 죽음이 임박했는데도 이런 분명한 확신을 가지고 있었다. 그는 그에게 맡겨진 복음 전파에 충성을 다 한 사람이었다. 그렇게 복음을 전하다가 로마제국 감옥에 갇혀서 죽음을 기다리고 있었을 때, '의의 면류관'이 그를 기다린다고 표현했다. 그의 간증을 좀 더 들어보자, "전제와 같이 내가 벌써 부어지고 나의 떠날 시각이 가까웠도다. 나는 선한 싸움을 싸우고 나의 달려갈 길을 마치고 믿음을 지켰으니" (딤후 4:6-7).

바울 사도는 언제 죽음이 닥칠지도 모르는데, 그 죽음을 염려하면서 걱정에 휩싸이지 않았다. 그는 자신을 내려다보지 않고 그를 마중해 주실 주님을 올려다보고 있었다. 그는 임박한 죽음에 초점을 두지 않고, 임박한 주님과의 만남에 초점을 두고 있었다. 다메섹으로 가던 길에서 그를 만나주셨던 그분을 다시 만날 영광스러운 순간을 기다리며 고대하고 있었다. 그분을 만났을 때, 그의 기쁨은 얼마나 컸으며, 그가 받은 '의의 면류관'은 얼마나 놀라왔겠는가!

바울 사도를 만나신 분은 무서운 재판장도 아니시며 심판의 재판장도 아니시고, '의로우신 재판장'이시다. 이왕이면 '의로우신 보혜사'라고 할 수도 있었는데, 그렇게 하지 않고 '의로우신 재판장'이라고 한 이유라도 있는가? 물론 있다! 그분은 가장 공의로운 분이시다. 그뿐 아니라, 바울 사도의 모든 행적을 아시는 재판장이시다. 그가 복음을 전하면서 당한 시험을 다 헤아리시고, 거기에 걸맞게 '의로운 면류관'을 주시겠다는 뜻이다.

'의의 면류관'을 받을 사람은 바울 사도만이 아니다. 그처럼 복음을 전하면서 시험을 감수하는 모든 그리스도인에게도 약속된 것이다. 왜냐하면 그들도 여러 가지의 시험을 당하면서 '믿는 도리의 사도이시며 대제사장이신 예수'를 고대하고 있기 때문이다 (히 3:1).

실제로 바울 사도처럼 복음을 전하면서 온갖 시험을 무릅쓰는 그리스도인들은 시간과 공간을 초월하여 항상 존재한다. 그들도 시험 중에 주님의 재림을 기다리면 '의의 면류관'을 받을 것이다.

5) '영광의 면류관'

그렇다면 복음을 전하는 그리스도인들이 시험을 감수하면서 주님의 재림만을 기다리고 있어야 하는가? 물론 아니다! 그들은 비록 시험 중에라도 그들에게 맡겨진 임무에 최선을 다해야 한다. 이번에는 베드로 사도의 말을 빌려보자, "그리하면 목자장이 나타나실 때에 시들지 아니하는 영광의 관을 얻으리라" (벧전 5:4). 베드로 사도가 제시한 면류관은 '영광의 면류관'인데, 어떤 그리스도인들이 받는단 말인가?

그 질문을 푸는 열쇠는 '그리하면'이란 접속사에 있다. '그리하면'은 결과를 나타내는 접속사로서 그 앞에서 원인을 밝히고 있다. "너희 중에 있는 하나님의 양 무리를 치되 억지로 하지 말고 하나님의 뜻을 따라 자원함으로 하며, 더러운 이득을 위하여 하지 말고 기꺼이 하며, 맡은 자들에게 주장하는 자세를 하지 말고 양 무리의 본이 되라" (벧전 5:2-3). 그러니까 '영광의 면류관'은 양 무리를 치는 그리스도인들에게 주어지는 특권이다.

그렇다면 '양 무리'는 어떤 그리스도인들인가? 신실하게 복음을 전하면 하나님도 신실하게 영혼들을 맡기신다. 그 결과 시시때때로 회개와 믿음을 통하여 구원받고 변화되는 사람들이 생기게 마련이다. 그렇게 구원받은 사람들이 전도자들의 일차적인 '양 무리'가 된다. 그 '양 무리'는 그들의 영적 자녀와 같다. 그들은 영적으로 갓 태어난 어린 양들을 치는 어미 양처럼 영적 자녀들을 정성껏 돌보고 양육해야 한다.

그러니까 진정한 의미에서 전도자는 진정한 의미에서 목자가 된다. 그들이 생산해낸 자녀들을 양육하고 훈련시켜야 한다. 그렇지 않으면 그 자녀들은 세상의 물결에 휩쓸려 갈 수도 있고, 마귀의 시험에 걸릴 수도 있다. 만일 그렇지 않다면, 그들은 영적으로 성장하지 못하는 영적 피그미pygmy가 될 것이다. 만일 그들이 양육과 돌봄을 잘 받아서 성장한다면, 그들도 그들의 영적 부모처럼 복음을 전하는 전도자들이 될 수 있는데 말이다.

예수 그리스도가 그들을 위하여 십자가에서 몸이 찢기시고 피를 흘리시면서 죽으셨는데 그분 때문에 구원받은 영혼들이 영적으로 성장하지 못한다면, 그분의 죽음은 거의 헛된 것이 아닌가? 전도자들은 그 십자가를 묵상하면서, 그들이 전도한 영혼들이 성장하여 다시 전도자가 되어 주님의 뜻을 이루어드리도록 해야 한다. 그리 할 때 주님의 재림을 촉진하는 것이며, 그들은 '영광의 면류관'을 선물로 받을 것이다.

4. 결론

그리스도 예수가 재림하실 때, 모든 그리스도인은 그분과 더불어 세상을 다스릴 것이다. 다스리기 위하여 권능의 통치권이 주어질 터인데, 그것이 바로 면류관이다. 그러나 금 면류관을 쓰신 주님 앞에 그리스도인들은 그들이 받은 면류관을 다시 주님께 돌려드릴 것이다. 왜냐하면 주님 앞에서 그들은 낮아질 대로 낮아지고, 주님은 높아지실 대로 높아지시기 때문이다.

사도 요한은 24장로들의 모습을 보여주면서 그리스도인들이 어떻게 해야 할지를 알려주었다. 그의 묘사를 직접 들어보자, "이십사 장로들이 보좌에 앉으신 이 앞에 엎드려 세세토록 살아 계시는 이에게 경배하고 자기의 관을 보좌 앞에 드리며 이르되, 우리 주 하나님이여 영광과 존귀와 권능을 받으시는 것이 합당하오니 주께서 만물을 지으신지라. 만물이 주의 뜻대로 있었고 또 지으심을 받았나이다 하더라"(계 4:10-11).

그렇다! 창조의 주인이시요 구속의 주인이신 예수 그리스도만이 모든 '영광과 존귀와 권능을 받으시는 것이 합당하시다!' 결국, 주님이 쓰신 면류관이 왕들인 그리스도인들에게 하사되었다가, 다시 주님께로 돌아가게 된다. 왜냐하면 그분만이 영원한 권능과 통치권을 가지고 계시기 때문이다. 그런데도 그분이 순종하는 그리스도인들에게 면류관을 주시면서 통치권을 나누어주시는 주님의 사랑은 참으로 크고도 넓고도 높고도 깊다! (엡 3:18-19).

20장

의인과 악인의
부활

1. 서론

바울 사도는 유대교를 신봉하다가 부활하신 예수 그리스도를 만난 후에 변화된 사람이다. 그렇게 변화되자 즉시 그는 예수 그리스도가 유대인들이 기다리는 메시야라고 증언하기 시작했다. 그런 바울 사도의 증언은 유대인들로부터 두 가지 반응을 일으켰는데, 하나는 그의 증언을 받아들이고 예수 그리스도를 그들의 메시야로 믿었고, 또 하나는 그렇게 증언하는 바울 사도를 죽여야 한다는 것이었다.

그를 죽이려는 유대인들이 로마 법정에 바울 사도를 고발했고, 그는 변명할 수밖에 없는 처지에 놓이게 되었다. 바울 사도는 유대인들이 고발한 내용을 반박하면서 동시에 변증도 했다. 바울 사도의 변증을 살펴보면 두 가지가 포함되어 있었는데, 하나는 그에게 잘못이 없다는 변증이었다. 또 하나는 그 와중에서도 바울 사도는 재판관인 벨릭스 총독과 법정에 있는 모든 사람에게는 물론 그를 고발하는 유대인들에게도 복음을 전했다.

바울 사도의 변증적 복음전도에는 죽은 자의 부활에 관한 내용이 두 번씩 들어있었다. 그 내용을 확인하자, "그들이 기다리는 바 하나님께 향한 소망을 나도 가졌으니, 곧 의인과 악인의 부활이 있으리라 함이니이다" (행 24:15); "오직 내가 그들 가운데 서서 외치기를 내가 죽은 자의 부활에 대하여 오늘 너희 앞에 심문을 받는다고 한 이 한 소리만 있을 따름이니이다" (행 24:21). 바울 사도가 변증한 복음전도의 내용 중 '의인과 악인의 부활'이 무엇을 함축하는지 알아보자.

2. 불멸의 인간

하나님이 아담과 하와를 창조하신 가장 중요한 목적은 교제를 위함이었다. 영원하신 하나님이 그들과 영원한 교제를 갖기 위해서는 당연히 그들도 영원한 존재가 되어야 했다. 그래서 하나님은 아담과 하와를 불멸의 존재로 창조하셨다. 물론 하나님의 말씀에는 그들이 불멸의 존재로 창조되었다는 구체적인 표현은 없다. 그렇지만 그들을 '하나님의 형상'을 따라 지으셨다는 말씀에 그들이 불멸의 존재라는 뜻이 함축되어 있었다 (창 1:26).

'하나님의 형상'은 하나님의 모습을 가리킨다. 최초의 인간 아담과 하와가 하나님의 모습을 따라서 창조되었다는 것은 겉모습이 아닌 것이 분명한데, 그 이유는 영이신 하나님에게는 어떤 모습도 없기 때문이다. 그렇다면 '하나님의 형상'은 무엇을 뜻하는가? 그것은 하나님의 성품性品, 곧 속성屬性을 닮았다는 뜻이다. 하나님의 속성은 영이시며 동시에 영원하시다. 그런 하나님을 닮았다는 것은 아담과 하와가 영적이며 동시에 불멸의 존재로 창조되었다는 사실을 함축한다.

그러나, 불행하게도 아담과 하와가 불순종하여 범죄하므로 그들은 하나님의 경고대로 죽음에 이르렀다 (창 2:17). 얼마나 불행한 사실인가? 만일 아담과 하와가 불순종하지 않았다면 하나님과 영원한 교제를 누리면서 영생을 누렸을 터인데 말이다. 아담은 영생을 누리지 못하고 930세에 죽었다. 그뿐 아니라, 아담 이후 죽음의 장벽을 넘을 수 있는 사람은 하나도 없다. 그렇다면 인간은 결코 불멸의 존재가 아니지 않는가?

이 시점에서 인간의 본질을 알아볼 필요가 있다. 하나님이 인간을 창조하실 때, 육체만 창조하신 것이 아니라, 그 육체에 하나님의 생기를 불어넣어 주셨다 (창 2:7). 그 결과 인간은 영혼을 가진 인격체가 되었다. 비록 아담과 하와가 육체적으로는 죽었지만, 그들 안에 있는 영혼은 죽지 않았다. 그러니까 육체적으로 죽었다는 것은 그 육체를 지배하던 영혼이 그 육체를 떠났다는 것을 뜻한다.

그렇다면 이와 같은 육체와 영혼의 분리는 영원한 것인가? 그렇지 않다! 불멸의 존재로 창조되었기에 어느 날 그 육체가 부활할 것이다. 그리고 그렇게 부활한 육체에 다시 영혼이 들어갈 것이다. 만일 육체가 그렇게 부활하지 못한다면 하나님의 창조는 처음부터 완전하지 않은 조잡한 작품에 지나지 않았을 것이다. 그러나 하나님은 처음부터 불멸의 인간을 창조하셨다! 비록 죄 때문에 죽었지만, 그래도 언젠가는 부활할 것이다.

3. 부활

아담과 하와가 죄를 범하므로 그들과 모든 인간은 죽음을 피할 수 없게 되었다. 그렇지만 하나님은 그들을 죽음에서 다시 살리심으로 인간이 불멸의 존재라는 사실을 확인해 주셨다. 하나님의 말씀에는 그런 부활의 사실이 곳곳에 예언되어 있는데, 그 중 몇 곳만 찾아보자. 우선 욥기에 제시된 부활에 대하여 알아보자, "악인은 재난의 날을 위하여 남겨둔 바 되었고, 진노의 날을 향하여 끌려가느니라" (욥 21:30).

이 말씀에 의하면, 악인도 '재난의 날,' 곧 '진노의 날'을 위하여 남겨둔 바 되었다. '재난의 날'이나 '진노의 날'은 세상 끝을 가리키는데, 세상 끝에 모든 인간이 하나님 앞에서 그들의 행위에 대하여 심판을 받게 된다는 것이다. 어떻게 '악인'이 마지막 때까지 살아남을 수 있는가? 물론 살아남을 수 없다! 위의 말씀은 마지막 때에 그들이 죽음에서 다시 살아날 것을 함축하고 있다. 다시 살아나지 않는다면 심판도 가능하지 않기 때문이다.

'의인과 악인의 부활'을 제일 먼저 함축적으로 언급한 선지자는 다니엘이다. 그의 말을 직접 들어보자, "땅의 티끌 가운데에서 자는 자 중에서 많은 사람이 깨어나 영생을 받는 자도 있겠고, 수치를 당하여서 영원히 부끄러움을 당할 자도 있을 것이며" (단 12:2). 이 말씀에서 '많은 사람'은 모든 사람을 뜻하는 강조의 표현이다. 모든 사람이 부활하여 ('깨어나') 혹자는 영생을 얻으나, 어떤 사람들은 영원한 수치, 곧 심판을 당하게 되는 것이다.

이와 같은 구약성경의 예언을 보다 구체적으로 언급하신 분은 다름 아닌 예수 그리스도였다. 그분의 말씀을 직접 들어보자; "이를 놀랍게 여기지 말라! 무덤 속에 있는 자가 다 그의 음성을 들을 때가 오나니, 선한 일을 행한 자는 생명의 부활로, 악한 일을 행한 자는 심판의 부활로 나오리라" (요 5:28-29). 이 말씀에 의하면 모든 인간이 부활한 후, 그들의 선한 행위와 악한 행위에 따라 영생을 얻기도 하고 영벌을 받기도 한다 (마 25:46).

그러니까 인간의 선과 악에 따라서 부활 후가 결정된다. 그렇다! '선한 일을 행한 자는 생명의 부활로, 악한 일을 행한 자는 심판의 부활로 나오게' 된다. 기독교의 교리를 확정한 바울 사도도 이렇게 언급했다; "악을 행하는 각 사람의 영에는 환난과 곤고가 있으리니 먼저는 유대인에게요 그리고 헬라인에게며, 선을 행하는 각 사람에게는 영광과 존귀와 평강이 있으리니 먼저는 유대인에게요 그리고 헬라인에게라" (롬 2:9-10).

그렇다면 선의 결과인 생명의 부활과 악의 결과인 심판의 부활이 동시에 일어나는가? 그렇지 않다! 먼저 선을 행한 자들의 부활이 있고, 그 다음에 악을 행한 자들의 부활이 따른다. 이 두 부활 사이는 얼마나 되는가? 그 사이가 얼마나 되는지 알아보기 위하여 사도 요한의 가르침을 들어보자. 그는 생명의 부활과 심판의 부활 사이가 천 년이나 된다고 다음과 같이 가르쳤다:

> "…또 짐승과 그의 우상에게 경배하지 아니하고 그들의 이마와 손에 그의 표를 받지 아니한 자들이 살아서 그리스도와 더불어 천 년 동안 왕 노릇 하니, (그 나머지 죽은 자들은 그 천 년이 차기까지 살지 못하더라) 이는 첫째 부활이라. 이 첫째 부활에 참여하는 자들은 복이 있고 거룩하도다. 둘째 사망이 그들을 다스리는 권세가 없고 도리어 그들이 하나님과 그리스도의 제사장이 되어 천 년 동안 그리스도와 더불어 왕 노릇 하리라" (계 20:4-6)

사도 요한은 선한 일을 한 자들이 받을 생명의 부활을 첫째 부활이라고 했다. 그 말은 천 년 후에 따라오는 악한 자들이 받을 심판의 부활을 둘째 부활이라고 해도 상관없을 것이다. 위의 말씀에 의하면, 첫째 부활과 둘째 부활 사이는 천 년이나 된다. 첫째 부활을 경험한 그리스도인들은 거룩한 사람들이며 복 받은 사람들이다. 그들은 그리스도 예수와 더불어 천 년 동안 왕이 되어 세상을 통치할 것이다.

그러나 천 년 후, 악한 자들이 부활하여 그들의 행위대로 심판을 받는다. 사도 요한의 말을 다시 들어보자; "죽은 자들이 자기 행위를 따라 책들에 기록된 대로 심판을 받으니, 바다가 그 가운데에서 죽은 자들을 내주고 또 사망과 음부도 그 가운데에서 죽은 자들을 내주매, 각 사람이 자기의 행위대로 심판을 받고, 사망과 음부도 불못에 던져지니 이것은 둘째 사망 곧 불못이라" (계 20:12-14).

이와 같은 두 가지 부활을 도해하면 다음과 같다:

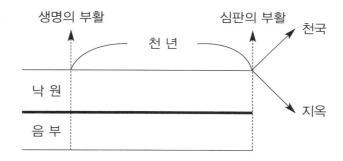

위의 도해를 설명해 보자. 죽은 사람은 두 곳 중 한 곳으로 가는데, 한 곳은 낙원이고 또 한 곳은 음부이다. 선을 행한 자의 영혼은 낙원으로 보내지고, 악을 행한 자의 영혼은 음부로 보내진다. 그 후 예수 그리스도가 다시 오실 때, 낙원에 있던 자들은 생명의 부활로 나와서 영원한 몸을 갖게 된다. 그리고 그때부터 천 년 동안 천년왕국에서 그리스도와 더불어 왕 노릇을 하게 된다. 물론 생명의 부활 이후 낙원은 텅텅 빈다.

음부로 보내진 악한 자의 영혼들은 천년왕국이 끝날 때, 심판의 부활로 살아나서 영원한 몸을 갖게 된다. 그리고 그들은 두 가지 죄 때문에 하나님의 심판을 받는데, 하나는 예수 그리스도를 거부한 죄이고 또 하나는 그들의 행위에 대한 죄이다. 그 심판을 흰 보좌 심판이라고도 하는데, 하나님이 흰 보좌에 앉아서 심판하시기 때문이다. 그리고 그들은 하나님이 계시지 않는 지옥으로 던져진다. 그 때 이 세상은 불에 타서 없어진다.

4. '의인과 악인'

이 시점에서 선과 악에 대한 정의를 내려야 할 것이다. '선'의 궁극적 뜻은 '하나님을 기쁘시게 하기' 위한 행위이다. 그렇다면 하나님을 기쁘시게 하기 위한 행위는 무엇인가? 그것은 하나님의 뜻을 행하는 행위이다. 한 번은 예수님이 제자들에게 이렇게 말씀하신 적이 있었다. "나더러 주여, 주여 하는 자마다 다 천국에 들어갈 것이 아니요, 다만 하늘에 계신 내 아버지의 뜻대로 행하는 자라야 들어가리라" (마 7:21).

제자들이 예수님께 이런 질문을 한 적도 있었다, "우리가 어떻게 하여야 하나님의 일을 하오리이까?" (요 6:28). 그 질문에 대한 주님의 대답은 매우 의미심장한데, 그분은 이렇게 답하셨기 때문이다, "하나님께서 보내신 이를 믿는 것이 하나님의 일이니라" (요 6:29). 예수님이 하신 위의 두 말씀을 종합해 보면, 하나님의 뜻과 일은 그분이 보내신 그 아들 예수 그리스도를 믿는 것이다.

도대체 왜 하나님의 아들 예수 그리스도를 믿는 것이 하나님 아버지의 뜻이며 일인가? 그 이유도 분명하다! 하나님은 영원한 교제를 위하여 인간을 창조하셨건만, 인간이 범죄하므로 그 교제가 끊어졌다. 그러나 하나님은 그렇게 단절된 교제를 회복하기 위하여 그 아들을 세상에 보내셨고, 그리고 십자가에서 죽게 하셨다. 누구든지 그 아들을 믿으면 죄를 용서받을 뿐만 아니라, 하나님과의 영원한 교제를 회복하게 된다.

　그럼에도 불구하고 인간이 예수님을 '주여, 주여'라고 부르지만, 그분과 영적으로 교제를 나눌 수 있는 관계를 맺고 있지 않으면 아무 의미도 없다. 설사 인간이 주님의 이름으로 기적을 행하고, 귀신을 쫓아내도 소용없다. 이것을 좀 더 구체적으로 적용해 보면, 아무리 봉사를 많이 해도, 그리고 주님의 일에 열심을 내도 소용없다는 말이다. 그런 봉사와 일을 통해서는 아무도 그리스도와 영적 교제를 나눌 수 없기 때문이다.

　이제 바울 사도가 변증적으로 전도하면서 왜 '의인과 악인의 부활'을 언급했는지 알 수 있다. 그렇다! 의인이든 악인이든 반드시 부활하여 영원한 몸을 갖게 된다. 두말할 필요도 없이 의인은 생명의 부활로, 그리고 악인은 심판의 부활로, 각각 변화될 것이다. 그렇다면 도대체 누가 의인이며 또 누가 악인인지 구분하지 않으면 안 된다. 그렇게 구분하지 않으면, 그리스도인들이 어떤 사람과 영적인 교제를 나눌 수 있는지 모르기 때문이다.

　바울 사도가 한 말을 '의인과 악인'이라고 번역한 한글성경은 다분히 의역한 것이기에 그 원뜻을 정확히 알려주지 못한다. '의인과 악인'은 서로 상반되는 단어이기에, '악인'은 악한 행위나 삶을 산 사람을 시사하며, '의인'은 깨끗하게 산 도덕적인 사람을 시사한다. 그러나 헬라어를 보면 그런 뜻이 아니다. 헬라어로 '의인'은 *디카이오스*(δίκαιος)라는 형용사인데, 성경적으로는 '칭의稱義'를 뜻하는 '의롭다 하심'을 받은 사람을 가리킨다.

그러면 누가 의롭다 하심을 받은 사람인가? 두말할 필요도 없이 예수 그리스도의 십자가 공로로 죄를 용서받아 구원받은 사람이다. 그 사람은 하나님이 의로우신 것처럼 똑같이 의롭다고 인정받은 사람이다. 반면에 '악인'은 의롭다 하심을 받지 못한 사람을 가리킨다. 그렇다! 하나님의 아들 예수 그리스도가 모든 죄인의 심판을 대신 받으셨기에, 그분을 통하여 의롭다 하심을 받을 수 있는 은혜를 거절한 사람이다.

그러니까 '악인'이란 나쁜 짓, 곧 도적질이나, 간음이나, 미움이나 살인의 죄를 저지른 사람을 가리키지 않는다. 물론 그들이 그런 나쁜 일에 연루될 수도 있다. 그러나 그런 모든 죄를 용서받을 수 있을 뿐만 아니라, 하나님처럼 의롭게 되기 위하여 십자가에서 형벌을 받고 죽으신 예수 그리스도 앞으로 나와야 하는데도 그것을 거부했다. 하나님에 관한 한, 이것만큼 악한 행위와 결정은 있을 수 없다. 그는 하나님 보시기에 진정으로 '악인惡人'이다.

5. 의인

그렇다면 누가 생명의 부활을 기대할 수 있는 의인義人인가? 양심적으로 사는 도덕적인 사람이 의인인가? 아니면 종교에 깊이 들어간 사람이 의인인가? 이미 앞에서 언급했듯이, 의인이란 하나님처럼 의로워진 사람을 가리킨다. 도덕적인 사람이 하나님처럼 의로워질 수 있는가? 물론 의로워질 수 없다! 종교에 깊이 들어가서 고행조차 마다하지 않는 사람이라면 하나님처럼 의로워질 수 있는가? 결코 없다!

기독교에 깊이 몰입하여 교회생활에 열심인 사람이라면 의인이 아닌가? 두말할 필요도 없이 의인이 아니다. 아무리 교회생활에 깊이 들어갔다손 치더라도 그것으로 의인이 될 수 없다. 교인을 포함한 모든 인간이 태어날 때, 이미 죄의 성품을 가지고 있기 때문이다. 다윗도 죄의 성품을 이렇게 고백했다, "내가 죄악 중에서 출생하였음이여, 어머니가 죄 중에서 나를 잉태하였나이다" (시 51:5). 이런 고백은 모든 사람의 고백이기도 하다.

'죄악 중에서 출생한' 증거는 너무나도 많다. 우선, 시시때때로 죄를 짓는다. 그뿐 아니라 다른 사람과의 관계에서 자주 갈등을 갖는다. 그리고 '내'가 어디에서 왔다가 어디로 가는지 알지 못한다. 한발 더 나아가서 인생의 종착역이 죽음이라는 허무에서 벗어날 수 없다. 인생이 죽음으로 끝나는지, 아니면 내세가 있는지 궁금하기 짝이 없다. 이런 모든 현상은 '내'가 의인이 아니라 죄인이라는 강력한 증거이다.

성경은 이 사실을 이렇게 증언한다, "의인은 없나니, 하나도 없도다" (롬 3:10). 그렇다! 하나님처럼 죄를 생각하지도 않고, 느끼지도 않고, 말하지도 않고, 행하지도 않는 사람은 없다. 그런 까닭에 표준영어성경English Standard Version은 이 구절을 이렇게 삼중적인 부정어법으로 묘사했다, "None is righteous, no, not one."

이것을 직역하면 이렇다, "아무도 의롭지 않은데, 그렇다, 한 사람도 의롭지 않다."

모든 사람은 매사에 결산이 있는 것을 안다. 공부를 열심히 하면 성적이 오르는 것은 좋은 결산이다. 반대로, 공부를 하지 않으면 성적이 나쁠 수밖에 없는데, 이것은 부정적인 결산이다. 인생에도 결산이 있다! 만일 결산이 없다면 거짓과 사기로 번듯하게 사는 사람이 지혜롭다. 그러나 인생의 결산 때문에 그런 사람은 그에 대한 대가를 반드시 치르게 된다. 그 결산이 바로 '심판의 부활'이다.

현재의 삶이 내세의 삶을 지배한다는 원리를 깨달은 사람은 의인이 될 수 있다. 왜냐하면 그는 스스로의 됨됨이와 노력으로 의인이 될 수 없다는 사실을 인지하기 때문이다. 그가 의인이 될 수 있다면, 그에게서가 아니라 밖에서 와야 된다는 것을 안다. 마침내 그의 죄와 심판을 대신 짊어지고 십자가에서 죽으신 예수 그리스도를 만나게 된다. 그가 자신의 부족과 죄인인 사실을 인정하면서 십자가 앞에 나와서 무릎을 꿇으면 된다.

그분은 그의 모든 죄를 십자가에서 흘리신 피로 씻어주신다. 그 순간 하나님은 그를 '의롭다고 선언'하신다. 다시 말해서, 그 순간 그는 하나님처럼 의로운 자로 인정받는다. 그가 의로워진 것이 아니라, 하나님이 의롭다고 여기며 받아주시는 것이다. 그 하나님의 선언을 받아들이면, 그도 하나님처럼 의로워진다. 바울 사도의 선포를 들어보자, "이제 우리가 그의 피로 말미암아 '의롭다 하심'을 받았느니라" (롬 5:9).

그렇게 의롭다 하심을 받는 순간 예수 그리스도는 그를 인격적으로 만나주신다. 그 만남이 가능한 것은 그분이 죽은 지 삼일 만에 살아나셨기 때문이다. 그분의 약속을 직접 들어보자, "예수께서 이르시되, '나는 부활이요 생명이니 나를 믿는 자는 죽어도 살리라'"(요 11:25). 그렇다! 그 순간부터 그는 '생명의 부활'을 약속받은 의인이 된 것이다. 그는 이 세상에서도 변화된 삶을 영위할 뿐만 아니라, 영생을 얻게 되는 '생명의 부활'을 통하여 천국에 갈 수 있는 사람이 된 것이다.

그러나 '악인', 곧 '의롭다 하심'을 얻지 못한 사람은 엄중한 심판을 받는다. 이것을 '심판의 부활'이라고 한다. 이미 언급한 대로, 그는 하나님과의 교제를 회복할 수 있는 기회를 거부했다. 그 거부에 대한 책임을 하나님은 물으실 것인데, 그것이 심판이다. 그 심판에는 그가 인생을 살면서 범한 모든 죄도 포함된다. 그리고 영벌로써 하나님과 분리되어 지옥에서 영원한 고통을 감수하지 않으면 안 될 것이다.

7. 결론

바울 사도는 인간의 현세와 내세를 너무나 잘 알기 때문에 '의인과 악인의 부활'을 전하지 않을 수 없었다. 그는 벨릭스 총독에게도 이 진리의 말씀을 전했다. 그뿐 아니라, 그는 그를 죽이지 못해 이를 갈며 덤벼드는 유대인들에게도 주저하지 않고 전했다. 그들 중에는 유대교의 최고 지도자인 대제사장도 있었고, 장로들도 있었다. 비록 그들은 종교적인 열심이 특별했으나, 오히려 그 열심 때문에 하나님 앞에서 의롭지 못했다.

누구를 막론하고 예수 그리스도를 힘입어 의인이 되지 못하면, 두 가지 어려움을 극복할 수 없다. 하나는 현세에 죄를 짓는 삶이다. 그런 삶은 갈등의 연속일 수밖에 없다. 또 하나는 내세의 삶이다. 내세에서는 삶의 방향을 절대 바꿀 수가 없다. 한 번 지옥으로 떨어지면, 영원히 "불과 유황으로 타는 못" (계 21:8)에서 고통 받으면서 살게 된다.

그런 이유 때문에 '의인'은 '악인'에게 복음을 전해야 하며, '악인'은 오직 예수 그리스도를 통해서만 하나님 앞으로 나와야 한다.